U0047767

澳洲占星整合學院校長、凱龍研究中心共同創辦人 **布萊恩・克拉克** 全球首部經典中譯本

Astrological
Time

生命歷程占星全書

透過行運、二次推運、回歸與行星的循環
預見人生各階段縮影

布萊恩・克拉克 *Brian Clark* ── 著　陳燕慧、馮少龍 ── 譯

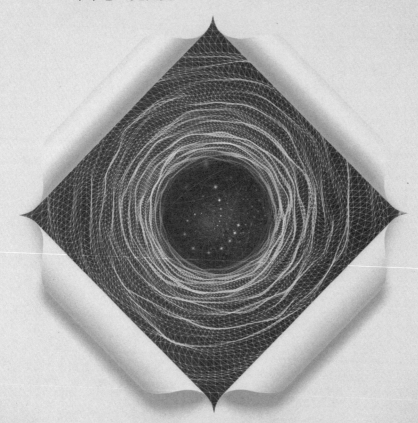

所有「時間」都包含在每張星盤中，
透過行星的循環週期、回歸、二次推運和行運所反映出來的時間推移，
我們可以重整自己人生的節奏，更可穿越時間，窺視即將發生的未來。

**本書是布萊恩校長探討占星學中關於「時間」的精髓集結，不僅詳述占星學的各項推運技巧，
更細膩地描述人生不同階段的轉變與循環，專業又富哲理，是占星愛好者絕不可錯過的經典作品。**

國際占星研究院（AOA）創辦人 **魯道夫** ── 專業推薦

目錄

謝辭

　　我很榮幸能夠教授正持續擴展的占星學課程，至今已經超過三十二年，並且在此占星旅程中與許多學生一起分享。在這段時間裡，我綜觀各種占星學上的時間觀點編寫澳洲占星整合學院（Astro * Synthesis）的教學大綱，因此，在本書的開始，我要對於過去四十年來參加我們的課程及研討會的所有學生表示深深的謝意，而對於那些與我分享流年故事的客戶們，我要感謝你們為我對於占星的理解提供很大的幫助。

　　衷心感謝我的導師和同事們，他們對於占星學上的時間主題有如此豐富的探索，並激發我發展自己的想法以及呈現它們的方式。

　　我更萬分地感謝城邦文化集團旗下的春光出版社：熱心助人的員工及富有創意的行政團隊、譯者及出版社一直支持我的工作，與他們合作是我的榮幸。非常感謝劉毓玫、陳燕慧和馮少龍的編譯以及全體工作人員。我同時深深感激魯道夫與張瑜修，你們總是會在你們所創立的國際占星研究院（Academy of Astrology）大力推廣我的著作。

　　這本書是在我與親愛的家人一起慶祝我的七十歲生日之際完成的，他們一直支持我的創作，當這本書準備問世時，我正等待著我的第七次木星回歸及其賦予生命新視野的這項禮物。

　　最重要的是，我要感謝身為讀者的你們對於占星學卓越研究的興趣和參與。

布萊恩・克拉克
2019 年 9 月 24 日

前言
預言：時間與神聖

　　時間是神聖的，月之盈虧、天狼星的上升、金星的配置、木星與土星的合相、日月食，都是在天上運轉的時鐘；對於身處於地球上的我們來說，時間一直是由天域控制，藉由太陽、月亮及行星而得知。時間是行星的作用，它與眾神息息相關；因此，這是占星學思維的核心。

　　時間是行星的現象，它可以透過行星的循環週期來想像、建立和計劃；但是，正如我們即將探索的時間，它仍然是一個謎。時間是流動、不固定的；矛盾、不合邏輯的，也由於其神聖的二元性而成為占星藝術不可或缺的一部分。占星學是一種擇日藝術，因為它可以用來預測「對」的時間。擇日（chronomancy）一詞源自於希臘文的 chronos 即時間，而 mantic 則與預言或占卜有關；這個字也是當我們在英文中指涉時間時，會在字首加上 chronos 的許多單字之一。稍後，我們將與時間的原神克羅諾斯（Chronos）見面，祂通常被稱之為「時間老人」；然而在我們展開探索之前，重要的是要思考占星學如何預測及敘述時間。

　　占星學精巧地測繪時間，問題是我們如何詮釋這些時間圖，當時間的象徵符號被片面解釋並且固定於時序之中時，就會出現難題。占星學長久以來與預測息息相關，在分析星盤時也會不斷的運用預測技巧；而它之所以能夠成功預測，歸功於人們運用及投入於

時間符號及星盤的專注力。當時間必定如此時，預測便可能遮掩了以尊重的態度去檢驗占星符號所得出天上的預言智慧；將象徵符號具體化就是讓它失去了生命並耗盡其可能性，因此不再神聖，其聲音已經被掩蓋了。作爲占星師的我們，無論在過去、現在還是未來，在進入占星學的時間主題時，我們的任務是要永遠尊重占星學的象徵符號。

在現代，我們依賴時鐘來測量時間，這讓人依然有時間是實體的幻覺：每個小時的約會、每天的例行公事、每月的租金、每年的納稅申報以及廿五年的抵押貸款是定義我們與時間之間關係的現代參數。由於時間可以被定義和劃分，因此它已成爲一種商品。作爲產品，它便可以被量化和出售，甚至我們的一小時值多少錢都有定價，難怪我們會覺得很難將時間看作是實體或固定以外的東西。時間已經成爲某樣東西，雖然矛盾的是，它不是眞的存在，也許存在的是支配時間的複雜規則；而時間本身是看不見的，反諷的是，即使時間是無形的，它也是一種感覺。

如果我們將時間從時序的軌道中抽離並考慮它的其他面向時，時間就變成了形而上的；在危機或威脅之下常見的情況是扭曲時間的經驗：幾秒鐘就像幾小時、過去可能會重現、或者未來會威脅現在。時間的本質最好是留給形而上學者和量子物理學家去研究；但是作爲占星師，我們的考量是如何思考時間與靈魂，以便去參與自己與客戶充實感的那一刻，而這些關於時間與占星學的問題是本書的核心。

占星學的傳統對於時間和擇時擁有豐富的典籍遺產，因此，很難不涉及其他作者的相關研究領域；然而，我已經盡力提供從

實務中所學到的經驗及知識。許多書籍以及網站也提供卓越的詮釋，因此，我更專注在時間的運用而非只是解釋它。在我剛剛成為占星師時，羅伯特‧漢德（Robert Hand）出版了他的《行星的行運》（Planets in Transit），這本書很快就被我們這一代占星師奉為聖典，我們第一次有了針對所有可能行運進行預測的著作；而在經過一個木星週期之後，霍華‧薩司波塔斯出版了他的《變異三王星：天王星、海王星、冥王星的行運、苦痛、與轉機》（Gods of Change）一書，深刻地道出如何與外行星行運一起起舞的先知灼見。今天，從所有占星思想流派中，關於時間本質此一主題，我們都有很多選擇。

這本書是根據我自己的諮商及教學實務編寫的，作為我們澳洲占星整合學院十二個單元課程的一部分。而在此十二個單元中，其中三個單元主要探討時間的主題，第六單元是生命的循環；第八單元是人生階段，第十一單元是循環週期、過渡與回歸。本書在循環週期、行運、二次推運、太陽回歸、行星配對等主題上作為課程練習冊及手冊的一部分，而這些資料正是本書的基礎[1]。從某種意義上說，我還是認為這是一項正在進行的工作，因為藉由持續的執業與解盤，我不斷地學習占星學的時間議題，但這是占星工作的本質：這是終身的研究並且持續在擴展當中。

「時間寶貴」，接觸占星學證實此一格言，因為它鼓勵我們對時間更具意識，自覺地參與並接受其本質，它邀請我們與靈魂的四季一起同行。

1　有關更多澳洲占星整合學院的占星學習課程以及電子書與電子手冊的詳細資訊，請參考官方網站www.astrosynthesis.com.au/。

導論
時間之謎

　　時間述說著關於出生與結束、過去與未來、虛構與幻想的迷人故事，它是感性、深刻、懷舊和盼望的，如此充滿情感與神祕，撥動我們的靈魂之弦，創造一生的旋律。但是我們永遠無法眞正地了解時間，它仍然是一個感官觸及不到的謎：我們無法觸摸、品嚐、感覺、嗅到或聽到它；我們可以質疑和思考時間，但它挑戰了我們的感受力。以某種方式思考時間是對生命的沉思，這是一種存在的記錄，無論是神祕的還是務實的，時間都深不可測。

　　憑藉歷史與記憶，我們寫下個人和集體時間經驗的連續敘事，這是占星智慧重要的價值所在，因爲透過它許多的計時方式，體現了時間的悖論，使每一時刻的內涵皆與天上緊密結合。占星學將按順序排列的時間視爲神話的時間，提供意象和象徵符號來幫助我們參與它。

　　在我們的第三個千禧年中，我們可以測量毫秒之內的時間，爲未來設計精確的日曆，並準確標記考古發現的日期，但是時間仍是一個巨大的謎。時間的混亂解藥是繁星點點的天空，在一個萬里無雲的夜晚走出來，遠離城市的燈光，在燦爛星空下仰望無數星星，提醒我們，我們被更大、更無限、當然更有智慧的事物所籠罩。夜空將我們帶回神聖的威嚴及其神祕感，在深色畫布上勾勒出

自然的時計，這是一種「秩序典範」[2]，藉以向多面向的時間層次表達敬意。

　　不斷變化的循環週期，在天空中呈現了各種時間流逝的差異，在我們還無法測量這些之前，月亮的陰晴圓缺，金星在天空中的隱現，天狼星的崛起都是古老的曆書。一顆星星的起落可以用來測量連續的時間階段，而行星的回歸及合相可以劃分截然不同的時期。占星學的星空以神聖的行星對稱循環以及永恆回歸來概括時間的特質，在時間的洪流中來回地運載我們，定位個人及集體的時刻；天上的時間永恆無盡，永不止息。

　　上天以神話史詩、哲學語言、科學論文和占星學符號描述許多時間的故事。象徵符號並非被固定在時間之中，而是可以自由遊走於過去和未來之間；而占星符號打破線性時間，透過它們，我們可以回到現在之前的某個時間，或者在當下思考未來，占星學符號的雙面性揭示了字面與靈魂層次的時間。

時間與心靈

　　行星的行運和循環週期是占星學在時間上的重點，雖然行星是有形的，並且擁有測時的軌道和模式，但在占星學實務中，它們的移動是象徵性的。作為原型象徵，行星存在於線性時間的框架之外，因此，它們的意象和象徵意義不會受到陳舊過時的影響，也不會受到時鐘上的時間限制。占星學的時間就像心靈時間一樣超越了

2　Dane Rudhyar, *The Astrology of Personality*, Servire/Wassenaaar, Netherlands: 1936, 52.

時間，因爲它可以透過行星意象的想像媒介，自由的遊走於古老的過去以及可預期的未來之間。今天所發生的行星循環，過去也曾發生過，並且將會再次發生；因此，當現在與過去／未來聯繫在一起時（不是因果或時間上的關係，而是想像中的連結），心靈就會從它的時序模式中解脫，瞥見其永恆。透過心靈之窗看出去，時間就像是「永恆的動人影像」[3]。

對於天文學家來說，行星是物理奇觀，是我們神奇的太陽系中永恆的圖像；對於占星師來說，行星是生命的隱喻，是反映及呈現生命的原型象徵。行星作爲物理的體現，在圍繞太陽以及行星彼此之間的循環之中，標記出各種連續時間的階段；它們作爲原型象徵，不受物理定律或線性時間的約束，而是存在並穿越時間。透過這種方式，行星的象徵在參照日曆的同時，可以展現超越肉體限制的心靈時間。當占星師同時關注行星的定律和智慧時，可以熟練地進出線性時間，敏銳地在實際的時間內去探索心靈時間。**行星的象徵可以有兩個面向：一面是檢視真實時間中外在所發生的事件，而另一面則是挖掘心靈的層次。**

占星學的時間透過行星的象徵和循環週期，將看似隨機的事件聯繫在一起，運用占星學的時間講述故事，就像是口述傳奇和史詩中所使用的「環形結構」（ring composition）技巧[4]；這種技巧在時間上來回循環，暫時中斷線性時間而將故事集結在一起。占星學的時間是連結的，將過去的事件與當下的事件相互聯繫，甚至向前循環以預測未來的結果。占星學的時間以循環週期性發生，最

3　Plato, Timaeus, from *Timaeus and Critias*, translated by Desmond Lee, Penguin, 1977, 27
4　經典的例子是《奧德賽》，它隨著史詩的開展在時間上來回游走。

終，占星學的時間運用了過去和未來的動詞來述說現在進行式的心靈故事。

兩種事件發生的時間：定性和定量時間

占星學的計時既是定量也是定性的，然而在實務和理論上，占星學的時間最常運用的都是定量法，將行星移動的時間點標定為鐘錶時間上的事件，無論是幾小時、幾天、幾週、幾個月還是幾年。當我們解釋完行星的象徵和移動，然後將它投射到未來的事件或情節時，這便限制了我們的預測。因為當時間被確實固定之後，占星者便被迫去預期未來的可能性。當我們開始期待時間點時，便不再參與其中了；因為一旦進入時間和客觀現實的線性關係，便無法獲得占星學所揭示的微觀世界中所呈現的週期性和主觀性。在此情況之下，預測失去了直觀的感知，表面意義和客觀性掩蓋了主觀參與過程中至關重要的部分——那就是可以被參透的那一條界線。

從定量的觀點來看，占星學中的時期／階段是透過某顆行星穿過天上某個特定點所花的時間來衡量的，無論它是某個星座、黃道的某個度數，或是與另一顆行星產生了相位。例如，冥王星將於二○二三年三月廿三日自被發現以來首次進入水瓶座，並跨越摩羯座／水瓶座之間的黃道界線來回三次，直到二○二四年十一月十九日進入水瓶座，並且在此星座停留差不多二十年的時間。二○二○年一月十二日土星／冥王星在摩羯座 22 度 46 分合相，依據「產

生影響力的容許度數」[5]，我們可以確定兩顆行星何時彼此產生相位。量化時間將這些行星的位置與出生盤進行比較，將時間的推進個人化；但是我們如何與這種時間的符號互動才是關鍵：我們是去解釋、預測還是想像時間？

定性時間是富有想像力和象徵意義的，鼓勵當下的參與，它不是在日曆中所看到的、而是經過考量和思考的時間。透過運用想像力，我們為心靈創造時間[6]，這不是標記時間而是付出時間。占星學結合兩種時間，尊重象徵符號，藉以提升心靈創造；我們首先關注行星的移動來尊重宇宙的象徵，然後透過想像、參與和思考，在心靈層次中評估這些象徵。

詹姆斯・希爾曼（James Hillman）在一次占星學研討會上發言時建議：「透過『放下對時間表面意義的依賴，我們也可能擺脫占星學另一種危險的強迫力——也就是預測的吸引力。』」[7] 這是令人耳目一新的想法。但是，鑑於占星學在托勒密理論模式中根深蒂固的根基，「放下對時間表面意義的依賴」在一個以科學主義為主

5　容許度是某顆行星、點或軸點兩側可容許的彈性度數，在此範圍之內被認為可以對其它星體產生影響或接受力。占星學對於容許度並沒有約定的標準，但對於本命盤的相位有普遍的規則，認為移動較快的行星應具有更大的容許度；因此，月亮的容許度可以到10度，通常主要相位比次要相位可以有更大的容許度。占星師們認為行運行星能夠產生影響的度數範圍也有很大的不同；在古典占星學的慣例中也同樣混亂、不明確。

6　Edward S. Casey, *Spirit and Soul Essays in Philosophical Psychology*, Spring Publications, Inc. (Putnam, CT: 2004), 279－280.

7　詹姆斯・希爾曼（James Hillman）的這場演講，首先發表於1997年的《靈魂回歸宇宙》（Return of Soul to the Cosmo）的研討會上，並在2005年5月再次發表於英國巴斯（Bath）舉行的《煉金術的天空》（Alchemical Sky）研討會。Hillman James：Heaven Retains Within Its Sphere Half of All Bodies and Maladies，網址：http://www.springpub.com/astro.htm（15/01/04讀取）。

導的神話世界中並不是一件容易的事[8]。

　　諷刺的是，占星學是一種支持時間意義的模式，但是放在字面意義和按時間順序排列的時間論中，會降低其價值。甚至在當代意義中，「美好時光」也意味著一段有意圖的時期，由人的意志來定義，目的是爲了得到審愼結果，而少有天意的空間。占星學在實務上類似於流浪的行星，需要時間和空間來讓心靈沿其軌跡漫遊，直到它揭示出符號的意義[9]。占星學的感知並不是在因果層面上運作的，而是透過當下的象徵符號來思考當下內在的特質。

　　占星學和占星實務通常被科學、懷疑論者及體系詆毀，但它們貶低的並不是占星學——因爲大多數人並沒有眞正花時間去了解這項傳統；而眞正未受到肯定的是占星的神祕和未知性、以及它最終帶來啓示的隨機及漫遊性。身爲占星師，我們必須在一個迷戀解釋和證據的世界中，爲解決時間的問題而努力。

　　在占星思維中，黃道十二星座的每一個星座都蘊含描述時間氛圍的特性和本質，例如：當月亮在天蠍座時，其時間性與在雙子座有不同的特徵；當冥王星穿越摩羯座時，對於時間的集體經歷與在水瓶座時的經歷不同。

　　每一種行星原型都會影響事件發生的時刻，也就是占星師的想

8　在整本《占星時刻》（The Moment of Astrology）書中，柯尼利斯（Geoffrey Cornelius）巧妙地道出占星學容易流爲機械化及字面意義解釋的弱點；他在第190頁寫道：「托勒密的占星學模式以象徵主義道出原因或某種客觀的宇宙秩序，因而掩蓋了參與意義的這層基礎」。

9　與其他固定恆星不同，古希臘人將行星視爲流浪者，行星這個詞的根本是希臘流浪的概念。儘管愛德華・凱西（Edward S. Casey）沒有提到占星學，但他確實將行星的不規則性和規律性與靈魂聯繫在一起，這對我而言是鼓舞人心的：請參閱《哲學心理學》（Philosophical Psychology）中的《精神與靈魂之論文》（Spirit and Soul Essays），279。

像技巧，藉由行星的循環週期來闡述時間，活躍的想像力和參與性成爲基礎，讓象徵符號擺脫時序的限制。

參與是一種主觀的實踐，一種透過本能直覺而非概念理論來體驗非線性及非理性世界的方式。這是人類思想受到「萬物有靈」的文化啓發，其中大自然充滿了靈性及看不見的力量，使宇宙充滿生氣。「參與」的特點是觀察者與被觀察者之間關係的融合，因此有一種聯合起來或成爲一體的感覺。在某種程度上，占星學是萬物有靈論的，占星師認爲行星是一種主觀尊重「賦予宇宙生命的那一股看不見的力量」。當天體的事件發生時間陷入線性時間的槽溝中時，它解釋了實際的現實，但無法進入時間的永恆。

正如亞歷山大・魯佩蒂（Alexander Ruperti）所說的：「秩序是時間不可或缺、古老的組成部分。」

占星師探究天空是因爲它賦予他們一種宇宙秩序的體驗，他們並不像科學家那樣試圖使自己脫離宇宙及其節奏，而是以這些節奏來發現自我 [10]。

時光的流逝

時間不像具體事物那樣存在，我們對於時間也沒有感官知覺，時間是大腦所構造的，對於人類來說，主要是透過移動和變化來感知。由於年齡的增長以及我們片段回憶的能力，我們敏銳地意識到時間，可以一次又一次地記住過去的事件。動物的時間感與人

10　亞歷山大・魯佩蒂（Alexander Ruperti）：*Cycles of Becoming*, CRCS Publications, Davis, CA: 1978, 3.

類不同，它更為本能、短暫[11]；牠們沒有時間感或片段記憶的複雜性，而是更活在瞬間感官中。

如果我們可以永生不死，我們會感覺到時間嗎？衰老或時間的流逝似乎並不是一個永生的問題。克羅諾斯（Cronus）是永恆的老；赫密斯（Hermes）淘氣地永保年輕；阿提米斯（Artemis）柔韌優雅、健康勻稱；而阿芙蘿黛蒂（Aphrodite）總是有活躍的性生活。當這些不朽之神的風采更被突顯時，每一個神祇皆以某種方式與某一段時期產生密切結合；好像他們是被固定了或守護某段時間，這是傳統占星學中固有的一種思維方式。人類生活在一個受時間流逝束縛的短暫世界中，與活在相對無時間區限的動物或神靈不同。然而，在我們生命中某個有意義的時刻，或當我們走到某個十字路口時，我們經歷了另一種時光。因此，正如我們慣常所知，時間並非總是受限於物質參數[12]，這便是存在於詩人和神祕主義者語境中的時間。

人類深刻地感受到時間的方式之一就是衰老，衰老證明了生命的有限，但有時候我們也可能會因瞬間的永恆感而感到驚奇。古希臘人以特洛伊國王拉奧梅登（Laomedon）的兒子提托諾斯（Tithonus）——「他殘酷而痛苦的永生、虛耗的生命」[13]的神話，充滿智慧地區分了衰老與永生。

黎明女神厄俄斯（Eos）瘋狂地愛上了提托諾斯的年輕美麗，

11　然而任何養寵物的人都知道牠們有一種心理時鐘。我的狗溫妮知道我何時該到家了，何時該睡覺，也知道何時該吃飯；但這更是牠們晝夜生理節奏的一部分，不一定像我們所知道的那種時間認知。

12　例如，一種同時性現象不受世俗的束縛，但本質上屬於靈性層面；同時性屬於四度空間，它存在於挑戰理性的心靈世界中。

13　Lord Tennyson, Tithonus, The Poetry Foundation, https://www.poetryfoundation.org/poems/45389/tithonus （2019年9月17日讀取）.

她是太陽神海利歐斯（Helios）和月亮女神塞勒涅（Selene）的姊姊，星星與風神之母。因爲她引誘阿芙蘿黛蒂的情人阿瑞斯（Ares）而受其詛咒，厄俄斯不斷迷戀青春的魅力，誘人、半透明的光預告著一天的充實；然而，像黎明女神一樣，青春的美麗是短暫的。當厄俄斯愛上了特洛伊王子時，她將他帶到了遙遠東方的家中，她和提托諾斯居住在此——區分日夜的地平線上；每日清晨，「黎明女神從與傲慢的提托諾斯共枕的床上起來，將光明帶給人類與諸神」[14]。

厄俄斯不想失去她的愛，所以請求宙斯賜她的情人永生不死，宙斯答應了她的請求，但厄俄斯沒有說清楚的是提托諾斯必須永保青春，女神並沒有分清衰老和永生不老的不同。隨著歲月的流逝，永生的托諾斯變得更加衰老、白髮蒼蒼、彎腰駝背、精神錯亂。雖然最初的神話結局是厄俄斯不想看見提托諾斯而將他關起來，但後來又有人說，厄俄斯將他變成了蟬，這樣她便可以永遠地聽到他的聲音。神話如此生動地對比人類與永恆，這有助於區分有限與心靈的時間、以及逐漸衰老與成爲永生；而即便是老了，心依然可以永保年輕。

時間真的一去不復返嗎，正如厄俄斯想要阻止的那樣，還是它只是重新排列了？從衰老的角度來看，我們可能會發現很難再次做到曾經做到的事情，但是我們無法再做的事情仍然存在於另一時空中。儘管我可能無法再做出九歲時所做的事，但九歲的經歷仍然存在；我可以再次想起並回憶這個冒險小男孩的樣子，他仍然希望我

14　Homer, *The Iliad*, translated by Richmond Lattimore, The University of Chicago Press (Chicago, Il: 1961), 11: 1-2. The same lines are repeated in Homer's *Odyssey*, Book 5:1-2.

帶著他再次冒險。記憶是時間的倉庫，它不僅來自我們過去的經歷，更來自祖先及古人。

時間和記憶

希臘人明瞭這種來自內心的記憶，並將她擬人化爲泰坦十二神（Titans）之一，她的名字叫謨涅摩敘涅（Mnemosyne），是九個繆斯女神的母親。她是記憶的化身，不是線性或認知，而是屬於感覺；一種儲存在身體疼痛中的本能記憶，可透過圖像、符號、回應、衝動、印象和直覺感受來回憶。她既非線性也非理性，謨涅摩敘涅不會透過死記硬背、反覆的日期和統計資料明白，而是藉由夢和感覺的反應再次想起，在認知的印象形成之前憶起靈魂的經歷。

謨涅摩敘涅的聲音富有詩意，她的回憶儲藏於歌曲、神話、史詩故事或童話的片段中 [15]；赫密斯記得當下的細節和特徵，而謨涅摩敘涅會記得它的特質和情緒。在《荷馬詩頌之赫密士》（Homeric Hymn to Hermes）中，祂於眾神中首先向謨涅摩敘涅致敬 [16]，這是一組很適合的原型配對，讓我們回想起主觀和客觀的記憶。赫密斯和謨涅摩敘涅隨時存在，當我們走到一個人生轉捩點或處於變動中時，便會浮現過去的記憶；在十字路口，我們遇見了生命之中與當下呼應的所有時光。因此，時間「不僅是感知、想像和構想，也是記憶的」 [17]，我們活在一個記憶的當下中。

15　請參閱Ginette Paris, *Pagan Grace*, Spring (Woodstock, CT: 1995), 121.

16　《荷馬詩頌之赫密士》（Homeric Hymn to Hermes）：《荷馬詩頌》（Homeric Hymn）由Michael Crudden翻譯, Oxford University Press (Oxford: 2001), lines 429-30, page 58.

17　Edward S. Casey, *Spirit and Soul Essays in Philosophical Psychology*, 157.

時間也與事件交織在一起，雖然我們可以安排事件的時間並記錄其情況，但在所有特定時間中都隱含著許多主觀因素：情緒、感覺、幻想、反應、知覺、期待、希望、渴望和記憶。時間沒有從過去的悲傷或未來的願望中跳脫出來，現在這個當下穿插著回憶的時光與未來的想望，因此它很難脫離過去，也很難無視於未來。因此，我們不僅活在一個記憶的當下中，也活在一個充滿期待的當下。

這種特定時間與其他時間有什麼不同？每分鐘都不同於下一分鐘，因爲在宇宙中，每個時刻都有完全不同的樣貌。在占星學上，時光流逝的特點是宇宙千變萬化的排列，這就是占星學的本質：它利用宇宙的瞬間排列，試圖賦予我們所經歷的時間本質以意義。這也許沒有那麼複雜，但是占星學是一種強大的時間模式，它繪製出獨特的時刻，反映出行星的排列；每一張星盤正如同我們在那一刻的理解，都是根據宇宙的形貌畫出來的。雖然透過占星學所測量的時間可能是字面上的日期，但它也是虛構的，因爲它講述了有關這一時刻的故事。外在事件受限於字面時間的框架，而心靈時間卻可以脫離物質的限制；占星學的時鐘就如同天上一樣，訴說著廣闊的心靈時間。

星盤的時間

星盤記錄著此種因果瞬間的開始，以生命的第一次呼吸爲基礎，這是一個象徵時刻——我們脫離了親生母親與神話大母神的融合，這是個人星盤的界定時刻。此藍圖是人類靈魂之旅的原型圖，它是固定、不變的，但它會不斷地即時回應，並由時間的缺口

塑造。星盤的四個軸點產生了四個面向的真實性，它們蘊含著一種多層次的時間性。當人類的靈魂進入時空時，出生時刻標記著這個十字路口，從此不再懸浮於世，於是落定凡塵；當我們吸入第一次口氣時，獨立的生命就此展開了。

出生時刻標記著靈魂進入了時間，在我們的一生中還會有其他重要及關鍵時刻，但是第一次呼吸象徵著受限於衰老無常的肉體所擁有的靈性生機。占星學的觀點認為這是本命盤的決定性時刻，當然，生命中的每時每刻、每個事件或關鍵時刻都可以畫一張星盤，但這些都是主要出生盤的次要部分。這些時間將發揮其獨特的影響力，塑造發展初期的原型反應，甚至改變生命的道路。但占星學在傳統上通常將真實的靈魂反應奠基於出生的這一刻。而也由於這個固定時間，占星學很容易陷入字面時間的框架中 [18]。

雖然占星學的技巧使我們可以穿越時間去思考星盤，但基本上星盤不會隨時間而改變，它始終如一。我給學生的一個練習是讓他們影印三張本命盤：第一個張標記為過去，這是一張包含著他們的境遇、反映出他們是誰、如何成長、曾經身處之處，也藉由這張本命盤去思考並了解些事情的發生原因；第二張本命盤標記為「現在」，指向目前的情況，而第三張本命盤標記為「未來」指出未來的可能性。

三張本命盤中的符號都一樣：軸點、行星的宮位、星座和相位。占星師可以用過去、目前或未來的本命盤畫出行運和二次推運，將它們置於時間的範圍內，但最終，本命盤不受時間影響，這

18　傑弗理・康那理爾士（Geoffrey Cornelius）的《占星時刻》（The Moment of Astrology）的基本主題進一步延伸並闡述了此一本質問題。

些符號會隨著時間的經過移動，卻永遠不變。隨著我們意識的發展與認知的加深，占星符號被賦予靈性，而我們隨著時間的經過，與它們的關係變得更為一致。儘管這三張星盤都一樣，但認知目前的原型，可以在未來與之合作並參與其中，更進一步利用它去思考我們的過去。

所有時間都包含在每張星盤中，而透過行星的循環週期、回歸、二次推運和行運所反映出來的時間推移，讓我們面對並鼓勵我們賦予自我的象徵符號靈性。

第一部

靈魂的季節

凡事皆有定期，天下萬物皆有定時

——傳道書 3

第一章
宇宙論的時間
正義、和平、秩序

　　占星學的立論基礎是自然的時間論述，在本質上，其重點是以自然為本的時機，它是可以觀察、測量的，並且具有外觀上的順序及美感。占星學的訓練是一門計時學——也就是對於時間的研究，而每張星盤皆驗證了其中的奧祕；一張星盤賦予時間靈魂，它邀請我們以當下的心靈去想像它，並為它注入生命的活力。星象圖（Horoscope）這個字源自希臘文的時刻（hora）和觀看（skopein），因此，一張星盤就是一個時間觀點。在神話中，hora 是指荷萊三女神（Horai），此統稱是指四季和永恆有序的時間輪；荷萊三女神分別是狄克（Dike）、厄瑞涅（Eirene）和歐諾彌亞（Eunomia），她們體現了正義、和平與秩序的價值。

　　荷萊三女神共同體現了時刻、四季之舞和時間的流逝，她們監管著天輪的運轉，決定了時間的自然律動。作為宙斯與狄米斯（Themis）[19] 兩個秩序之神的女兒，她們的血脈流著時間規劃的自然衝動。每張星盤和時辰占卜盤都會喚醒這些遠古女神，她們守護正義（狄克）、和平（厄瑞涅）和秩序（歐諾彌亞），這些品德皆強調時間。這些品性豐富了占星學的四季，身為占星師，我們發現正義、和平與秩序是每一個行運、推運和回歸的重點。

19　狄米斯是十二泰坦神（Titan）之一，代表神聖法律與秩序之女神。

　　荷萊也是另一組稱之爲摩伊拉（Moirai）或命運三女神的姊妹。身爲編織時間的女神，每個姊妹都扮演著特定的角色：克洛托（Clotho）負責紡線、拉刻西斯（Lachesis）測量長度、阿特洛波斯（Atropos）剪斷細線。紡線的長度不僅代表壽命，而且代表著出生的重要時刻。在希臘神話中，時間和命運理所當然成爲姊妹，它們深陷在集體和個人的宇宙演化中，而我們個人宇宙的演化就是星盤。荷萊和摩伊拉都被想像是藉由參與自然與天上來分配時間，時間的度量是隱喻性的，是一個更大、更神祕的過程中的一部分，它喚起了與眾神的關係。

時間的神話

　　思考時間的方法有很多，古希臘人將柯羅諾斯（chronos）視爲不舍晝夜的時光流逝；「時間」就像是吞噬自己的孩子、[20] 與之同名的泰坦之神（Titan）一樣，吞噬了一切。時光流逝的形象，如同沙漏和拐杖一樣與柯羅諾斯連結在一起。祂是早期的農業之神，鐮刀成爲他的象徵；柯羅諾斯與權力和繁榮有關，祂同時象徵著時間的減少。矛盾的是，柯羅諾斯還掌管了黃金時代，在這個時代中，人們像神一樣生活在和平與繁榮中，「悲慘的年歲不會降臨在他們身上」[21]。儘管從理性的角度來看，這種時間的矛盾令人不安，但靈魂並不受限於人類感知的自相矛盾，在靈魂的語境中，時

20　關於柯羅諾斯與時間的思想發展之討論，請參閱約翰·科恩（John Cohen）的《時間之聲》（The Voices of Time）中的《主觀時間》（Subjective Time），由 J.T.弗雷澤（Fraser）及喬治·巴西勒（George Braziller）編輯，（New York, N.Y.: 1966）274-5頁。

21　海希奧德（Hesiod）在他的《工作與時日》（Works and Days）中描述了黃金時代。這段話摘自休·G（Hugh G.）及伊夫琳·懷特（Evelyn-White）的譯本。哈佛大學出版社（Cambridge, MA: 2002）11頁。

間是永恆的。

　　柯羅諾斯的時代曾經仁慈且不朽，但久而久之，祂也吞噬了一切，而對於柯羅諾斯所產生的矛盾情緒卻是土星的占星原型基礎。柯羅諾斯（Chronos）的時間藉由描述時光流逝和時間記錄的詞進入了我們的語彙中，例如：chronological 是按時間順序前後排列或編年的、chronicle 是編年史、chronometer 是測量時間的儀器；但是讓我們想起時間時最令人悚然的無情，這個單字也許是chronic（長期、慢性的），這是時間必然走向衰敗的代名詞。柯羅諾斯仍然是深嵌在我們語言中、與時間有關的有力象徵，而祂的代言人土星仍然是占星學的一個大計時家；然而，土星身為時間之神，卻也繼承了靈魂在化身為肉體和時序時間中困難重重的位置。

　　希臘人所認知的另一種時間是凱洛斯（kairos），它具有主觀甚至超自然的特質。柯羅諾斯刻畫了線性且可測量的時間，而凱洛斯則是指關鍵時刻——被指定的時間或對的時間。在早期的使用習慣上，它與機會或當下出現可能性的時刻有關。在古希臘術語中，凱洛斯是指一個進入並利用當下開放性的重要時刻。荷馬希臘語中的凱洛斯是「可穿透的開口」，它可能起源於弓箭手，他瞄準盔甲的裂縫以抓住良機[22]，這是早期弓箭與時間之間的象徵性關聯[23]。這個詞也經常與命運和時間的編織有關，這讓人聯想起荷萊和摩伊拉三女神，永恆時刻交織在命運之網中。凱洛斯所象徵的時

22　James Hillman, "Notes on Opportunism", from *Puer Papers*, edited by James Hillman, Spring（Dallas, TX: 1994），153.

23　於時間的象徵（包括時光似箭）的討論，請參閱Joost A. M. Meerloo所著《時間之音》（The Voices of Time）第246-252頁〈精神病學中的時間感〉（The Time Sense in Psychiatry）一文。

間就是當這些永恆時刻衝擊到我們表面的日常生活時，在那一瞬間揭開時間之紗，出現了一個適當的時機，類似於時間已經到來的想法。凱洛斯是隨著時機成熟而產生的神祕過程，它就像是出生時刻，為我們揭開生命的重要契機，或者在兩個世界出現縫隙的時間點。

這兩個概念體現了時間的量與質，以及其實際與虛構特質。身為占星師，我們經常研究兩者，賦予實際行星週期以意義，利用柯羅諾斯的時機來了解生命中的凱洛斯時刻。創造機會的並不是時間機制，而是願意去自由的參與占星學所貼切描述的意象，及其中產生的可能性。

與門口和出入口等門檻有關的古羅馬神是雅努斯（Janus），祂守護著開始。祂代表門道的精神，它的祝福對於每一個生命的誕生以及每年、每月、每天的開始都是至關重要的，就如同每年的一月（January）。雅努斯有兩張臉，一張朝東望向冉冉升起的太陽，另一張朝西望向緩緩的日落；身為時間的兩面神，祂還讓我們想起了東西方文化對於時間的不同態度、時間的主／客觀本質、它的可測量和神祕面向，以及古希臘對於柯羅諾斯及凱洛斯的思想。而祂是時間之神，一張臉瞥向過去的世界，另一面則期待未來的展望。

到了希臘時代後期，埃安（Aion），意味著「永恆時間」，其形象已進入與希柏利（Cybele）、奧菲斯（Orpheus）和密特拉斯（Mithras）有關的神祕崇拜，他從東方轉移至埃及，進入柏拉圖和亞里斯多德的著作中，並發展成為與時間有關的希臘神靈；現代 aeon 這個字意味著無限長的時間，便是他的當代化身。永恆之

神埃安被描繪在一個代表黃道十二宮或永恆生命週期的球體中，到了希臘時代，象徵黃道帶的銜尾蛇天球已經圈圍了浩瀚無垠的宇宙，相對於人類計算的時間，它已經成為一個永恆的象徵。

占星學的時間與時機

由於時間是以地球的自轉和公轉來測量的，它以天上為本，繁星點點的天上是最原始的時計，無論是星座的上升或下降，月亮的軌道還是行星相合的循環週期[24]。占星學中的時間是週期性的，包含所有行星的運行軌道，而不僅僅是地球的軌道而已。以時間來說，每個行星週期都可以繪製出其日曆時間，從一個合相到下一合相的一組行星循環還可以繪製出時間的階段，因此，占星時間中的每一刻都有無數的「計時」。

這些週期暗喻著個人、社會和集體的時機，例如：月亮的週期記錄了月亮的時間，它暗喻本能時間及感覺記憶，例如：每個細微差別、反應、感覺、慾望等無意識的吸收，它以 27.3 天為一個週期。海王星／冥王星週期持續四九二至四九四年，象徵著集體不斷浮現的動機和願望；這個循環是一種意象，象徵根深蒂固的衝動、意圖和理想的湧現，而這些衝動、意圖和理想可能支配並影響人類的方向和生活方式。由於海王星和冥王星在所有體系的基石之下象徵著能量，因此其週期代表了令人無法抗拒的人類態度，而這種態度在每個循環時期被喚醒。在許多行星時間的循環中，在此只

24　如同普魯塔克（Plutarch）稱其為《天文學或占星學》（Astronomy or Astrology），以及海希奧德的《工作與時日》是希臘早期的史詩，他將星座與時機聯繫起來，參見海希奧德，The Loeb Classical Library, Harvard University Press (Cambridge: 2002), xix.，xix。

提及兩組；蘊含在每個占星週期的對稱性和秩序，激發了人們對於宇宙智慧與美麗的信心。

公元五世紀，亞歷山大的主教、亞歷山大城的西內修斯（Synesius）總結了一個古老信念：歷史在重演「因為星星回到了原來的位置」[25]。回歸與重新開始的形象根植於占星週期中，因為每顆行星在其週期中會回歸至相同的黃道度數，或是回到與太陽合相的某個確定點。每個占星週期的基礎都是回歸的必然性和永恆回歸的不朽圖像。

早期的時間思維認為它是週期性的，例如太陽／月亮週期的自然階段：在循環的黑暗階段，大母神會將死者帶回她的子宮，以便在下一個新月時重生。隨著理性思維的到來，時間變得更加線性化，起點和終點不再糾纏在一起；用這種思維方式，重生和回歸就被放棄並且脫離了生命的循環。在占星哲學中，永恆回歸的概念保存在行星循環中，因為它們的終點是通往另一個起點的入口，每個新循環都自前一個週期中重生。

自過去展開的道路和延伸到未來之路在回歸時刻交錯，具有先見之明的普羅米修斯精神受到與之對應、具有後見之明的艾比米修斯的影響和塑造，回歸是一個過渡時刻，兩種生存方式的定點。它是一個終點，但像所有結束一樣，它擁有從過去週期中提煉出來的未來種子；像所有開始一樣，它是主觀、未知、期待、充滿希望和恐懼的，在此黎明前階段看不到任何光；它是史前的，未來尚未到來，但過去的直覺和感受已被打斷。

25　Gregory Szanto, Perfect Timing, The Aquarian Press（Wellingborough, UK: 1989），46.

　　另一個永恆回歸的永恆形象是太陽，它每天早晨從夜晚旅程歸來，吞噬了黑暗，標記為首的黎明起點、白日或投射第一道光的這一點吞噬了黑暗。占星師利用這種每年回歸的形象透過入境（ingresses）和太陽回歸（solar returns）的技巧來表達意義。不僅太陽，也包括行星和其他天體，以及例如小行星和行星交點之類的點，都會回歸到它們在星盤中的原本位置。回歸是人類經驗的自然產物，它們回到了家裡；當星盤中每顆行星回歸時，都會帶著新的循環體驗歸來。

　　雖然我們可能不甚熟悉永恆回歸的哲學或概念，但我們本能地知道回歸的經驗，它深深地根植於人類的靈魂中，幾千年以來藉由每天、每月和每年的週期經歷，在人類的心靈中留下了深刻的印象並反映在每天、每月和每年的週期中：

　　1. **周日**回歸或每日的循環週期，是追摛太陽升起、達到頂點、落下並到達下半子午線的過程。這個週期標記著太陽跨越地平線和子午線，並定義了一天中的四個關鍵時刻：太陽升起、正午、日落和午夜。每天的回歸標記出廿四小時的時間，並定義了我們的日常生活儀式。

　　2. **朔望月**的回歸或每月的循環週期，是太陽和月亮之間的相位，形成太陽／月球循環的四個分期；這樣的回歸每 29.5 天發生一次，並劃分每月的各個階段。

　　3. 當太陽在分點穿過天球赤道並且在至點的最遠處時，「**季節**回歸」或每年的循環週期劃分了一年的四個季節。每年 365.25 天的回歸是為了紀念我們生活中的季節以及個人、家庭和公共生活的周年紀念日和年度慶典、儀式和節日。

　　這三個循環是原型週期，它們標記出一個起點（合相）、兩個關鍵轉折點（四分相）、一個中間點（對分相）以及一個結束點（下一個合相）——即循環的回歸。從占星學的角度來看，這些循環的轉折點由相位或圓的劃分來定義，而這些相位以及圓的劃分，與自然循環或回歸有關，如下表所示。因此，黃道帶的相位、軸點和星座都蘊藏著時光流逝的古老圖像。

周日回歸	每日的軸點	陰曆月回歸	季節回歸	相位回歸
午夜	天底	新月	冬至	合相
太陽升起	上升點	上弦月	春分	上弦四分相
正午	天頂	滿月	夏至	對分相
日落	下降	下弦月	秋分	下弦四分相
（隔日）午夜	天底	新月（下一個循環）	回歸冬至	回歸合相

　　每個週期的結束是下一個週期的開始，每一次的占星循環都蘊含著對回歸的理解，占星的時間選擇可以將這些時間聯繫在一起，藉以反省其意義。例如，從月亮的角度來看，這一刻與廿七又 1/3 天前的那一刻相關；從火星的角度來看，這段時間與上一個週期以及相隔約為二年或更準確地說是 17～3.5 個月之前的時間點相關聯；凱龍星將其鉛垂線深入五十年前的上一個週期；而天王星處於現在位置則喚醒了八十四年前的當下。占星學可以從許多不同的原型角度將時間的特質融合在一起，去思考並激發當下經驗的意義。

流年中的占星時刻

　　占星學的傳統已經建構了有助於占星師解讀時間點的程序，並賦予其意義，這種賦予時間意義的行為可以被視為是創造靈魂的行為。當我們及時與之應合，我們會留意在適當時機去創造習慣及儀式，更意識到時間的各個階段，並且更有可能參與其中而不只是期待。

　　過去的占星學傳統出現了一個工具箱，包含了像是：行星的行運（transits）、入境（ingresses）、年度小限法（annual profections）、時間主星（time lords）、行星期間（planetary period）、長／短上升星座（ascensions）和正向推運法（directions）等技巧；進而衍生更現代的方法，例如：推運（progressions）和回歸圖（return charts）。占星師和其他職業一樣，依舊持續爭論某些技巧的真實和可靠性，但是任何技巧的成功都需取決於占星師。占星學生學習、精通技巧，但並不是藉由技巧，而是憑藉占星師們的參與和象徵性思考能力，使之不受限於時計的字面時間，並得以揭示意義。

　　許多古代占星技巧對於行星週期的測量，以及生命循環中行星週期的規定是非常複雜的，重要的是，不僅要了解這些技術，而且要了解其背景和目的。為了讓學生開始使用時間技巧等工具，必須讓他們瞭解在哪些特定情況下最適合使用哪種技巧，哪些方法與他們的哲學理念最一致。複雜的占星方法可能會讓你崩潰，繁瑣的過程可能使你頭昏，而可用的矛盾公式可能使你感到沮喪，然而，這些是開始練習占星的過程中必不可少的，將無數的工具加以分類，才能找出最適合我們的方法。雖然我們可能會對技巧的精

準度感到驚奇，但永遠不能說某一種技巧比另一種更好；如果這樣認爲，那麼占星學將被帶到智力辯論和驗證的層次，使它變成事實，而無法獲得可能是未知的東西。**占星學的認知不是在因果概念中運作的，而是透過在當下出現的象徵，來想像那一刻的內在特質；深入思考符號將有助於理解。**

另一種讓我們參與時間的技巧是行運，這是當代用來掌握時機最普遍的技巧之一。簡而言之，行運是黃道帶上當下的行星位置。作爲時間、生活階段和變化過程的快照，每一顆行星的行運都描述著人類不斷演變的潮流中的時刻，包含了十二區域或星座的黃道帶擁有線性分界或是宮首，以及其他重要的參考點。在這條路線上行走的行星，當它們在此背景下移動時，就象徵著當下的可能性。每一顆行星的行運都訴說著一個時間故事，並見證了反映內在靈魂的外在事件的同時性 26；就像宇宙時鐘一樣，行運顯示時間，但它們無作爲、也不評斷。

二次推運（Progressions）是一種以時間爲基礎的技巧，用一個時鐘去測量另一個空間的時間軸。瑪諾・圖拉西達斯（Manoj Thulasidas）在談到時間的本質時說：「時間是一種次要感官，沒有任何直接的感官知覺或存在的理由。」並辯稱其測量是可以被解釋的。這成爲其論文的一部分，他將一百五十億年前宇宙誕生至今的時間比擬爲四十五年；按照這種推算，兩千年前基督教創始以來

26　同時性是時間的另一個面向，在所有占星學論述中都很重要，不過這個主題已經被廣泛探討。針對這個主題，我提出兩本傑出的占星學參考著作：麥可・哈丁（Michael Harding）：《古代神的讚美詩》（Hymns to Ancient Gods）Arkana（London: 1992），23 - 41以及理查・塔爾納斯（Richard Tarnas）：《宇宙與靈魂》（Cosmos and Psyche）Penguin（New York, N.Y.: 2006），50 - 60。瑪姬・海德（Maggie Hyde）的《榮格與占星學》（Jung and Astrology），Aquarian（London: 1992）巧妙地檢視了同時性和榮格對於「同時性」的實驗。

經過了三分九秒 [27]，因此時間是相對而有限的。

　　在某種程度上，圖拉西達斯的前提類似於占星學中二次推運的時間，因為我們連結過去的象徵，賦予另一段時間意義。這種方法讓我們與固定或連續時間的定時事件保持距離，當占星師運用二次推運時，可以更專注於時間的第二次表達——一種更主觀與內在的時間框架。二次推運挑戰著我們擺脫固定觀念，破壞了我們從邏輯上理解時間的傾向。

　　占星學提供許多方法讓人開始去感受時間的複雜性和多層空間，當學生們思考行運技巧所強調的時間框架時，他們經常想要將事件等同於該段時間，就好像事件代表行運一樣。但是事件並不是全部的經驗，技巧僅僅指向重要的時間階段，而不是試圖敘述時間，通常最好讓時間透過象徵符號和圖像顯示其含義；雖然事件可能在某個特定時間出現，但它是隨時間透過象徵符號而產生連結的。雖然例如：病發、重要關係的展開、失去親人、搬家或轉換職業等生活事件可能是由星象時鐘暗示，但這些生活事件的經驗和影響不僅限於這個時間點，因此，占星的計時技巧所建議的是與符號相關的、但可能沒有發生或尚未顯現的外在事件。為了在時間上忠於星象符號，我們必須重新回到想像中，因為「想像是我們存在於時間中的很大一部分，實際上是它的內在本質。」[28]

27　瑪諾・圖拉西達斯（Manoj Thulasidas）《時間的本質》（The Nature of Time）www.theunrealuniverse.com/2-nature-of-time （2013年7月16日讀取）。

28　Edward S. Casey, *Spirit and Soul Essays in Philosophical Psychology*, 273.

透過時間想像符號

　　占星師經常能夠準確的分析過去、卻無法鐵口直斷未來而遭受批評，這並不意味著占星師無法預見未來，只是他們看不到特定的符號表象。儘管過去的時間象徵符號已經實現，並已插入時間的線性槽中，但未來的象徵符號尚未進入意識。

　　原型如此多元，因此它們可以用無數的方式體現，在原型的象徵意義中，想像可能性並思考，讓靈魂更能夠展現於時間中。當某個符號以過去的表現方式投射於未來時，或者當符號被當成事實存在、曾經或即將發生的真正樣子時，占星師可能會陷入線性時間軌道中。如果我們想要在時間中看到象徵符號，我們必須想像它，想像力將自我延伸到成熟的時機，並且鼓勵我們超越當下的意義。

　　我們可以想像明年一月會發生什麼事，像行星一樣，想像力同時也在漫遊，而占星學的計時會考慮時間的背景，讓想像力可以在符號上自由地漫遊。與其描述占星學的前提，不如說我們可以運用占星技巧來設定時間，從而獲得洞察力和直覺；如此一來，行運和二次推運就變得像活躍的想像力一樣，運用占星學的計時方法來想像未來而不是去預測它。

　　詹姆士‧希爾曼（James Hillman）將某種蹂躪占星學的文字主義描述為「世俗文字主義」（Temporal Literalism），並透過計算和表格加以強化，而沒有去探討時間的本質[29]。我們測量時間是儀式性而非解釋性的，這是為了參與時間存在的不可知之處做準備；在我們繼續思考占星時間時，我們必須尊重時間的定量和定性

29　詹姆士‧希爾曼（James Hillman）：'Heaven Retains Within Its Sphere Half of All Bodies and Maladies'.

層次，讓占星符號在行星的時區內展現靈魂。

人生的過渡

　　占星學的許多奇蹟之一是，它利用行星循環週期有機地勾勒出生命的各個階段；人類學家、社會學家和心理學家也描繪了人生歷程，因此他們的理論常常呼應行星週期固有的占星智慧。二十世紀最重要的占星師之一，同時也是畫家、作家、音樂家和哲學家的丹恩・魯伊爾（Dane Rudhyar），在他十六歲時，其靈感來自於時間的本質是循環性的，而週期循環法則控制著一切的存在；這影響了他一生的研究方向，他更設計了一個架構，以便更深入地了解占星週期[30]。

旅程的儀式：分離、出發和回歸

　　生命的啓程時間隨著圍繞行星循環的「關鍵階段」而定，無論這個週期是關於行星本身（世代）的循環、還是與星盤中的各個位置（個人）。考慮這些週期的發展時，我們會很容易將它們視爲線性的，並隨著時間的推移而逐步展開。重要的是，我們可以盡量從多重面向去想像時間，以確保循環的完整性；年齡也是重要因素，用以思考我們對生活事件的感覺以及歸結其意義。生命循環之旅讓我們能夠重新審視、想像、並與我們的故事重新產生連結，並將敘事向前推進。我們向生命的各個階段致敬，因爲它們是啓程的

30　丹恩・魯伊爾（Dane Rudhyar）：*A Brief Factual* Biography, © James Shore, USA: 1972, 3.

時刻，反映了投入、參與、以及將這些轉變儀式化的方式。

二十世紀初，人類學家阿諾德・范・甘納普（Arnold Van Gennep）的著作《儀式之道》（Les Rites de Passage）[31] 引起人們關注儀式、慶祝的需求，並認知時光的流逝。他在承認跨文化禮儀整理上的困難時，也確實確定了儀式之道的共通性，認爲可以將其細分爲「分離、轉變和整合儀式」[32]。約瑟夫・坎貝爾（Joseph Campbell）受到范・甘納普啓蒙思想的影響，重新修訂成分離、啓蒙和回歸的階段。儘管這些都是英雄式生命循環的意象，但它們也可以作爲生命週期各階段及所有占星行運的隱喻。

行星的循環週期

所有行星都有明確的週期，其週期性的回歸象徵著回到原點，並標示著生命週期的成熟。關於生命的循環週期，許多行星週期劃分了生命的各個階段，土星和二推月亮是極具價值的標竿，它們分別測量 27.3 年和 29.5 年的不同週期，指出生命的三階段：童年和青年、成年階段以及最後更成熟的老年階段，這種三位一體在母系傳統中存在著深厚的淵源。

三個週期描繪出許多已開發國家居民的目前壽命。二推月亮的三個循環週期爲八十二年，根據統計研究，這大約是日本、瑞士、以色列和澳洲等居民的預期壽命；土星的三個週期有八十八年；月亮交點也劃分了四至五個階段的生命週期，每個階段 18.6

31   阿諾德・范・甘納普（Arnold Van Gennep）：The Rites of Passage, tr. Monika B. Viedom and Gabrielle L. Caffee, The University of Chicago Press, Chicago, Il: 1960.

32   阿諾德・范・甘納普：《儀式之道》第10–11頁

年，四個交點週期橫跨七十四至七十五年，這大約是其他國家的平均壽命。

	第一次循環		第二次循環		第三次循環		第四次循環	
行星週期	年齡	年齡	年齡	年齡	年齡	年齡	年齡	年齡
	第一次對分相	第一次回歸	第二次對分相	第二次回歸	第三次對分相	第三次回歸	第四次對分相	第四次回歸
土星	14～15	29～30	44～45	58～59	73～74	88～89		
二推月亮	13～14	27～28	41	54～55	68～69	81～82		
南北交點	9～9.5	18～19	27～28	37～38	46～47	55～56	65～66	74～75

上表是在我們及家庭的成長背景之下，週期產生對分相及回歸的約略年齡。關於生命週期以及起始時間及關鍵點的思考，在規範家庭和社會的成人儀式中，社會行星木星和土星是很重要的；在區分生命的心理和精神階段方面，凱龍星和外行星具有重要意義；月交點的週期可以說是職業和心靈的過程；而二推月亮週期將其感受帶入了當下的轉折，並讓我們知道轉變的情感層面。

跨越整個生命的另一個週期是天王星的八十四年，在此週期中的四分相和對分相是重要轉折點，它本能地嵌入我們自己以及家庭的成長發展中。

行星週期	上弦四分相	第一次對分相	下弦四分相	第一次回歸
天王星	20～21 歲	38～42 歲	62～63 歲	84 歲

　　與行星共舞的創造和啓蒙藝術是要了解其循環週期的本質和關鍵的轉折點，在本書接下來的學習過程中，我們將繼續專注於此。

第二章
行星週期
時光之環

　　研究占星週期讓我們陷入了時間的問題。每一個週期，無論長短，在另一個週期展開的自我更新中都包含開始、中間和結束三階段。每一個天體軌道上的當下，都包含著過去及未來，而每一個占星週期在之前也發生過，因此，一種感覺、知識和經驗深入了每個天體的循環週期中。由於週期的重複與永恆，所以占星學運用相關方式，將行星週期與人們周而復始的事務聯繫起來，從外在、內在、身體或靈魂，來回循環於時間中，就像上述的循環，建構了古老的口述傳統。

行星週期

　　週期（cycle）這個字直接來自於拉丁文的 cyclus，源自希臘文的 kyklos，意義是圓、環或輪。在占星學的時間主題中，本質上是研究週期，在每個行星週期中的循環運動，一次又一次往返於開創性時刻，喚起了永恆回歸的巨大神祕感。隨著回歸的發生，出現了一個新的週期，卻也帶著一種意識上的可能性，占星學邀請我們對此一重複過程——天體軌道精巧繪製的地圖，懷抱敬意。占星學包含許多週期，不僅包括行星、還有其他繞行黃道的點，例如：月亮南北交點；這些循環週期都有不同的論述方式，而占星學上提到的

兩個主要類別是：恆星循環（sidereal cycle）與相位循環（synodic cycle）。

　　恆星循環測量的是一個完整的行星週期，Sidereal 來自拉丁文 sider，是星星的意思 [33]；因此，這個週期循環是指在某顆「恆星」的背景之下去測量行星的返回，但它通常表示某顆行星環繞太陽做軌道運行所需的平均時間。特別的是，回歸（tropical）週期一詞用於表示某顆行星走完黃道十二星座一圈所需要的平均時間，而繞行黃道帶一圈之後，每次返回原本的黃道度數被稱之為一個回歸循環（tropical cycle）。所有行星的恆星循環及回歸循環都差不多，除了水星和金星之外，從環繞太陽的地球上可以看到它們的太陽軌跡。由於兩者的軌道在地球的軌道之內，我們視野所能看見它們與太陽的相關位置經常是伴隨著太陽的東昇與西落；因此，其恆星週期與回歸週期將有所不同，其差別如下：

	恆星循環 繞行恆星（太陽）一圈	回歸循環 繞行黃道帶一圈	相位循環 與太陽會合的循環
水星	88 天	11〜13 個月	116 天
金星	224〜225 天	10〜14 個月	584 天

　　例如：月亮的恆星循環週期為 27.3 天，而其相位循環週期：從與太陽合相（新月）到下一個合相為 29.5 天。木星和土星與太陽的相位循環週期一年多一點，因為太陽每年都會與每顆行星相合並展開另一個新的週期。然而，木星環繞太陽一圈的恆星循環需要

33　思考（consider）這個詞與拉丁文的詞首 con 一樣，是「與」（with）的意思，與 sider 或是 star 同在，consider 一詞蘊含與星星同在或尋求星星指引的古老觀念。

11.8 年，而土星需要 29.5 年；不同之處在於，相位循環觀測的是一對行星的循環，而恆星循環研究的是一顆行星的循環。水星／太陽和金星／太陽的循環特別吸引占星師的想像，因為它們的天上圖像各自在天空這塊畫布中勾勒出神聖數字 π 及其金科玉律。

　　社會行星與外行星（木星、土星、天王星、海王星和冥王星）的相位循環，形成了十種可能的行星配對週期，這對於世俗占星師在研究占星時間對集體的影響時會非常感興趣。人們同時感興趣的是：相位循環透過回到之前的度數而建構了較大的模式。**相位循環再現週期**（synodic recurrence period）一詞用於描述行星合相於之前曾經合相過的黃道度數所需的平均時間。例如：太陽和月亮將每隔十九年回到相似的度數；而太陽和金星將每隔八年回到相同的合度數；社會行星和外行星在他們的相位循環中，在某些容許度之下，也會重複度數。

　　在占星學中，有許多方法可以反映時間的循環週期，也有各種有助於記錄時間的技巧。占星學的技巧中，例如：行運是運用行星的實際位置來測量時間，而其他的方法，例如：二次推運和正向推運則是運用象徵性位置來指示時間。古代技巧運用了週期性相位循環（相應於時間主星）的行星階段而進入現代占星實務。我們可以繪製某顆行星的回歸星盤，去思考它的下一個循環週期，而其他星盤則可以幫助我們想像某個特定的時間階段。然而，無論採用哪種技巧，關鍵資訊是將行星循環融入背景中研究，無論是繞太陽公轉的軌道、與太陽的相位循環或是與另一顆行星的循環。每顆行星的循環週期都有一個獨特的時間表，無論是月亮快速繞行地球一圈的 27.3 天，還是慢速的天王星需要花八十四年一輩子的時間繞行太陽一圈，每個軌道都記錄了繞行黃道十二星座一圈的運行。天王星

花了八十四年繞完黃道帶一圈；而月亮花同樣的時間已經繞完一千多圈了。

恆星循環

在占星學中，當我們考慮到循環週期時，指的是黃道十二宮，透過黃道帶的度數和星座來追蹤行星週期。以下每顆行星繞完黃道帶一圈所需的時間。對於速度較慢的行星，重點在四分之一和一半週期的里程碑。

行星	繞行黃道帶一圈大約需要的時間	繞行黃道帶十二分之一（一個星座）大約需要的時間	繞行黃道帶四分之一（四分相）大約需要的時間	繞行黃道帶二分之一（對分相）大約需要的時間
☽	27.3 天	2.25 天	一週	兩週
☉	365.25 天	29～31 天	3 個月	6 個月
☿	11～13 個月	14～45 天	所需時間依行星的順行或逆行而不同	
♀	10～14 個月	25～125 天		
♂	17～23.5 個月	1.5～1.7 個月		
♃	12 年	1 年	3 年	6 年
♄	29.5 年	2.5 年	7½ 年	15 年
♋	50 年	2～7 年	所需時間依出生時的凱龍星的星座位置	
♅	84 年	7 年	21 年	42 年
♆	165 年	14 年	41 年	82½ 年
♇	248 年	13～30 年	所需時間依出生時的冥王星的星座位置	

　　由於水星和金星位於地球與太陽之間，因此它們總是被視爲靠近太陽，儘管它們以較短的時間繞完太陽一圈，但從地球的角度來看，它們繞行黃道帶的路徑始終與太陽接近。

　　在考量行星的時間及技巧時，我發現將行星分爲三類很有幫助：

　　1. 內行星：包括兩顆發光體──太陽和月亮，以及水星、金星和火星。儘管火星在地球軌道之外，但由於其速度，而被視爲內行星。由於這些行星頻繁地經過我們的星盤，因此它們通常被運用在回歸盤、事件盤或藉由二推所進行的計時過程；它們的行運對於時間上的安排和規劃日常生活中的例行公事非常有用。

　　2. 社會行星：木星和土星透過社會化過程，例如：教育、訓練、聯繫、工作以及衰老和成熟而得到體驗。它們劃分了生命循環的重要旅程，當它們經過星盤上的宮位時，也高度暗示著環境的變化及重心。

　　3. 外行星：指土星界線以外包括凱龍星的行星──天王星、海王星和冥王星。這些運行較慢的行星所代表的力量往往超出我們的控制和感知範圍，甚至超越時空，因此通常是覺醒和成長的有力推動者。

內行星的週期

　　五顆內行星（太陽～火星）中的每一顆星都有一個獨特的週期。由於它們的循環期間最短，代表了本能及日常的時間；不像外

行星，代表了我們生命的重要時期。隨著這些週期快速而頻繁地過去，它們從時間中得到的經驗變得越來越熟悉也習以爲常，並深植在理所當然的日常瑣事中，或交給了無意識，例如：轉瞬即逝的想法、短暫的愉悅、情緒反應和作夢。

內行星的循環，感覺就像是生命的晝夜及季節韻律，描述了個人的時間特質，例如：行運的太陽劃分四季並標示著個人的周年紀念，形成生命的日常節奏。在南半球，當太陽經過巨蟹座時，我們會適應冬天的樣子、季節的變化、誘人的壁爐；而北半球正宣告夏天的來臨，與家人共渡假期、學校放假和返回家園。太陽每年經過這個星座都喚起了對於家與家庭更多認同的特質（♋），每年的同一時間，它都會經過我們星盤中包含巨蟹座至點的宮位，確定了我們生命中去而復返的周年紀念日、生命的節奏和時間表。

月亮的行運述說瞬息萬變、如海洋潮汐般的感覺、心情及身體節奏，這些都不是我們的意志可以控制的，它們象徵著本能和身體的記憶。由於月亮的行運如此頻繁，它們體現了一種內在或直覺的時間，透過我們的反應和回應來表現，這些通常不是不由自主的。

當我們處於水星時期，這是交流和互動的時候；金星時刻標示著一段愉快時光，而火星時刻劃分了一段行動時期。由於這些都是快速變化的循環，因此有助於理解日常生活模式和週期。利用它們去規劃個人日程和例行公事也很具有建設性：月亮循環反映了我們的情緒、不斷變化的需求、飲食和節食的方式，因此可以有助於規劃適當的休息及沉潛的時間。月亮週期監測著我們作夢的過程，並有助於解開蘊藏其中的圖像。許多非常愛好園藝的人利用月亮，定

時種植、除草、飼養和收割；**所有內行星的循環週期都可以用來幫助我們了解自然韻律和性情的節奏。**

行星週期	重點
☉ 12 個月	從春分點（北半球的牡羊座 0°）、每年穿過黃道十二星座開始，便可以追溯太陽週期。太陽每年都會繞星盤一圈，約在同樣時期經過某個星座；當它經過星盤的各象限時，為個人標記每年及個人的節氣。
☽ 27.3 天	月亮在 27.3 天繞行黃道帶一圈，在 2～2½ 天之內穿過每個星座和宮位，從而區分了情緒和感覺的時間。在夢的紀錄或個人日記中記載月亮行運，可以發現我們的夢有趣的重複性、重複的習慣、情緒週期和心情。與太陽的相位循環為 29.5 天，將月份區分為從新月到新月而發展的月相階段。
☿ 11～13 個月	水星的黃道循環接近太陽，距離在 28 度以內；水星每年逆行 3 次、每次持續約 3 週。它以逆行方式經過各元素，並連結先前順行的度數，從而在我們的星盤中創造出一種模式，透過時間將我們的思維和想法連結在一起。它與太陽的相位循環平均為 116 天，當它逆行與太陽合相時會從昏星轉為晨星，以此追溯它在天際之間思考、概念化、判斷和反映的各個階段。
♀ 10～14 個月	金星的黃道循環也是接近太陽，距離在 48 度之內；它與太陽的相位循環大約為 19 個月，每個週期逆行大約 6 週。當我們黃道帶上追溯其軌跡，每八年之中，它與太陽的相位循環會在誤差幾度之內重複不同星座、相同的黃道度數，而在天空中連成一個五角星形的圖案。它在星盤上的對稱圖案讓我們想起了生活中的美麗和平衡，金星逆行時至關重要，因為它會對星盤的特定宮位中產生一股壓力；其循環週期讓我們去思考天生的價值觀、愛、關係和自我價值。

♂ 17～23 ½ 個月	火星每 22 個月回歸一次，儘管它在循環之中也會逆行，但最快會在 17 個月之後返回。每個週期將逆行 2～3 個月，在此期間，將會強調黃道帶的某個區域。當孩子的意志和欲望出現時，火星的第一次回歸被稱之爲「可怕的兩歲」！火星作爲地球軌道之外的第一顆行星，表現出渴望獨立和積極，它也會刺激、激勵、觸發同時間發生的外行星行運。

月交點週期

　　月交點不是行星，而是太陽軌道和月亮軌道交錯的點。這些軌道相交點的循環週期爲 18.6 年，平均一個星座 18.6 個月，每 9.3 年交點彼此產生對分相。北交點 ☊ 是月亮向北上升至北半球跨越黃道之處；而南交點 ☋ 是月亮向南方跨越黃道之處。靠近月交軸線是發生日食和月食的地方，因此，穿越星盤的月交點循環也指出一系列日月食發生的地方；月交點軸線的循環以及相對應的日月食在占星時計中非常有用。

月交點週期	重點
☊ ☋ 18.6 年	月交點循環以逆行的方式通過黃道帶，這與行星運行的方向不同。這種反向運動有助於我們思考這個週期的本質，因為它代表著靈魂的時間，而不一定代表時序的時間。 19、37、56 和 75 歲，四個重要的回歸標示著它在精神上追求意義和目的性的新篇章。通過星盤十二宮位的月交點循環預告著日月食的位置，日月食也是週期性的，每 18 年 10～11 天重複一次，被稱之為沙羅週期（Saros）。月交點循環具有以下的應和：繞行黃道帶一圈為 18.6 年，行運一個星座為 18.6 個月，於黃道帶向後移動一度大約為 18.6 天；每隔 4 個月，實際月交點會在幾乎相同度數上平穩移動持續 2～3 個月。

社會行星的週期

　　社會行星盤點了生命週期中的重要章節，因為其循環的回歸及週期的重要相位，預告了每個人生命中的初始階段。例如，木星在十二歲時首次回歸，宣告青春期的到來；而土星在廿九歲時回歸，代表進入了成年。研究這些行星週期可以找出個人生命中反覆出現的過程，例如，假設行運土星正對著某個人的太陽，因為土星的週期是廿九到三十年，所以我們知道大約十五年前（週期的½）行運土星已經與太陽合相過了。將這些階段聯繫在一起是有益的，因為過去的主題和議題可能會穿透到現在，木星和土星標記著社會化階段的儀式。

月交點週期	重點
♃ 12 年	木星的黃道週期接近 12 年，在每個星座中平均停留一年。每年它都會在黃道帶上逆行超過 10 度，持續 4 個月。當它順行時，它會向前走約 40 度，每年在黃道帶上移動約 30 度。木星循環的重要年齡是 6、18、30、42、53、65 和 77 歲左右的對分相；以及大約 12、24、35、47、59、71 和 83 歲的回歸。每次回歸都代表著希望、發現和成長的新階段。
♄ 29.5 年	土星在大約 2～2½ 年轉換一個星座，每年在黃道帶上移動約 10～15 度。當它順行時，它最多可以移動 20 度；當它逆行時，它會退行接近 7 度，每年逆行約 4.5 個月。 土星在 29 至 30 歲時首次回到出生時的位置，第二次回歸是 59 歲、第三次回歸是 88 歲。在這些時間點中，都會展開個體化過程的不同任務。其循環的其他重要時間大約是在 7、37 和 66 歲時的上弦四分相；15、44～45 和 74 歲時的對分相；以及大約 22、52 和 81 歲時的下弦四分相。

外行星的週期

外行星的循環和行運與社會行星木星／土星不同，它們帶著我們超越了家庭、社會和文化期待的領域，從而更深刻的體驗和理解自我。

移動較慢的行星行運描述了重要行運和生活轉變的經歷，從本質上講，這些事件喚醒靈魂去接近真實的自我。當社會的成熟演變將我們帶入生命的新階段時，這些行運成為較大循環週期中的一部分，象徵著生命從一個階段進入另一個階段的過程。正如薩司波塔斯（Howard Sasportas）在其精彩的專書《變異三王星（Gods of

Change）》中的描述：**天王星、海王星和冥王星「使我們崩潰，才能讓我們突破，進而轉換至一種新的存在方式」**[34]。每顆行星都有自己的解構方法，藉以消解過去的陳舊殘留，這些殘留對未來的方向已經無用，因此，每顆行星的行運都是個體化過程中的一個起步。這些行運都讓我們去觸及更深層次的心靈，這是日常生活中沒有的層次，因此，外行星行運將我們帶入一個慣性又常規的世界，而它正在被正視與改變。

　　外行星循環也標記了生命週期重要的開啓之時，例如：天王星在二十一歲時與出生位置的第一次四分相，宣告了成年的到來，個人也展開了自決的人生之路；而海王星在四十一歲的第一次四分相則宣告了中年開始的風雲變色。

月交點週期	重點
⚷ 50 年	凱龍星 50 年繞完黃道一圈，但由於其軌道是橢圓形的，每個本命凱龍星星座的上弦和下弦、四分相和對分相的時間都不同。凱龍星在 50 歲時將我們帶入了下半生。
♅ 84 年	天王星 84 年的週期大約是大多數人目前的預期壽命，它行運一個星座大約是七年，每年逆行大約 5 個月；它會順行約 8 度，然後逆行約 4 度，經過每個黃道度數至少三次。每個週期重要的行運點是大約 21 歲時的上弦四分相，在 38 和 42 歲之間的對分相，以及在 61 和 63 歲之間的下弦四分相。

34　霍華・薩司波塔斯（Howard Sasportas）《變異三王星：天王星、海王星、冥王星的行運、苦痛、與轉機》（The Gods of Change），Penguin Arkana, London: 1989, p 17.

♆ 165 年	海王星擁有最圓的軌道，並平穩的通過黃道帶，每個星座停留約 14 年。海王星每年逆行約 5 又 3 個月，向前移動約 5 度，然後向後移動 2～2¾ 度。上弦四分相發生在 41 歲，與二推月亮的四分相同時發生，它的對分相發生在 82 歲左右。
♇ 247～8 年	像凱龍星一樣，冥王星的軌道也非常橢圓；因此，它通過每個星座的時間是不規則的。例如在金牛座停留大約 30 年，但在天蠍座只有停留 12 年，每年逆行 5 個月多。每個世代的冥王星發生上弦四分相的時間不同，例如冥王星處女座和天秤座世代，在 35 歲之後冥王星才產生四分相，而之後的世代將在更晚一點體驗到這一相位。

行星會合的相位時間

　　從新月到新月的月亮週期，是占星學實務中最常用的相位循環週期，最近在占星學的時間主題和循環階段方面逐漸運用了水星、金星與太陽的相位循環，火星與太陽的相位循環與其恆星循環差不多都是兩年，而其他行星每年都會與太陽相合，而木星和土星是一年多。下表顯示行星繞行黃道一圈時，相位循環和回歸循環之間的差異：

行星	占星循環週期		
	回歸循環 沿著黃道繞行黃道帶一圈的平均時間	**恆星循環** 繞行太陽一圈的平均時間	**相位循環** 與太陽合相到下一次合相的平均時間
☽	27.3 天	繞行地球一圈 27.3 天	29.5 天
☿	11～13 個月	88 天	116 天
♀	10～14 個月	225 天	584 天 /19 個月
♂	17～23.5 個月 平均 22.5 個月	22.5 個月	780 天 /25.6 個月
♃	12 年	11.88 年	399 天 /13 個月
♄	29.5 年	29.5 年	378 天 /12.4 個月
♃	50 年	50.4 年	373 天 /12.3 個月
♅	84 年	84 年	370 天 /12 個月
♆	165 年	165 年	368 天 /12 個月
♇	248 年	248 年	366 天 /12 個月

行星週期：回歸、恆星、相位循環

　　世俗占星學運用了社會行星與外行星之間發生的十組相位週期，其中最長的一組包括兩顆移動最慢的行星：冥王星和海王星。這個週期持續了四百九十多年，最後一次發生在一八九一到一八九二年的雙子座七到八度。在廿世紀下半葉和二十一世紀上半葉，其上弦循環包括這兩顆行星之間長期的六分相，從海王星進入天秤座與冥王星獅子座的六分相，一直持續到海王星進入牡羊座六

分相冥王星在水瓶座。在此階段，冥王星移動的平均速度與海王星相同，從一九四〇年代初期到二〇三〇年代後期，這段長期的六分相持續將近一百年。

　　下表總結了這十顆行星的配對，其靈感來自萊拉・雷爾・魯迪亞（Leyla Rael Rudhyar）對這些循環週期所做的三種分類 [35]。

概觀：長期的願景 轉變的進化期	土星的相位循環：泰坦的衝撞 界線的建立與突破	木星的相位循環：改革的理想 發現與願景
♅～♇ 因冥王星橢圓形的軌道而異：113～142 年	♄～♇ 31～38 年	♃～♄ 20 年
♆～♇ 172 年	♄～♆ 36 年	♃～♅ 14 年
♆～♇ 492～494 年	♄～♅ 45 年	♃～♆ 13 年
		♃～♇ 12～13 年

　　這些行星配對中最短的是木星／冥王星循環，占星師將它與國際恐怖主義和經濟循環的成長做連結 [36]。當世俗占星師研究行星配對在其循環過程中的發展時，著重於兩顆行星彼此之間形成重要角度的時期，例如：從二〇一二年到二〇一五年占星學的重點，包括天王星／冥王星循環中七次的正上弦四分相。當行星以相似的速度移動時，通常會拉長某些相位的時間，例如：海王星／冥王星的六分相或凱龍星／天王星的對分相。

35　萊拉・雷爾・魯迪亞 (Leyla Rael Rudhyar):Shambala Astrological Calendars 1982 and 1983, Shambala, Boulder, CO: 1982-3.

36　米歇爾・巴博（Michel Barbeault）和阿克・克勞福德（Arch Crawford）將此一循環與恐怖主義和經濟作連結。

社會行星／外行星的相位循環			
	♄	♅	♆	♇
♃	20 年	14 年	13 年	12.5 年
♄		45 年	36 年	31～38 年
♅			172 年	113～142 年
♆				492～494 年

進入星盤

雖然星盤是一個永恆時刻，立於此刻與另一世界的十字路口，但是它不斷參與時間的流逝，它在我們第一次自主呼吸時成形，而我們的星盤也持續回應之後生命的每一次跳動，每次呼吸、每一刻都以某種方式更新。活躍的星盤證明了時間的循環週期，不斷提醒人們結束的必然，同時也確信之後的重生。

儘管星盤本身沒有變化，但它會隨著時間的經過而開展，就好像是種子萌芽或植物開花結果。雖然出生盤的配置是固定的，但行運和其他的計時技巧說明了星盤反映個人生活的不斷變化。可以將行運、推運或正向推運一起運用，用以確定外在的事件及其潛在表現，以及隨著這些變化所帶來的內在轉變和發展。如前所述，時間的行星符號既可以向外看世界，也可以向內看靈性生活，讓我們來介紹當代行運、推運和回歸的技巧，藉以加深並賦予占星時間研究的靈性層次。

行運

　　字典將「行運」（transit）定義爲越過或穿過某物或橫跨，一種改變或過渡，當它應用於天體時，是指越過某處的子午線或另一天體。占星學上的行運是指行星、小行星或其他點（如行星交點）通過黃道十二宮的實際移動。而所謂「個人行運」是將某時的某顆行星位置，與個人星盤的本命行星和角度做比較，並且透過該星盤中的星座和宮位去關注該行星的移動。**行運是生活中一個時間點的快照，它描述著生活瞬息萬變的時刻，它們象徵著這些對於我們個人發展的影響、預期性變化以及可能的轉變。**簡單來說，行運是指某顆行星在特定時間相對於出生星盤的位置。

　　「行運」一詞也是指某顆行星與其本命位置有關的旅程，這些行運記錄了老化的過程，並且對應著生命循環中的初始階段；因此，對於同一代的人來說是共有的。這些較大循環中的相位都會發生於年齡相近的人身上，而被稱之爲共通循環或特定的世代循環。

　　「行運」也是任何時間的天空圖案，因此，它們是集體的圖像，因爲全人類在不同的平面上經歷了這些圖像。但是，每個人都會有自己獨特的定位和行運經歷，當時間的動態圖像衝擊到我們的星盤時，我們可能會親身感受到，並以自己獨特的方式回應這些時間[37]。由於外在事件通常會觸發人們的意識，因此會最先從外在氛圍中體驗到行運的發生；當我們經歷外在事件時，行運會喚醒一種先天的心理結構，迫使我們進入一種更眞實的存在方式。當我們被

37　例如，天王星於1995年4月首次進入水瓶座，這個行運將在全球範圍內影響我們。那些行星在水瓶座（或固定星座）的人將受到影響，因爲天王星將以此行運與他們星盤中的固定星座的行星產生相位，將更大的原型層面加諸於個人。

喚醒並意識到自我的潛在面向時，或者當某個先天的心理情結開始瓦解時，通常會感到無法連結。當行運行星所象徵的生命節奏，在當下凸顯出新發現的自我，這將幫助我們充分發揮本命盤中的潛能。

我們在外在世界中以某種形式和事件遇見命運，這並非罕見，因為外在事件可以發掘我們天生的心理結構，讓我們面對更真實的存在方式。當我們被喚醒去面對未知的自我時，可能會引起脫節、混亂或創傷的感覺；我們可能會產生自我防禦，但也會被變化的可能性所刺激，如同行運行星所象徵的生命節奏，它加快了實現本命盤潛能的過程。從占星學的角度來看，行運行星的象徵意義既確定了時間，又描述了正在開展的經驗和過程。

行運，尤其是社會和外行星的行運，是挑戰我們改變慣性模式的催化劑。外行星行運可能使人感到恐懼，因為它直視我們，讓我們擺脫過時的依戀，並鼓勵我們前進。外行星行運預告著覺知、分離和變化；有一句古老格言：當神追趕你時，你必須向神獻上所謂的神性或我們內在的神聖，如此做出犧牲，並需要：供品、奉獻、神聖之物、祈禱或象徵性的手勢。奉獻象徵著參與、覺察並且願意為狀況帶來一線希望，重大行運需要準備和覺知。

推運和正向推運

推運和正向推運是運用象徵性的準則來推進星盤，這與代表實際行星位置的行運不同。推運和正向推運是和推進星盤息息相關的系統，因為這兩套系統都運用從某種象徵比率計算而得的移動速度，向前或向後推動本命盤的行星和度數。當代最常使用的兩套

系統是「二次推運」（Secondary Progressions）和「太陽弧正向推運」（Solar Arc Directions）。由於每套系統產生的結果完全不同，因此重要的是要了解這些結果的計算方式，並發展出一致的方法去運用每套系統。

	本命行星	二次推運	太陽弧正向推運
		2008 年 11 月 4 日	
☉	12♌32	28♍14	28♍14
☽	3♊21	16≈18	19♋02
☊	27♌18	26♌56	12♎59
☿	2♌19	23♎14	18♍01
♀	16♋47	27♌21	17♌28
♂	22♍34	23♎02	8♏16
♃	0≈51Rx	27♑19Rx	16♓32
♄	25♑19Rx	23♑16Rx	11♓01
♅	25♌16	28♌08	10♎57
♆	8♏36	9♏32	24♐17
♇	6♍58	8♍33	22♎40
⚷	5♓19Rx	3♓06Rx	21♈00

此表比較了同一時間的二次推運和太陽弧正向推運的不同位置。這裡使用的是巴拉克·歐巴馬（Barack Obama）的範例。

他出生於 1961 年 8 月 4 日，晚上 7 點 24 分，夏威夷檀香山 38。出於興趣，我們會根據 2008 年 11 月 4 日（即他贏得總統大選的日期）計算推運和正向推運。

注意不同系統產生的變化，以及它們與本命行星位置之間的關係。值得注意的是，社會行星和外行星的移動——二次推運行星的移動極小，而太陽弧正向推運的移動相當大。

　　推運的基礎是行星實際在軌道上的移動。隨著推運，行星以彼此不同的速度移動，類似於它們在自然軌道中的運動，從而維持彼

38　此時間來自於他的出生證明 www.astro.com/astro-databank/Obama,_Barack

此的速率。最常運用的推運是二次推運，它以「一天代表一年」的公式推進星盤：出生後的第一天象徵著生命的第一年；出生後的第二天象徵生命的第二年，以此類推。例如，太陽透過二次推運大約每天移動 1 度或每年 1 度，而月亮透過二次推運平均每天移動 13 度或每年 13 度；因此，月亮在二次推運中的速度大約比太陽快十三倍。行星也從出生起就朝著適當的方向移動，可能順行也可能逆行，並且在出生後也可能在二次推運盤中改變其方向。

正向推運使所有行星以相同的速度沿相同的方向前進，因此，太陽、月亮以及所有行星都以相同的速度沿相同的方向移動。最受歡迎的正向推運是太陽弧正向推運，將一年的生命等同於太陽一天的真實移動。太陽在星盤中的日常移動每年推動所有行星前進，它每天的移動量有所不同，從每天約以 57 分 12 秒通過黃道帶巨蟹座，到每天以 61 分 1 秒的速度通過摩羯座移動。因此，藉由太陽弧正向推運，每年所有行星以大約 1 度的速度前進。在這種方法中，社會行星和外行星的速度要比二次推運盤中的速度快得多。

思考此兩種方法的方式之一是：二次推運是針對內在生活的發展，並讓人們思考人生的目的和意義，它代表本命盤的自然發展，類似於深植於星盤中的基因，在整個人生過程中，二次推運反映了靈魂想要在世界上展現的是什麼。在特定的時間範圍內，行運更能描述某些能量的相關性和作用，而二次推運則更能說明較為長時期之內的發展，我喜歡將這些推運視為「靈魂的日記」。

太陽弧正向推運與二次推運不同，它並不是星盤的內在本質，而是一個象徵性系統，每年推進星盤內所有的東西大約一

度。從某種意義上說，這使它們的影響定位於外在，因為每顆行星都可以用動態的方式象徵定性的時間或經驗，而這些定性的時間或經驗則更為真實。儘管它們是符號，但在研究心理層面的符號學家或占星師的手中，仍然具有高度想像力和深厚靈魂。占星象徵符號有兩種面向，它們可以透視靈魂的深處，同時也可以直視「真實」世界中的事件和遭遇。**也許我們可能會建議太陽弧正向推運講述的是一個外在時間的故事，而「二次推運」則是深植於個體DNA中的內在計時。**外在事件和內在事件經常相互輝映，因此，在它們所顯示的原型象徵和時間框架中，這兩種技巧都需要被尊重。

當占星師發揮自己的理解力並充分有效地利用它們時，這兩種系統都具有價值。二次推運的發展可能會花費一些時間，因為這個技巧非常微妙，而且不像行運或太陽弧正向推運那樣去揭發事件。

行星回歸盤

回歸呼應了一個循環的結束和下一循環的開始，在占星學上，當描述一顆行星完整的循環週期時，我們通常會運用回歸的概念。社會行星在標記生命週期的起始上特別重要，例如：木星每十二年回歸一次，標記著生命循環發展進入了新階段；木星的每次回歸都是一個人展開更廣闊的生活視野之時。土星回歸標記著生命循環週期的三個不同階段，它的回歸使個人進入了生命穩定且成熟的新領域。廿九歲時的第一次回歸代表一個人的成熟、自我負責和權威，因為他們宣告了自己在世界上的位置；而在五十八到五十九歲

第二次回歸，則說明了從外在世界移轉至內在世界。凱龍星在五十歲時回歸，暗示回到自我的真實和靈性面向，不得不面對必要的順從與妥協[39]。行星的回歸暗示著生命的門檻，並有力地劃下了生命循環中重要的過渡期。

　　從占星學來說，當行星回到其出生時的位置時，也可以建立一種稱之為回歸盤的技巧。這些星盤概括說明了重要回歸時期所突顯的能量，回歸盤可以幫助你在下一個行星循環中勾勒出個人的主調。

　　在整本書中，我們將檢視並將這些技巧應用於占星學的實踐上。我知道關於這個主題有很多有價值的文章，這些都總結在參考書目中，由於我們將專注探討現代的計時方法，因此我也收錄了一些關於傳統計時方法的推薦文。我希望這些有助於將想像力和思考方式帶入當代占星計時的技巧中，藉以幫助你們建立起運用這些技巧的信心。

39　有關凱龍星循環的進一步討論，請參閱布萊恩·克拉克的《了解凱龍星的關鍵》（Keys to Understanding Chiron），Astro * Synthesis（Melbourne：2002）。

第二部

行運：轉變的靈魂

第三章
行運與轉變

穿越時間

　　由於我擁有強烈的水星特質，令人驚訝的是並非每個人都像我一樣接受變動的未來。從我有記憶以來，我就喜歡上路，喜歡整理行李箱，跳上火車然後出發。相較於**待在某處**，在點與點**之間**我總是感覺更自在，我喜歡離開和抵達，但「待下來」從來都不是一件容易的事。再加上我的行星守護星──水星正是道路和轉變之神，當神在這兩個時間出現時，祂裝扮成騙子或嚮導，使旅程變得不可預測且令人興奮。由於我知道並非每個人的想法都一樣，於是便開始留意其他人獨特且個人的轉變方式。牢記我們個人的轉變方式，這有助於在變動時代中更能接受自己和他人，並瞭解最有機會完成一段安全及成功的旅程所需要的東西。

　　轉變（Transition）通常被認為是從一種狀態到另一種狀態的變化時期、一段時間、轉換或完全改變──我們一生中所有反覆出現的狀態。本質上，生命是生死之間的過渡狀態，人生的中介調整可能會持續很久或只有短暫的時間，通常被稱為「處於門檻上」（liminal states）[40]。門檻時期是過去與未來之間的時間，門檻有時是在曾經熟悉的、如今已經過去的、即將改變卻向不可知之間的懸宕時期，在混亂和迷失方向的同時，這個空間開闢了一個新的可

40　Liminal來自拉丁語limn，意思是門口、門檻或入口的邊緣，象徵著兩個獨立的地方或存在方式之間的過渡地帶。

能。因此，門檻時期通常被描述為啟蒙或通過儀式，並且是舉行儀禮的適當時機，藉以幫助個人成功的轉變。

行星的移動象徵著轉變時期，它指出發展的啟蒙之道，想要受到關注的行星之神藉著行星行運，對於本命盤產生影響而人格化。每顆行星的推運都體現了轉變和時代氛圍所特有的特質，行星移動不會創造時間，而是善於解讀時間。雖然本命盤是不變的，但行星不斷的行運讓星盤穿越了時間，我們的占星行運系統可以驗證你所踏上並展開轉變的這趟旅程。

行星目前的位置及其與本命盤之間的相互關係，見證了時間的停格，在占星學上象徵著轉變。「行運」一詞既可以用作動詞（表示行動和過程），也可用以標示位置、人或物的名詞；作為一項行動，它意味著跨越一個國家或從一個國家到另一個國家；作為占星動詞，它是指讓人意識並投入參與的改變模式；而作為占星名詞，它伴隨著行星的形容詞，例如：土星的行運，它是客觀的，可以描述這個過程的本質。作為占星師，我們運用行運來描述時間，但是，在回憶過去行運的騷動過程中，我們也傾聽其中所衍生的深層感受。

性格與轉變

在檢視行運之前，先了解你個人的轉變風格是非常重要的。思考元素的特性，有助於確定火元素充滿熱情的轉變方式與水元素的情感、或土元素的謹慎風格不同。我觀察到，我們獨特的轉變型態主要是由我們的上升象徵，星盤上的地平線與出現及消失有關，由

太陽從東方地平線升起、西方之門下降象徵。出生和死亡是兩個最強大的轉變時刻，是沿著這一條轉變軸所產生的共鳴意象。在隱喻上，上升點標示著一個出生點，象徵著靈魂進入化身，並代表個性的終生態度，以及對新情況和生活階段的反應。**我們的上升是我們如何轉變的有力形象，因此，行運至上升／下降軸線可能與重要的生命變化同時發生。**

　　爲了反映你的轉變方式，請考慮你的上升星座的模式。顯而易見的是，開創性與固定或變動性的的轉變方式非常不同。開創星座可能更傾向於引發這種變化，並且去應對其間所發生的僵局；但是，隨著轉變的進行，他們可能難以維持這種動力。而元素將區分這些反應是更具概念性（火）、實際動手做的（土）、邏輯性（風）還是情感性的（水）。固定星座的轉變方式可能會更加謹慎小心、需要更多時間來計劃並收集技能和技術，這將讓這個過程更加始終如一，但是，他們也可能在此過程中耽擱、拖延或卡住。變動性的上升可能會在不知不覺中做出改變、回應出現的情況，並且不加思索的產生反應，但是，這種能量的消耗可能會耗盡維持轉變所需的耐力。每一個星座的模式和元素的組合概述了十二種獨特的轉變風格。

　　落在星盤地平線上的所有行星都會在轉變時期被召喚，因此，這種行星原型可以在改變的過程中作爲支撐的定力。上升的守護星也扮演重要的角色，就像轉變時期車輪上的司機一樣，這種行星原型可以幫助我們想像如何駕馭轉變的過程，以及最好走哪一條路；作爲轉變的響導，上升守護星的配置和相位揭示了伴隨改變所帶來的輕鬆或努力。

在思考你的轉變方式時，月亮也扮演重要角色，我們如何捍衛、應對、回應變化是我們月亮的全部。月亮的核心是家的象徵，這是一種深刻的歸屬感，需要情感的永恆不變和心理上的穩定；從某種意義上說，所有的轉變和變化都是返回家園，回到自性中的某個面向。本命月亮象徵著我們如何透過變化的過程，指出保護和滋養自己的方法，月亮星座反映了轉變過程中所需的特質，而相位是在此劇變中將激發出哪些模式和記憶的關鍵。

上升點、上升守護星和月亮的三位一體，有助於說明個人的轉變風格，重要的是要知道，沒有一種特定的方法或正確方式可以翻轉人生，但是本命盤所顯示的性格，可以幫助我們去認識自己如何應對變化。只有用自己的方式，並且去適應我們對於轉變的自然反應，將幫助我們真實地度過生活的各個階段。

轉變是生命中反覆出現的特徵，由行星沿著天上黃道路徑的行運來象徵。而每個行運像每張星盤一樣，都是唯一的；因此，儘管每個行運都有類似的原型主題，但都是以個人方式經歷。沒有標準的行運驗證手冊，行運行星的原型特質將成為我們的指南，引導個人和集體去了解時間的模式。

行運的思考

在運用行運時，最優先的是整理資料的系統，接下來是我長期研究行運而建立的方法，但這不是唯一的方式，只是考慮區分行運的複雜性和優先次序的方法。清楚的理解並非透過公式化的行運法，而是透過持續尊重占星圖像中所涉及的象徵符號。

行星行運是多層次的，因為它們發生在人類經驗的各個層面。行運的象徵符號可能會透過內心體驗、感情或心理危機、靈性轉變或外在事件來展現；它們喚起轉變中的靈性形象，但是它們在不同的層次、以不同方式被體驗 [41]。象徵符號是多層次的，因為它們可以同時揭示不同層次的含義：它們可以代表文字世界，同時還可以說明情感和心理狀況 [42]。由於行運本質上是系統性的，所以它不僅僅局限於系統的一部分；當重要的行運影響到星盤中的某一個區域時，它會掀起整個體系的波瀾。這在家庭系統中也很明顯，由於家庭成員之間的行星連結，成員中某一個行運將會影響另一個家庭成員 [43]，個人行運將會影響我們整體的生活網絡。

行運最明顯的表現，是外在世界的事件或意外、危機、狀況的改變，或者與所涉及的行星原型互相一致的經歷。這是符號的**表面含義**——具體及物質的表現層面。吸引力法則讓我們想到內在與外在之間的關聯，因此，世俗的事件——無論多麼戲劇性或多麼瑣碎，都反映了內心世界。如果一個人沒有意識到內在對於重新定位和改變的需求，那麼外在世界的事件往往是激發思考和行動的動力。

當內在藉由某個事件或狀況投射到外界時，就會讓人意識到內心所發生的事。我們首先知道自己所面臨的外在變化，然後會去改變方向、態度或存在方式。去思考行運的占星象徵以及伴隨而來的事件影響是有益的，以此作為一種徵兆——代表改變和重新定位的

41　以心理學角度探討行運和推運的出色著作，請參閱麗茲‧格林（Liz Greene）：The Horoscope in Manifestation, CPA, London: 1997。

42　有關占星符號的分析，請參閱布萊恩‧克拉克：Soul, Symbol & Imagination: The Artistry of Astrology, Astrosynthesis, Stanley, Tasmania; 2019.

43　請參閱布萊恩‧克拉克：The Family Legacy, Astrosynthesis, Stanley, Tasmania; 2016.

潛在需求。事情發生的特徵、再加上行運的象徵意義,使占星師和客戶能夠思考時間進程的意義。

　　行運還可以喚起人們的感情生活、記憶、情緒反應和心情——這些情感層面。重大行運可能會與各式各樣的感覺同時發生,從而引起回憶、生理反應、症狀或反應,幻想或想像、情緒波動或異常行爲。行運所喚起的情感成爲一種媒介,透過它,靈魂產生心靈的重新連結和救贖,如此一來,行運的表現便是邀請我們去思考正在發生的情緒變化。

　　當心理變化正在醞釀時,會浮現被壓抑的感覺和痛苦回憶,讓人認知並療癒它。運用行運符號有助於思考過去類似感覺的來源和時間點。外行星行運象徵著面對眞實感受而產生靈魂的覺醒,例如:在冥王星行運中,人們可能會感到失落、悲傷、絕望、憤怒或背叛;海王星行運可能會被困惑、疲勞或絕望的感覺淹沒;而天王星行運可能引起焦慮、恐慌、脫節或恐怖的感覺。當感覺與行運共存時,它們會找到需要關注的心理領域,占星顧問是救贖和療癒痛苦的見證人。

　　在更深層次上,行運帶來意義並且重新獲得目的——這是行運的**靈性層面**。行運的核心是對於價值和驗證眞正自我的要求,雖然結果可能會讓人們更能夠接受和了解自我,但是往往無法確定且不清楚這個行運對於個人的要求是什麼。在行運的靈性層面中,我們面對在當下生活中尋找目的和意義的挑戰,我們被邀請接受必要的轉變,即使我們尙且無法理解。

　　這些層面在所有行運過程中都糾纏在一起是正常的狀況,重大事件的經驗可能會讓人們意識到必須做出改變,這是轉變的開

始；隨之而來的是情緒反應，發掘出埋藏已久、壓抑的情感；最後，在更深層次中理解和整合這些轉變，如此更加強個人的身分認同與覺知。儘管重大行運像所有機會一樣喚起了潛力和可能性，但個人有責任對這一過程充滿信心地做出反應，自覺地與行運的潛能合作並面對需要面對的問題。

在第一章中，提及約瑟夫‧坎貝爾重新將范‧甘納普的儀式之道修訂為分離、啓蒙和回歸的行運週期[44]。將此啓蒙過程運用於行運，有助於辨別轉變過程的各個階段。第一個階段是與家庭、已知和習慣分離，這種情況是在進入行運階段時發生的，這也可能伴隨著某個外在事件或重大的發展。隨著行運變得明確並且來回順逆行，個人經歷了從過去走向不確定未來的試煉和磨難，啓蒙的這一階段特徵是伴隨著轉變而來的情感宣洩和心理洞見。隨著行運行星的分離，靈魂的回歸喚起了開始回歸生活的印象——不是過去那樣，而是它本來就應該那樣。

行運類型

行運的分類方式有很多種；但是，我認為值得區分為：1. 這是個人獨有的行運，也就是**個人行運**，或是 2. 世代循環週期的一部分，即**世代行運**。

1. 個人行運：

說明行星正經過個人星盤中的某個重要部分。通常個人行運包括外行星（♇、♅、♆、♀）或社會行星（♃、♄）的移動，與

44　Joseph Campbell, *The Hero with a Thousand Faces*, Princeton University Press, Princeton, N.J.: 1968, p.30.

內行星（☉、☽、☿、♀、♂）或軸線形成主要相位。由於行運中的行星象徵著我們所面對的原型力量，因此我首先會留意外行星與本命盤軸線／內行星的行運，然後再考慮社會行星同樣的行運。

交點的行運以及日月食也值得注意，因為行運的月交點將聚焦在某些兩極的宮位，以及與本命行星產生的相位。在行運交點的附近將出現日月食，兩者所影響的宮位和行星會差不多。

個人行運還包括行星經過星盤宮位的行運，社會行星意義重大，因為它們通過星盤一個宮位的時間大約是一年（♃）或兩年半（♄）。木星十二年走完星盤一圈，平均一生繞行約為七圈；土星需要二十九到三十年的時間才能繞完星盤，一生平均完成近三個循環週期。木星和土星將其原型重點帶入正在經過的星盤領域。外行星在每個宮位中停留的時間很長，因此，當它們剛進入一個新的宮位時，會讓人更明顯感受到它們的影響力，如果你使用相同的宮位系統，則行運行星入境下一個宮位就可以喚起你環境改變的印象。由於外行星在每一個象限和宮位中停留的時間很長，因此藉由這些行運能量，將對星盤中的這些領域產生強烈印象。

2. 世代行運：

是指社會行星和外行星，與其出生時的原本位置形成相位的行運，這些行運可以透過兩種方式：

A. 行星獨立循環所形成的相位。例如，行運土星與本命土星形成對分相的年齡分別為十四至十五歲或四十四至四十五歲，或者木星幾乎每十二年回歸一次。這些相位定義了生命循環的過程，並強調某些人生時期的重要性，例如：我們

已經知道的：青春期（木星回歸、土星對分相）、中年（天王星對分相、海王星上弦四分相）和五十歲時期（凱龍星回歸）等。

B. 而外行星與本命外行星之舞在該世代人中幾乎發生在相同的年齡，例如：海王星摩羯座的世代，行運冥王星在二十五歲左右將與其海王星合相；而對於冥王星處女座及之後的世代，在他們五十幾歲的十年間，行運海王星與他們的冥王星將形成對分相。

世代行運是由行星在其自身循環的開展中形成的，行運行星與其出生時的本命位置形成重要相位，例如：行運海王星在四十一歲時與本命海王星形成四分相。這些關鍵時刻是由上弦四分相、對分相、下弦四分相以及回歸至下一個循環起點的合相所確立。所有外行星和社會行星在生命循環中的同樣年紀，都會產生這些相位，只有冥王星和凱龍星由於它們的橢圓軌道而成為例外。但是，每一代人在相同的年齡多少都會經歷其循環；這些行運區分了不同世代的精神、意圖和關注。我們將在第六章和第七章中區分這些世代階段，並在第十五章中闡述它們的回歸。

這兩種行運將個人轉變與生命循環中重要的階段區分開來，而最深刻的行運之一，是個人及世代循環的行運同時發生。例如，想一想本命盤中冥王星／月亮的合相，當行運冥王星四分相月亮時，行運冥王星／冥王星四分相的世代循環也將產生影響；因此，本命盤中的月冥相位透過個人及世代行運被再次強調。因此，當外行星與本命內行星形成重要相位時，在外行星循環的某些時間點，它將藉由行運重新配置行星組合。

　　在出生盤中，任何時候都在發生行運，因爲改變和移動是不可避免的。行運顯示一切都在流動。每一世代人所經歷的時代氛圍都與其他世代不同，因爲在占星學上，每一世代人的行星能量組合都不同。由於同時發生如此多的循環，因此需要從優先順序的角度來理解行運，而哪些行運最重要，哪些應該被優先考量？

優先考量的行運

　　爲了幫助區分哪些行運最具影響力，讓我們思考如何將重要主題與次要主題分開。請注意，這樣的分類只是一種指南，讓我們去思考在一定時間之內可能同時發生的各種行運。首先，讓我們先確定應該優先考慮哪些行運行星。

1. 行運行星：

　　移動越慢的行星影響越大，因爲它們持續影響的時間較長。外行星是最普遍衝擊個性的壓力，它透過行運喚起深刻感受，照亮了過去未知或感覺不到的東西，這通常是個人極度關注和不確定的事物。我用以下方式將行星做優先排序：冥王星是移動最緩慢的行星，其行運最優先被考慮。

　　冥王星　繞行黃道帶一圈爲 248 年。

　　海王星　繞行黃道帶一圈爲 165 年。

　　天王星　繞行黃道帶一圈爲 84 年。

　　凱龍星　繞行黃道帶一圈爲 50 年。

　　土星　　繞行黃道帶一圈爲年 29〜30 年。

　　木星　　繞行黃道帶一圈爲 12 年。

2. 與行運行星形成相位的本命行星

　　與內行星及四個軸角形成的相位，對個人而言是最重要的。當我們結合這些優先順序，可以最先考慮外行星行運至四個軸角及內行星。行運至內行星意味著個人和親密關係正在發生的變化，因此，**移動較慢**的行星與**移動較快**的行星之間的行運最為關鍵，因為它們暗示了個人理解和自我實現的深刻轉變。行運至月亮和太陽也至關重要，具體取決於行運行星及其形成的相位。四個軸角對行運行星也非常敏感，因此，行運行星合相四個軸角也是一個關注焦點。受到行運影響的行星，其移動速度是重要考量，考慮到這一點，行運到四個軸角及內行星的優先考量順序如下：

四個軸角：
上升、天頂、下降、天底繞行黃道帶一圈為 24 小時。

月亮　繞行黃道帶一圈為 27.3 天。

太陽　繞行黃道帶一圈為 12 個月。

水星　繞行黃道帶一圈為 11～13 個月。

金星　繞行黃道帶一圈為 10～14 個月。

火星　繞行黃道帶一圈為 17～23 個月。

　　行運外行星與本命外行星之間的相位是世代行運，指出生命循環內的改變，儘管它們也很重要，但影響的是整個世代的人，其中所需的改變和調整取決於生命過程中的年齡和階段。儘管這些經驗可能是極具個人化的，但它們是發展過程所本來就會經歷的過程，這些都是生命循環中成長階段儀式及適齡性所產生的轉變。

3. 形成的相位

　　合相表示新循環的開始，也代表上一個循環的結束；而對分相

則出現在循環的中點。儘管循環中只有一個合相和一個對分相，但其他相位則會在該循環中發生兩次：一次在循環的下弦階段，另一次在循環的上弦階段。

評估壓力相位與支持性相位，例如：第八泛音盤相位是 45 度的倍數──四分相、半四分相和八分之三相（135 度相位），這些相位被認為比十二泛音盤相位（30 度的倍數）中的六分相和三分相更具壓力或要求。然而，十二泛音盤相位中的半六分相（30 度）和十二分之五相位（150 度）被認為是有壓力的，因為它們是不相容元素的組合。我個人發現，當我們在考量占星的時間主題時，合相、對分相、三分相、四分相和六分相的五個托勒密相位最有幫助，也許是因為它們在循環過程中的展開方式。下表總結了我將優先考慮的相位，但我要再說一次，這只僅是一種指南、一種反應方式而已。由於將不相容的要素結合在一起所引起的緊張和衝突，我認為四分相和十二分之五相位比三分相和六分相重要。

優先順序	相位	泛音盤	循環階段
1	合相	1	新週期循環的開始
2	對分相	2	週期循環的頂點或中點
3	四分相	4	週期循環的危機點
4	十二分之五相 （150 度相位）	12	週期循環的調整階段
5	三分相	3	週期循環的聚合、融合
6	六分相	6	週期中的前瞻性、機會
7	八分之三相 （135 度相位）	8	對於過去事物再度做重大調整

　　區分同時發生的不同行運所產生的影響是有用的，從上面的表單中，我們建議最先考量行運冥王星合相本命盤四個軸角或月亮；行運海王星對分相太陽也非常重要，而當發生其他重要的行運時，例如：行運木星三分相火星可能便沒有那麼重要了。

　　以上說的是在「較大」或「較慢」的行運背景之下，所發生的較快行運，因此，快速行運的主題為更大的主題提供效用。這只是一種研究理論，而在實務中，可能會因個人經驗的不同而有所改變。如前所述，個人和世代行運同時發生是非常重要的優先考量，當內行星和外行星之間的某個相位因為行運而有修改時，就會發生這種情況。最重要的是循環中的四個關鍵時刻之一，即合相、對分相、上弦四分相或下弦四分相。

時間點

　　在考慮行運行星的時間點時，我們必須注意，由於循環週期的長短，每顆行星都有自己的時間表。內行星移動快速，因此它們的影響被認為很快就過去了。當我們思考特定事件，例如：意外、慶祝、情緒反應、異常經歷甚至是夢之類的，它們卻是非常應驗的，移動速度更快的行星通常是此類事件的觸媒。

　　木星或土星等社會行星也可能相當快地穿越星盤，但是，由於其逆行的次循環，它們可能越過星盤某個區域三次，因而延長了行運的時間。外行星根據其逆行模式，通常會經過黃道帶某個區域三次、有時甚至五次；因此，當行星來回移動時，這些行運持續的時間會更長，而突顯出星盤的特定區域。當個人理解行運的秩序和節奏時，占星循環的時間點對他們來說，可能非常有助力；行星循環

的逆行時期強調並加深了行運的經驗。

　　傳統上，對於我們關注的行星行運，首先要考慮的是會產生影響的容許度，它有助於聚焦占星學的時間點。然而，行運的個人時間點是非常主觀的，無法藉由容許度的設定來衡量。儘管容許度有助於框定行運時期，但測量心理、情緒和精神變化的時間點從未如此簡單，因此，記住占星學和心靈的時間點之間的區別總是特別重要。

　　雖然移動較慢行星的容許度通常被設定為 1 或 2 度，但是對於變化快速產生反應和敏感的人來說，可能會比其他人更早感覺到，也許是距離五度便已經意識到行運的到來。行星行運的象徵意義可能出現在夢中或藉由外在經驗出現，儘管這些經歷可能不會直接影響到個人，但是人們會幽微地意識到周遭的變化和轉變。在行運開始時，可能讓人覺得對自己沒影響，但是隨著行運的進行，它會與個人產生關係。例如：假設行運天王星對分相第六宮的太陽，某人可能聽說父親或兄弟的職場發生了工作上的改變，或者某個周遭男性突然生病，離開了職場所或成為新老闆、領導者或父親。這些象徵發生在他們周圍，但不直接影響，隨著行運的發展，這些變化變得與個人更加切身，使個人意識到他們的職位正在產生變化。

想像行運

　　當我們開始描述行運的經歷，有許多因素需要考量。首先，考量行運行星本身的本質、原型特徵、週期和象徵意義。

1. 行運行星的本質

以下幾點旨在思考正在發生的行運行星：

- 行運行星是個人、社會還是超越個人的？
- 行運行星的原型是什麼？它在心理發展中扮演什麼角色？它會要求或邀請我們做什麼？
- 行運行星的相位？按其速度、與之形成相位的行星及相位的優先順序去考量行星的行運。

- 行運行星在本命盤中的位置如何？考量它的相位、星座和宮位，以及這顆行星在生活中扮演的角色。你認為行星能量在占星學上的支持和發展性如何？在目前的情況下，這種原型的本命意圖和定位是否已被展現出來？
- 行運發生在哪一個宮位中，哪些環境因素可能影響目前狀況？
- 個人是否有意識地察覺到正在發生的行星原型及其潛在影響？你認為此能量對這個人會不會產生影響力？
- 個人是否有足夠的支持和資源來應對變化？

考量與行運行星形成相位的本命行星 —— 其原型和占星條件。

2. 與行運行星形成相位的本命行星 ——其本質為何：

- 這顆行星在本命盤中扮演什麼角色？這顆行星得到很好的支持嗎？此行星能量的原型是什麼？考量與行運行星形成相位的行星——其星座、宮位、相位及全部特質，藉以思考對個人正在發生的變化。
- 這顆行星在星盤中有哪些相位？這些相位會支持或阻礙目前

的情況嗎？

- 這顆行星守護什麼宮位？如何更加察覺到這個領域？

透視行運，例如：如果這是木星或土星的行運，可能以前也發生過，那麼最後一次是什麼時候發生的？如果這是一個移動慢的行運，那麼這顆行運行星在此循環週期中，上次形成主要相位是什麼時候？思考目前的循環週期，以及在此週期中之前與現在有關的時間點。

3. 行星的循環週期

- 這樣的行運過去曾經發生過嗎？什麼時候？
- 這顆行運行星上一次是何時與本命盤行星形成主要相位？
- 思考現在循環週期的本質為何，並將行運放在這個背景中去觀察。
- 在此占星組合中，可能出現哪些一再循環發生的主題、問題、困境和模式？

請記住行星的本質、其本命相位以及守護的宮位；這些行星所守護的宮位受到行運影響，因此也必須考量這些領域的事務。在行運過程中，可以透過各種方式體驗宮位的意象。

4. 宮位

- 行運行星在本命盤中的宮位可以描述在現在的情況之下，可以挖掘潛在問題並將它突顯出來的地方。
- 行運發生的宮位是此行運最可能表現出來、顯而易見和需要改變的地方；但是，這受行運行星的基本傾向影響。
- 行星所守護的宮位是可以提供支持和力量、藉以協助改變的地方。

- 與行運行星形成相位的行星描述了被喚醒的內在自我；而其守護宮位說明了當改變發生時，可能會產生影響的地方。

思考行運

在開始運用行運之前，請先思考一些較大的問題，例如：行運的本質、它們是否經常顯現、或者某些主要行運並沒有任何伴隨效應？在開始描繪時間的演變之前，必須思考我們對預測的信念。

感言

質疑我們的信念、定義我們的參數，並留意其中涉及的複雜性是有幫助的。例如，重大事件是否總是需要與主要行運同時發生？想一想你是否認為在行運過程中，總是會發現伴隨的經歷或情況。在研究和理解行運是如何運作的過程中，保持開放和不評斷的態度是非常重要的。

出生時間的準確性

如果出生時間不準確，與軸角產生相位的行運則會受到質疑。占星學的計時 —— 特別是行運至軸角和月亮的時間便會不準確；如果星盤設在出生地的中午，那麼月亮度數的準確性會有 6 至 7½ 度之內的差異，在核對行運到月亮時可以考慮這一差異。當出生時間不明時，仍然可以考量與其他本命行星產生相位的行運。

歲差校正的行運

一些占星師提出了一個情況是：依春分點的歲差而去修正行

運，這是在現在行運之下，每七十二年回溯去變動行星位置大約 1 度，因此，應考慮這一點而去改變本命行星的位置嗎？由於我們使用的是「回歸黃道」的系統，因此我建議沒有必要。注意此一「差異」固然重要，但我想，對於那些更傾向於從技巧上而不是從象徵面看待占星學的人來說，這更是一個懸而未決的問題。

對他人有用的技巧不一定對我們有用

一些占星師非常熱衷及相信某些技巧，他們可能會基於個人而非公正的經驗，主觀的將一個小的行運看得過分重要。由於占星學是如此主觀，因此某些技巧可能無法與你產生對話，重要的是要找出你用的最得心應手的占星技巧。

我們是否會因為個人對於特定行星原型的反應，而讓我們的解讀有所偏頗？

了解眾神的意志（行星原型）與客戶意願之間的差異，因為這可能會影響你對情況的解釋。並非所有的人都可以意識到自己的感受，他們可能會自我防衛或從正在經歷的轉變中抽離出來，他們的否認、願望和推測可能非常具說服力，足以影響對於目前狀況的解讀。我們會不自覺地與客戶站在一起，因而無法公正地看待星盤符號，我們對客戶沒有說出口的願望以及我們的理念，可能會扭曲解讀行運的方式。

心理和倫理考量

《宇宙與心靈》（Cosmos and Psyche）的作者理查・塔納斯（Richard Tarnas）說：「占星學是原型預測，而不是具體預

測。」[45] 在運用行運時，記得這個令人振奮的說法，因爲占星學善於描述心理氛圍和象徵領域，而它如何轉換爲具體時間是個謎，因爲象徵和字面意義是兩種不同的形態。我發現從心理、隱喻和意義上使用這些符號，可以使人們理解它們如何在我們的世界中呈現；行運不是透過因果關係，而是藉由靈性的探索中向我展示它們的意義。

當我們幫客戶解盤時，我會區分占星的時間和心靈的時間，雖然我們可以使用設定的容許度準確預測行運的時間，但人類的心理並不會以類似的方式做出反應。所有事件的根本是主觀因素，例如：情緒、記憶、感覺和反應，占星學論述的奧祕之一，是如何即時闡述心靈的意象。

預測的問題

如果我們接受占星學是一種預測機制，那麼我們會傾向於從字面和事件導向的角度去解讀星盤。但是，如果我們從原型的角度看待行運，則星盤可能會產生許多不同的細微差別，當然可以探索更多的可能性。

丹恩・魯伊爾（Dane Rudhyar）在思考預測的問題時重申，占星預測是了解象徵符號中時間的可能性的一門藝術。

「……如果我們理性、誠實地看待預測的問題，我們必須了解，當占星師預測未來事件時，他很少能夠預先指出（1）是什麼

45　《理查・塔納斯的訪談》：The Mountain Astrologer, Issue #124, Dec 2005/ Jan 2006, p. 49.

事情（2）確切發生的情況（3）它們將如何影響人的覺知和身心健康 46。」

　　雖然我們可以回顧過去，但是現在經常是不確定的，而未來更是如此。當我們經常尋求占星學的指引，得到了更明確或可知的未來，這是否合理？兩千多年以來，在德爾菲（Delphi）神諭諮商中，尋求神諭的重要問題之一與今日占星諮商的客戶所提出的問題類似：「我如何觸犯了神？如何贖罪，才能得到祂的原諒？」即使在現代依然經常被詢問並乞求得到神諭的問題是：「發生了什麼事？」以及「為什麼發生在我身上？」。

　　尋求神諭的地方是一個神聖空間，人們想要的是透過神諭的中間媒介與神進行的交流，如此一來，可以體驗到凡人與神之間的連結以及人神關係中的個人位置。這些聖所透過創造一個神聖空間或神廟區來為信眾的心靈服務，使人們可以用尊重和儀禮的方式將注意力集中在他們的問題上；同樣的，占星師和客戶之間所創造出來的神聖空間，激發出一個可以得到啟示的神諭空間。如此一來，占星預言更像是一種神諭，可以揭示從潛意識的願望中所得到的領悟和理解。當占星從業者解讀星盤中的圖像和行運時，現實的啟示以及如神諭般的資訊會藉由研究占星符號的過程中自然出現；因此，當我們了解星盤中的占星符號並保持開放的態度時，就可以進行占星預測。

　　根據我的經驗，「預測」不是占星師的解讀或覺知，而是占星師和星盤主人兩方交流出來的。許多占星師聲稱具有預測能力，但

46　丹恩‧魯伊爾：Person Centered Astrology, ASI Publishers, New York, NY: 1980, p.75.

在大多數情況下，這些技巧都未經證實，想要有一套可以進行預測的制式化占星學，是想要對抗未來的不確定性。占星行運提供了豐富的符號、象徵和隱喻，可以幫助我們思考和考量未來的選擇；在互相諮詢中，運用行運可以自然地揭示需要知道的重點。

我們相信占星學能夠揭示什麼？是占星學、占星師或客戶，還是這三者的結合？我們對於行運能夠呈現的方式期待越少，便越可能可以聽見星盤主人的情況。運用預測技巧時要考量倫理，這是為了尊重占星的傳統，以及我們在提升其專業形象方面所扮演的角色。

當好人發生不好的行運時，或者這個命運不是從我開始的

行星本身不會說教或評價，因此，在檢視和詮釋行運時，重要的是要記住，我們不能去評價或批評他人的生活經歷。雖然義務可能在個人手中，但是責任也不能輕易的歸咎於一個人、一次經驗或一個時期，因此，其中的複雜性往往不是從遭受苦難的人開始的。無論是逝者的罪行、祖先的過失還是個人的小惡都是故事的核心，但占星師都沒有立場對人們的生活進行評判或發表意見；更重要的是，聆聽並提出占星符號可以提供的見解。在宇宙的設計中，沒有人可以擺脫生活的痛苦，無論這個人現在是（或曾經）多麼有善意或有品德。

在希臘神話中，伊底帕斯的故事使我們想起命運的複雜，伊底帕斯巧妙地回答了斯芬克斯（sphinx）獅身人面像解不開的謎

語，拯救了底比斯鎮，使其免受兇猛怪物的襲擊；然而，他沒有意識到自己的命運之謎，以及這如何影響他已經做出和將要做出的選擇。行運——特別是移動慢的行星，會引起人們深層的心理困惑，它們使我們陷入謎團和問題中，這些問題無法以智商來回答，也無法以信念來解決，而行運邀請我們參與自我發現之旅。

第四章
走進人生的不同階段
時間的模式

　　發展或變化階段（Phase）這個詞來自希臘文的 phasis 和 phainein，表示「揭露、表現、顯現」。這個詞可以有多種用法：當它指時間時，暗示著正在演變的過程中的不同時期。從心理上來說，這些可感知的時期通常被定義爲生命週期的過渡階段，例如：童年、青春期、中年或老年；但在占星學上，它也指時間的階段，最常見的是指月相，而相距於太陽的所有行星都有不同的光照階段。

　　由於太陽和月亮的相位在 29½ 天的週期中不斷變化，所以月亮的光照是反射光；星相描述了行星繞太陽運行時的面向、速度、亮度或距離的不同變化階段。當行星的移動速度慢於地球（火星至冥王星），它們在逆行最接近地球時，與太陽合相會消失在太陽光束中，形成對分相時會變亮。水星和金星的移動速度比地球快，並且在地球和太陽之間移動，它們在消失之前、最接近地球時最亮；當它們從太陽光中出現時，變成了晨星。在傳統的記載中，當行星失去能見度時是處於「太陽光束之下」的階段。

　　占星學中的階段，是根據行星與太陽或彼此之間的相位循環、以及其恆星循環、或是繞行黃道帶一圈的循環來分類。丹恩·魯伊爾將這些區分爲「關係的循環」和「位置的循環」，這是

一個有用的分類。「關係的循環」涉及兩顆行星之間的相位，魯伊爾說：「從新月到新月的月亮循環週期是最好的例證」[47]，這說明「月亮循環週期」是所有行星配對的循環有用的圖像；而「位置的循環」是計算行星行運經過星盤，並回到原本位置所經過的路線。

與行星週期同步的人類成長和發展階段，例如：嬰兒期、青春期、中年和晚年也同樣重要。這些階段的特徵是在行星週期之內、或是與另一顆行星所形成的某些相位，例如：青春期的首次木星回歸、中年時期的天王星對分相或二十多歲的冥王星與海王星合相。這些都是生命週期的各個階段，可以透過行星繞行黃道帶與其出生位置形成相位的軌跡劃分。

就像一本好書的章節慢慢揭露情節並發展角色一樣，每顆行星在自始至終的整個週期中都有可辨識的階段。我們已經考量如何以相位來劃分循環週期，從合相（♂）到對分相（♗），然後再回到下一次合相；我們還注意到週期中位於合相和對分相中間的兩個關鍵轉折點，或稱四分相（□）。這四個相位劃分了所有占星週期的關鍵階段，並說明了行星循環過程中重要的發展階段。

相位開啟了一個循環的新階段，它具有自己的模式和目的；兩顆行星之間的相位代表了兩者之間關係的某個時刻，並說明了其相互連結的階段、模式和目的。讓我們想像一下十二泛音盤（30 度倍數的相位）是一個週期的階段，首先請注意合相和對分相之間的相位順序，以及它們從對分相回到合相的週期後半部分是如何反映的。下表是一種思考週期發展，以及相位如何在發展中發揮作用的

47　丹恩・魯伊爾：Astrological Timing, Harper and Row, New York, NY: 1972, p. 71.

方法。一個相位指示週期中的重要時刻，就好像它是週期進展中的里程碑，每個相位都可以發現並揭示一個新的發展階段。

十二個相位和時間的特質──第十二泛音盤

週期前半段的相位	上弦階段及時間模式		週期後半段的相位	下弦階段及時間模式
合相 0°	出發、開始、啓蒙。	♂ ☍	對分相 180°	實現目標、利用它所提供的優勢。
半六分相 30°	理清上一個週期、調整、重組。	⊻ ⊼	十二分之五相 210°	重新排列、重新調整呈現方式和過程。
六分相 60°	發展新的循環、匯集可用資源並創造機會。	✳ △	三分相 240°	享受勞動的果實及所涉及的創造力，分享循環的成果。
四分相 90°	採取行動、接受挑戰、遵循跡象並做出創新的改變。	□	四分相 270°	一個關鍵的時刻去面對可能發生、但在這一次週期中尚未取得的成果。
三分相 120°	穩定計畫和朝目標前進來確保成功。	△ ✳	六分相 300°	接受改變的可能性並在之後重新審視新的可能性。
十二分之五相 150°	進行微調和最後的調整，確定已盡一切努力。	⊼ ⊻	半六分相 330°	隱退的智慧並等待迎接新的週期，積極等待和清理的時刻。
		♂	合相 360°（0°）	種下剛剛過去的週期所孕育的種子並重新開始。

在廿世紀，丹恩·魯伊爾啓發人心的研究強調了占星實務中計時的週期性方法，他指出：「每個生存過程都有一個起點和終點，並且在這兩個事件之間，經歷了一系列可辨識和可測量的階段或轉變的關鍵點。」[48] 在我們的天上可以看到的一個完美的天文學例子，是太陽和月亮的週期循環，它每個月都要經過「可辨識且可測量的階段」。

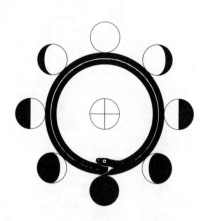

這個曼陀羅描繪了月亮循環週期的八個階段，從新月開始，月亮被描繪在蛇頭和蛇尾相連的銜尾蛇的底部。這個循環在各個階段中順時針移動，從北半球的角度描繪這八個階段；在南半球，看到的階段正好倒轉。

月相

日月之間不斷變化的關係，持續計量著時間和農業的季節，對於將月亮表面與女神聯繫在一起的古代人來說，其循環的變化階段

48　丹恩·魯伊爾：*Astrological Timing*, p. 22.

是非常重要的。月亮循環通常被化身爲三位女神或女神的三個面向，它們不僅體現了人生的三個時期（青年、成人和老年），還體現了時間流逝的三個階段。隨著時間的演變，此三位一體轉讓給四位一體，並勾勒出四個不同的月相，也就是我們熟悉的月曆中所描繪的四個階段，並且通常被科學引用。就像足球賽的四節時間一樣，月亮的這四個階段，分別代表每個循環週期的開始、四分之一、中間和四分之三的時間。

在當代的占星實務中，我們將月相循環分爲八個部分，這種劃分將月相循環分爲八個階段，每個階段爲 45 度 [49]。雖然每個階段都可以被測量和量化，但它們象徵著一種質量，在時間循環中具有其獨特的意義和本質。當我們追溯週期的八個階段時，會看到時間流逝的生動影像：一顆種子落在地上、發芽、生根、分枝、開花、結果、落葉、枯萎、然後死亡，但它卻釋放了新週期種子的潛能。每個階段都是週期的八分之一，其特徵和靈性來自於一個人對於這個時間特質的參與能力，如此一來，月相循環是所有循環週期的理想原型。

49　丹恩・魯伊爾：*The Lunation Cycle*, Shambhala Publications, Inc., Boulder, CO: 1971

八個階段和時間的特質

週期前半段的相位	上弦階段及時間模式	週期後半段的相位	下弦階段及時間模式
新月 0°	開始、新循環週期的開始、啓蒙。	滿月 180°	實現目標、利用它所提供的優勢。
蛾眉月 45°	與過去的重要相遇、遺留和浮現未解決的問題、被放棄或整合。	漸虧凸月 225°	推廣創意和獲得週期成果的挑戰是明顯的；生產與宣傳之間出現矛盾。
上弦月 90°	採取行動、接受挑戰、遵循跡象並做出改變。	下弦月 270°	一個關鍵的時刻去面對可能發生、但在這一次週期中尚未取得的成果。
凸月 135°	察覺確保計劃成功的關鍵要素、必須採取果斷和支持行動。	下眉月 315°	已經來到週期的關鍵十字路口，是時候結合過去的成功並爲未來的成長培育種子。
		新月 360°（0°）	埋下剛過去週期的種子並重新開始。

　　當月亮被太陽的光芒遮蓋時，**新月**從太陽和月亮的合相處展開。隨著新的想像和想法的出現，這是一個強烈的主觀時間，人們容易接受感覺和印象。當月亮與太陽合相時，她在太陽的光芒中失去了自己，如此孕育新的焦點。隨著週期的發展，月亮反射的太陽光會逐漸增加，在這一階段即將結束時，月亮在黃昏時分有如一縷光線般掛在西方的天空中。月亮漸盈，不斷增長的光象徵著意識的成熟、直到滿月，循環週期才更具本能、反應和敏感性。

　　當豐富的想法萌芽時，新週期的孕育發生在月亮的黑暗中；隨著月亮從太陽移開，她開始反射它的光。現在，種子開始在新的週期中扎根，這是一個投射於新事物和遠離過去的時候。

　　在**蛾眉月**階段，新月時埋下的種子行動或想法會往前推展、破土而出。在新的循環充分發展之前，需要注意過去的挑戰，因此可能需要朝著新的方向努力。本能的行動是擴張新月誕生的事物，但是爲了擺脫過去，需要對新週期做出堅定的承諾。在此一發展階段中，將投注新週期得以成功所需要的精力、願望和奉獻。

　　現在，月亮增加光照，過去的事務開始挑戰新的週期，而可能會去修改之前的行動或想法。這是一個艱難時期，因爲上一個週期未完之事需要更客觀的面對；因此，此刻的行動可能會讓人覺得矛盾或困惑。這一發展過程需要成長和擴張，強烈需要動用資源和努力。

　　上弦月是採取行動的時候，從剛過去的週期中解脫出來，走向可掌握的未來；丹恩・魯伊爾將這一階段描述爲：「行動中的危機」，其中行動的動力很強，並且人們想要改變的欲望更大了。現在的能量投注在使新月播種的種子長成實物，而此刻的想法是「與其坐而言，不如起而行」，新月階段沒解決的事都將一掃而空。月亮的光芒在增加，因此，此刻的行動可能仍然來自於無意識的模式，而這是改變的強大動力。

　　上弦月發生在新月之後約一周，月亮現在位於太陽以西90度，正午左右自東方地平線上升起，大約在日落時穿過子午線，然後在午夜落下，讓夜空被繁星點燃。隨著太陽落下，月亮爬到頂峰，當太陽光逐漸黯淡時，月亮處於最高點，此時本能的行動是最

重要的。

凸月階段展開了從本能到自覺行動的轉變，客觀性對於新週期的發展很重要，過去週期的結構已經改變，現在重要的是，清楚看見了新週期的焦點。制定計劃、自覺的想法並進行分析，為滿月階段的圓滿實現鋪路，並且需要技術和工具來促進循環的功能。月亮隨著光和意識而膨脹，隨著循環週期的成長，毅力是必要的。

由於可以反射更多的光，更知道循環的目的，因此更需要集中精力和決心來實現目標，必須接受已經做好的決策並適應新的週期。在此階段，開發過程正在順利進行，工作和發展的時機即將到來。

滿月是週期的頂點，也可能是種子目的的實現。新月所展開的事物現在可以被照亮，因為週期的中點反映了理解和覺知。太陽落下時，滿月自地平線升起，掌管整個夜空。

太陽和月亮彼此相對，使月亮能夠反射最大的陽光，在隱喻上，這意味著最清楚反映潛意識，種子可以開始發芽了，此刻可以實現循環的目的，並且可以清楚地看到相反的力量。覺知和自我表達開始取代本能和感覺，成為週期的動機，並持續與構成前半週期的本能力量相互配合。隨著思考能力和潛意識潛能越來越明顯，需要以客觀、清晰和自我察覺來理解週期的目的。

在漸虧凸月階段，滿月時所照亮的事物已經散佈開來，實現了循環的目的，其中產生的動力會傳播所獲得的知識。杯子滿了、花全開了、分享的欲望高漲，但是，隨著傳播和分享，它會漸漸被掏空。在蛾眉月階段，有必要擺脫舊的週期進入新的週期；在漸虧凸

月的傳播階段，其推動力是自覺地展示新週期的成果。

此刻的月亮特質具有目的性，但挑戰是對於已經實現的目標持續維持奉獻精神和動力。如此堅持願景，「月亮的自我」能夠從深刻的根源傳播資訊，這具有影響力和啓發性。如果沒有這種奉獻精神，資訊就會以混亂和膚淺的方式傳播，此刻可以整合和分享滿月階段所實現的成果。

在**下弦月**階段，月亮與太陽形成一個下弦四分相，喚起週期內再次對立分化的力量。當人們評估和審視目前週期尚未達成的目標時，此刻正是修正的時候。在更能夠察覺的這個過程之中，丹恩‧魯伊爾將此一階段描述爲「覺知的危機」。太陽再一次與月亮形成四分相，可能產生不同的決心：在上弦月階段，是採取行動的衝動；而在下弦月階段，當緊張和壓力更爲明顯，產生的是反映和深思熟慮的動力。

該週期即將結束，此刻不是採取行動的時候了，而是反映和回顧尚未完成的事情。現在必須重新整理無法展現的事物、修訂目標、努力清醒地在現在的週期中前進。這個階段標示著價值觀的重新定位，以及知道什麼不再有用，並能夠將它釋放的智慧。在這段週期的收穫中，同時也包括時不我予的覺悟，而需要進行修正和改善；在下弦月階段，我們意識到此週期即將結束，而必須重新進行調整。

在**下眉月**階段，月亮的反射光黯淡，並再次在太陽的光輝中逐漸消失，這是一段釋放、喘息和結束的時期；由於放棄了過去，因此可以播種未來週期的新種子。月亮的黑暗帶來了一段多產、培育、退隱和孤獨的時期，在過去與未來的十字路口，淬鍊出未來的

目標。缺乏基礎的想法已經過時，但是它們可能會再次轉化爲新的想法，並在即將到來的週期中重新確立。一切由舊翻新，這是一個蛻變的時期。

這是釋放舊循環的最後時刻，在象徵意義上，月亮再次進入太陽的領域，帶來了未來的需求和種子。過渡和轉化是這一階段的主題，有些東西消逝了，但其本質會在新月重新播種，並對未來許下承諾。

光的任務

每個月，我們在天空中看見不斷幻變的光影，其階段一直生動象徵著最典型的週期循環。魯伊爾在月相循環的研究中重新引介這種經典的占星循環，代表從出生到死亡的每個細微差別。它的八個階段描述了成長、努力、改變、探索、成熟、分佈、衰敗和死亡的必然性；作爲原型的循環，其本質是所有循環的基礎。知道其順序可以幫助我們本能地辨識其他週期的典型階段。

愛利克・艾瑞克森（Erik Erikson）還創立了生命週期的八個階段，每個階段都伴隨著一項任務、挑戰和成熟；雖然他的心理學理論是適用在生命循環中，但我們也可以將其隱喻地應用於所有週期。爲了思考占星循環週期的定性特質，我將艾瑞克森的模式與魯伊爾的月相循環放在一起，雖然我們無法將某種思維直接附加在另一種思維之上，但其他的想法可以增長學識及占星學的智慧。而我用此方式是爲了尊重所有週期的每個階段中所深藏的智慧。

月相循環

月相循環	此階段的關鍵字	艾瑞克森生命週期的品行	艾瑞克森生命週期的功課	艾瑞克森生命週期的挑戰
新月	出生	希望	信任	基本信任／不信任
蛾眉月	努力	意志	自主	自主／羞愧懷疑
上弦月	行動	目標	主動	主動／退縮愧疚
凸月	準備	能力	勤勉	勤勉／自卑
滿月	完成	忠誠	自我認同	自我認同／角色混淆
漸虧凸月	傳達	愛	親密	親密／疏離
下弦月	修正	關懷	生產繁衍	生產繁衍／頹廢遲滯
下眉月	隱退	智慧	自我整合	自我整合／悲觀絕望

月相循環作為所有週期的隱喻

太陽和月亮從新月的合相到上弦四分相、再到滿月的對分相、下弦四分相、再回到下一個合相，這種週期性運動不僅規律地標記時間的流逝，而且象徵著每個週期的描繪。運用這個圖像，我們可以將每個週期分為兩個主要階段：上弦階段和下弦階段；我們可以從週期的開始到中點去測量上弦階段，而下弦半部是從週期的中點到下一個週期的開始。只要我們將起點定義為一種連結，就可以將月相循環作為所有循環、包括恆星循環和相位循環的圖像。

月相循環的過程是一個循環的時間模式，包含可定義的階段，類似於每個生命週期。月相循環的階段是每一種週期的每個發展階段的圖像，無論其背景、持續時間或意圖如何。例如，假設生

命週期為八十年，因此生命的每個階段（以月相循環的八個階段為代表）將持續十年，並且每個十年都有其風格和目標。在十歲時，我進入生命的蛾眉月階段；四十歲時是滿月階段；在七十歲時，則是下眉月階段。

　　月相循環階段作為所有週期階段的象徵，具啓發與啓示意義。此循環週期道盡了時間之輪，這是所有占星學的時間主題中恆久的面向，它使占星師對永恆的動態形象有了深刻的了解。

第五章
天上的流浪者

個人行星的節奏與韻律

占星學上的時間依據每個行星週期有所不同，而每個行星週期都有其目的和模式。柏拉圖在對話錄《蒂邁歐篇》（Timaeus）中觀察到：不只是月亮和太陽穿過天上的路徑將時間標示為月與年，其他行星亦是如此：

「……當月亮繞完其軌道並再次趕上太陽時為一個月；當太陽繞完其軌道為一年。只有極少數的人考慮過其他行星的期間，他們沒有為之命名，也沒有計算其數值關係。他們事實上不知道它們的漫遊就是時間的這個事實，因此其數量如此令人困惑，其中的錯綜複雜令人驚奇[50]。」

其他行星的「漫遊移動」就是占星學的計時，占星者發現其中的「錯綜複雜令人驚奇」。在大約二千五百年前的柏拉圖時代，還知道了另外五個流浪者[51]或行星，每顆行星都劃分了不同的時間特質——也就是水星、金星、火星、木星和土星的時間。透過這些傳統的時計，可以想像生命的週期和階段，因為每顆行星的循環週期

50　柏拉圖：Timaeus, 28-9.
51　在這些時代，行星被稱為流浪者。我們的行星這個詞源自於古希臘字 planētēs，意思是漫遊者。

都有各自的時間特質 [52]；雖然很容易認爲時間是按時間順序而不是週期性的，但行星週期證明了時間的多樣性和複雜性。占星學上的研究提醒我們，時間是象徵性的，而不是公制的標準度量，儘管我們可以透過手錶、電話或牆上的時鐘來知道時間，但占星學的循環週期具有獨特的計時，可以揭示其本質和目的。

在本章中，我們將在「永恆的動態圖像」中思考三顆個人行星及其具有意義的模式。水星、金星和火星的行運相對較快，因此，它們的週期會一輩子在我們的本命盤之上定期重複。由於內行星的反覆行運，它們的影響隨著時間的流逝變得熟悉和習慣，使我們的思想、價值觀和欲望以自然而本能的方式表達。圍繞這些行星行運的重點是我們日常生活的儀式、紀念和慶祝活動。以下總結三顆個人行星的恆星、相位、回歸或黃道帶循環。

行星	時間特徵	恆星循環週期 月／日（大約）	相位循環週期 月／日（大約）	繞行星盤一圈的 大約時間
水星	意向的時刻	88 天	116 天	11～13 月
金星	欣賞的時刻	225 天	584 天	10～14 月
火星	行動的時刻	22 月	25～26 月	17.5～23 月

這些行星像其他循環週期一樣，也以各種方式發揮著重要影響，尤其是當它們的行運穿越宮位，與本命行星形成相位以及逆行期間的次循環。儘管它們可能不會在重大轉變中起主導作用，但它

---

[52] 現今的生活更加複雜，因此，我們還有更多的漫遊者需要考慮，例如：外行星、小行星、矮行星、半人馬星和其他天體旅行者。在傳統上，行星「期間」一直在占星學中被運用，在吠陀制中，他們稱爲沙達大運（dashas）。波斯人用他們的法達大限（Firdaria），分離時期則由影響時間的不同行星控制；西方占星學運用反覆和相位循環來描繪其時段系統。

們在日常生活儀式、交流和生活事件中具有重要意義，它們是日常活動之神。

　　內行星的行運也可能會對於正在運行的更大週期扮演著引爆的角色，特別是當某顆行運內行星與本命外行星正在產生行運接觸，在相同的時間範圍之內，這顆行運外行星也正與本命的此顆內行星產生行運。例如，行運天王星與本命火星形成相位的時間，在使用一度容許度的時間範圍之下大約是十五個月；但是，在此時間範圍內，行運火星也會與本命天王星形成相位。這樣的行星行運是雙向的，在此期間加強了原型的交流。

逆行的次循環

　　水星、金星和火星都有獨特的逆行期，這發生在它們最靠近地球的時候。逆行星現象的發生，是因爲我們從同樣圍繞太陽移動的地球上觀看天空，而水星和金星位於太陽和地球之間，看起來總是靠近太陽。水星離太陽最遠是 28 度，而金星則是 48 度，這三顆行星形成了獨特的三位一體。在水星和金星與太陽的循環中，會有兩個合相，而不是像其他行星那樣有一個合相和一個對分相。當行星逆行產生合相時，也是最接近地球且最亮時的時候，被稱之爲「內合」（inferior conjunction）[53] 因爲它發生在太陽和地球之間；當水星和金星位於太陽的另一側、發生另一個合相時，它移動快速且順行，稱之爲「外合」（superior conjunction）。

　　水星和金星在逆行期的中點處，與太陽內合，展開新的週期，因此，其逆行有兩個階段：一個是在與太陽內合之前，它結

53　這只是一個天文術語，沒有價值判斷。

束了前一個週期；而另一個則是內合之後，進入了新週期。在內合之時，行星開始上升，在太陽之前引路成為「晨星」；在外合之處，行星再次發生變化，從太陽之前升起轉為在太陽之後才升起，出現在西方天空中被視為「暮星」。

當火星、木星、土星和外行星快要與太陽形成對分相時會轉而逆行，在逆行次循環的中點，這些行星與太陽直接相對。每個逆行時期都是行星週期本來就有的部分，並以其獨特的方式告知時間。**逆行期間更具反思性和內在性，是重新思考和回顧的階段。**下表總結了所有行星的逆行次循環。

行星	次數	每次逆行的時間	關鍵度數
水星	一年三次	19～24 天（三星期）	水星與太陽距離 13 度至 22 度之間的任何位置都可能會停滯。
金星	大約每十九個月一次	40～43 天（六星期）	金星大約與太陽距離一個星座時會停滯，通常相隔 28 至 30 度時。
火星	大約每兩年一次	58～82 天	火星逆行時距離太陽的關鍵度數各有所不同。
木星	一年一次	4 個月	木星與太陽距離約為 117 度時轉而逆行；因此，木星在與太陽三分相、十二分之五相或對分相太陽時將會逆行（取決於容許度）。
土星	一年一次	4½ 個月	土星與太陽距離約為 108 度時轉而逆行；因此，土星在與太陽三分相、十二分之五相或對分相太陽時將會逆行。

天王星	一年一次	5 個月	天王星與太陽距離約為 104 度時轉而逆行；因此，天王星在與太陽三分相、十二分之五相或對分相太陽時將會逆行。
海王星	一年一次	5 ¼ 個月	海王星與太陽距離約為 101 度時轉而逆行；因此，海王星在與太陽三分相、十二分之五相或對分相太陽時將會逆行。
冥王星	一年一次	目前約 5 ¼ 個月	冥王星逆行時距離太陽的關鍵度數各有所不同，2020 年大約是 101.3 度；因此，冥王星在與太陽三分相、十二分之五相或對分相太陽時將會逆行。

水星

　　水星並不容易被看見，你只能夠在日出之前或日落之後、於晨昏曚影中的地平線附近看見它，這個中間區域是水星最安適的地方。在神話中，水星也很難被逼入絕境，祂與其他神不同，祂並沒有聖殿或固定的禮拜場所，取而代之的是，在路上、中途、轉換與移動之中發現祂，這是我們與水星原型最緊密相連的地方。

　　當水星接近太陽，可以被看見時，天空不會完全黯淡下來，它棲息在白天和黑夜之間、在太陽落下之後或升起之前，可以短暫地瞥見水星。即使它每年三次於清晨、三次於黃昏可以觀測到，但仍然難以捉摸。神話中的水星在清晨的面貌中帶領靈魂脫離了地底世界，作為夢的守護者，它再次引導人們入夜。水星的特徵是徘徊在半夢半醒之間，在沉睡的邊緣地帶，當水星每日引導我們上下睡

眠的巢穴時，經常會出現聲音和視覺體驗等感官現象。在行運過程中，水星象徵著有意義的時刻、中間的時間、同時性、思想改變或修改計劃、例行公事的時候。**在移動中是它最好的狀態**，因此，在水星的引導之下，我們經常在車上或在旅途中進行最好的交談，在走路或旅行時浮現最好的想法，並在思考的時刻獲得最棒的創意。

水星的領域是清醒和沉睡之間的中間地帶，它善於旅行，在天上所行經的黃道路徑定期規劃水星時間且象徵神的秩序，並不像我們有時認為的那樣隨意。水星在星盤上行運的十一到十三個月之間，與太陽之間的距離永遠不會超過 28 度。它喜歡三這個數字：每年逆行三次，每次持續約三個星期。在元素上，它也有六年的逆行模式，在每個元素逆行約一年半。如果某張星盤在水星逆行之前受到行運水星的影響，那麼它在逆行又順行時會在同一個領域中行運；在這些時期，行運水星的影響會對星盤的特定宮位施加壓力並進而讓人去思考它。

水星逆行

水星的模式說明了思考和重新思考——此循環週期的存在，它整理了思維功能、溝通模式和學習時間。水星逆行的模式令人感到不可思議，但它的循環階段經常過分聳動和被誇大，無論如何這些都是水星的特質。這個時期的傳統觀點是，它總是造成通訊系統的緊張壓力，例如：電話號碼錯誤、電子郵件不見了、約會取消、誤解合約，電腦當機以及許多其他令人沮喪的網路緩慢。通常都是如此，但是從循環週期的角度來看，這個時期也蘊含其智慧。在每個

行星週期中本有的是逆行階段，其中包含了放慢速度的智慧、讓人花點時間思考過去幾個月發生的事情。

水星逆行可能是反思、審慎考慮和重新思考的時期，可以去構思各種想法，也可能出現新的思維方式。在水星逆行期間發生的電腦當機，可以被認為是需要我們深沉的思考——仔細想想我們無意造成的分心。儘管它似乎是偶然的行為，但如果有人聆聽、反思並認知這種詭譎運作可能是我們自己無意識的反應，便可能會得到某種領悟和覺知。古希臘人意識到生命中發生重大發現或事件的那一刻，他們稱之為醒悟（anagnorisis）或承認，即從無知到理解的轉變，這在命運翻轉時最為明顯；以水星的語彙來說，此一逆轉時刻可能帶來新的理解。

就水星的循環而言，水星逆行正好在內合前後——也就是一個循環結束、下一個循環開始之時。它在內合之前的十至十一天開始逆行，吸收了過去三到四個月的資訊、印象、想法、影響和感官；在內合之後，水星逆行讓消化後的精髓得以孕育新的循環。在接下來的十至十一天中，逆行期將重整、重組萃取出來的養分，從而滋養新生的週期。我經常將循環週期的這一部分視為緩慢移動，這使我們可以追溯自己的腳步，變得更加留意，更加意識到自己如何隨著時間而移動。從這個角度來看，水星逆行是其循環的重要部分，和太陽一起結束一個循環，並展開另一個循環。儘管水星逆行的「事件」看似混亂，但它們邀請我們去思考和反省。

水星逆行循環的特徵之一是：它將在十一個月之前轉為順行的黃道度數左右展開逆行。當水星在黃道帶穿行時，它重拾起前一年可能被忽略的線段，再次將它們編入水星的毛毯中，如下所示：

年	水星停滯即將逆行之日	黃道度數	水星停滯即將順行之日	黃道度數	逆行時的元素	逆行天數
2020	2 月 17 日	12)(53	3 月 10 日	28≈12	水	22
	6 月 18 日	14♋45	7 月 12 日	5♋29	水	24
	10 月 14 日	11♏40	11 月 4 日	25♎53	水	21
2021	1 月 31 日	26≈29	2 月 21 日	11≈01	風	21
	5 月 30 日	24♊43	6 月 23 日	16♊07	風	24
	9 月 27 日	25♎28	10 月 19 日	10♎07	風	22
2022	1 月 14 日	10≈20	2 月 4 日	24♑22	風	21
	5 月 10 日	4♊51	6 月 3 日	26♉05	風	24
	9 月 10 日	8♎55	10 月 2 日	24♍11	風	22
	12 月 29 日	24♑21	2023～1 月 18 日	8♑08	土	20
2023	4 月 21 日	15♉37	5 月 15 日	5♉50	土	24
	8 月 24 日	21♍51	9 月 16 日	6♍00	土	23
	12 月 13 日	8♑29	2024～1 月 2 日	22♐10	土	20
2024	4 月 2 日	27♈13	4 月 25 日	15♈58	火	23

　　水星在循環中回溯，在時間模式之中重拾鬆脫的線。請注意水星在 2023 年 12 月 13 日於摩羯座 8 度 29 分開始逆行，這是三個階段之前 2023 年 1 月 18 日在摩羯座 8 度 8 分轉爲順行的黃道度數，將這兩個時期交織在一起。水星逆行提醒我們注意這是思考過程中重拾過去想法的時機。

　　水星逆行時期是重要的時刻，讓人去檢視、清除積壓的工

作、整理需要歸檔的檔案、刪除舊的電腦程式或回覆你一直在逃避的電話；現在這個時期是該處理堆積如山的文件、完成已遲交的作業及拖延的任務。如果我們在水星逆行期間想要繼續策動新計畫，那麼我們可能會造成通訊系統的壓力、使電腦當機、影印機壞掉或檔案消失。水逆作爲一個中間的循環週期，現在是修改和完成、重新思考和反省的時候了。

我鼓勵學生列出水星逆行時的改善措施清單，隨著時間的推移，學生們建議：

- 重新考慮一個重要的決定。
- 釋放負面想法。
- 重新評估你的目標。
- 反省你的溝通技巧和方式。
- 重新確認你的預約和旅行計畫。
- 解決與手足、朋友、工作夥伴或同事之間的誤會。
- 注意於需要維修或修理的東西 —— 你的車子、電腦、手機等。
- 編輯文稿、深入學習課程、演練重要的預約。
- 研究作業、工作和創意計畫所需的資料。
- 再次承諾完成未完的計劃。
- 重新展開健身計劃或幾個月前放棄的節食計畫。
- 從日常作息中放鬆一下，重新造訪一些你喜歡的地方。
- 讓已經放棄但仍在腦海中的企劃和計劃再次運作。

水星與太陽的循環階段

　　水星／太陽循環週期，是思考過程的一個有用的隱喻，當人們考慮撰寫文章、展開活動或研讀建築的時間表時，水星循環週期可能是一個更好的參考時鐘。當我們經歷水星週期時，每一個階段都是一個程序的基本面向，它象徵著我們處理資訊、發展觀念、回歸和更新思想的方式。

　　水星的相位循環中具有明顯的十字路口：它從與太陽的內合開始、轉為順行、到達成為晨星與太陽的最大距、消失、然後在另一側再次與太陽合相、出現並到達成為暮星的最大距、轉而逆行、然後在下一個內合點重新展開循環。這一過程平均為一百一十六天，大約是一年的三分之一，每個階段都可以看作是一項構思或企劃的發展階段。在內合之後，一個新的階段開始了，它是從前一個週期的種子中發芽的；新想法、新企劃、新思維方式和溝通方式全都展現出來，然後可以在新週期的整個過程中發展。而當它外合時，內合點的起步、任務和初始設計成熟了並取得成果；水星在外合點成為內省和反思的暮星，此刻已經成熟的想法可以深入發展並且與人分享。隨著循環再次朝著內合點移動，所發現的東西可能會被完成、精煉或分析，然後用於未來的週期。

　　下表反映了一個隨著水星時間而發展的相位週期，追溯從一個內合點到下一個內合的時期。

水星週期的階段	對應的月相	平均時間 –116 天 由於水星軌道的偏心率，可能有很大差別	水星的時期
內合到停滯順行	新月	此階段的時間各有不同，但平均爲10～12 天。	水星引導靈魂走出最後一個循環及地底世界，因此它們的本質可能會被看見。
停滯順行到晨星大距	蛾眉月	此階段介於一到兩週之間，但平均爲11 天。	隨著新發展，選擇本能、被銘記的思維方式。
晨星大距到消失的晨星	上弦月	從最大距到水星消失是爲晨星，直到下一個合相大約持續五週。	在想法和洞察力中表現出雙子座的精神，以尋求新計劃的前進之路。處女座的辨別、專注力和技巧可以在之後應用，以實現這些想法。
消失的晨星到外合	凸月		
外合到升起爲暮星	滿月	從外合到水星再次出現爲暮星，直到其最大距，持續約5 週。	是時候反映和收穫深刻見解和已經成熟的創意了。 應用於目標的達成，現在是時候傳播設計、分享創造過程的成果並清楚闡釋你的過程。
升起爲暮星到暮星大距	漸虧凸月		
暮星大距到停滯逆行	下弦月	時間各有所不同，但平均爲 11 天。	思想變得更加內省、更富哲理。

停滯逆行到內合	下眉月	此階段可能在9～14天之間變化，但平均爲10～12天。	現在是時候收集想法，並在個人的私密空間中記錄已經發生的事情以供未來參考。

金星

金星與水星不同，在東方和西方的天空中更容易被看見——她是一顆璀璨的星星，距離太陽不超過48度，並且以十到十四個月的時間穿越星盤的十二宮位。

艾蜜莉・勃朗特（EmilyBrontë）像許多詩人、夢想家和戀人一樣，將金星描寫爲「一顆沉默的銀白之星」[54] 時，也被金星的美麗所吸引。舊石器時代維納斯的小雕像、古希臘雕像斷臂維納斯（Venus de Milo）、山德羅・波提且利（Sandro Botticelli）的維納斯的誕生（Birth of Venus）都證明了她的俗世魔力。她向來以天上的魅力而備受尊敬，在早晚的天空中神聖不可侵犯，這顆沉默的銀白之星的內在是其光亮、對稱、週期和神話之美。

五角星

金星順行持續十九個月，然後逆行大約六週，即四十天四十夜，這是許多宗教故事和儀式所用的時間象徵，在這些逆行期

54　三姐妹都以詩篇形式寫下了自己對金星的觀察；艾蜜莉（Emily）也將金星比喻爲：「愛的耀眼之星」，請參閱http://www.victorianweb.org/authors/bronte/nockholds1.html（2019年9月17日點閱）。

間，金星可能會穿越星盤的某個領域三次。由於金星和太陽的相位循環是五百八十四天，每個太陽年為三百六十五天，以下的諧波說明八年正好有五個太陽／金星的週期循環：

$$584 \times 5 = 2920$$
$$365 \times 8 = 2920$$

實際上，太陽週期是 365.25 年，因此，當太陽／金星在每年的同一時間產生內合、如此重複八年之後，將產生 2 度之內的容許度。如果我們沿著內合的這五個黃道位置，則會畫出一個五角星或五芒星；這個五角星模式也會出現在外合處、以及當金星轉為逆行和順行的那些時刻。在與太陽的內合處，金星位於地球與太陽之間、最接近地球的位置，緩慢移動並開始逆行，此刻她正處於逆行週期的中點，在太陽之前升起，展開新的週期。

金星／太陽 內合日	黃道度數	金星／太陽 內合日	黃道度數
2020 年 6 月 3 日	13♊35	2028 年 6 月 1 日	11♊26
2022 年 1 月 8 日	18♑43	2030 年 1 月 6 日	16♑15
2023 年 8 月 13 日	20♌28	2031 年 8 月 10 日	18♌17
2026 年 3 月 22 日	2♈39	2033 年 3 月 20 日	0♈21
2026 年 10 月 23 日	0♍45	2034 年 10 月 21 日	28♎22

太陽／金星的循環週期

在與太陽的內合之處，金星是「在太陽的光束下」，因此是看不見的；然而，大約一週她又重新出現，稱為金星弗斯弗洛斯

（Phosphorus）或路西法（Lucifer），即晨星或「黎明使者」。她在內合之後三週轉爲順行，然後在大約七週後到達與太陽之間的最大距離。金星於太陽的另一側與之外合之前約一個月，而她將從夜空中消失兩個月。

在週期的中點，金星再次與太陽合相，但是這次她離地球最遠，移動快速並且順行。一個月後，她再次被看見，但現在是日落之後出現在西方天空中，因此被稱之爲赫斯珀洛斯（Hesperus）。外合之後七個月，她到達了與太陽之間的最大距離並接近地球。一個月後，是她最明亮的時候；然後再三個星期，金星轉而逆行。她從西方天空消失後的兩週，爲內合做準備，再次展開新的週期。

下表追溯了她與太陽在相位循環中所建立的階段：

金星週期的階段	對應的月相	平均時間 –19 個月	金星的時期
內合到停滯順行	新月	大約 3 週。	金星從地底世界更新、重新評價和灌漑新週期，以此展開她的上升。
停滯順行到晨星大距	蛾眉月	大約 7 週。	在新的存在、重視資源和關係的方式，與過去的態度和價值觀之間面臨選擇。

晨星大距到消失的晨星	上弦月	大約 31 週；從最大距到消失的晨星爲 27 週；再過 4 週，直到外合。	出現新的或更新連結的可能性；可能會出現社交狀況，或是關係的價值可能產生變化，從而提供一種更加平衡的連結方式。同時，我們正在建立資源的基礎以及自我價值。
消失的晨星到外合	凸月		
外合到升起爲暮星	滿月	總共約 31 週；從外合到升起爲暮星是 4 週；再到最大距又 27 週。	適合去公佈和認可有生命價值的寶貴關係。適合與他人分享我們的價值和價值觀，並且透過我們的創造力、想像力和自我表達，去展現和分配自我的資源和技藝。
升起爲暮星到暮星大距	漸虧凸月		
暮星大距到停滯逆行	下弦月	大約 7 週。	現在該是反省的時候了，檢視內在自我眞正重視和欣賞的東西。
停滯逆行到內合	下眉月	大約 3 週。	這是一個退隱及放手的時期，藉以反映和整合過去這個週期。

金星逆行

金星大約每十九個月逆行四十一到四十三天，每八年逆行五次；八年之後，它將在相似的日期（少於兩天）回到相近的度數

（少於 2 度）。每隔八年，金星逆行的停滯跨過一個星座，並將在九十六年至一百〇四年之間走完所有星座。

　　逆行時期預示著一個重新定位的時期，以及作為一個充滿愛與靈性的人重新與世界建立關係的感覺。金星逆行意味著我們可能會退出循環週期去思考我們的關係及承諾。每個逆行時期都重新連結到大約八年前的時候，因此，金星主題（如自我價值、資源和人際關係）可以追溯到八年前或八倍的時期。在重要的關係中不完整或尚未解決的問題可能會再次浮現，讓人再度思考它。

金星停滯轉逆行之日	黃道度數	金星停滯轉順行之日	黃道度數	逆行天數	逆行度數
2020 年 5 月 13 日	21♊50	2000 年 6 月 25 日	5♊20	43	16°30'
2021 年 12 月 19 日	26♑59	2022 年 1 月 29 日	11♑04	41	15°55'
2023 年 7 月 22 日	28♌6	2023 年 9 月 3 日	12♌12	43	16°24'
2025 年 3 月 1 日	10♈50	2025 年 4 月 12 日	24♓37	42	16°13'
2026 年 10 月 3 日	8♍29	2026 年 11 月 13 日	22♎51	41	15°38'

　　星盤中金星逆行的頻率比其他行星少，在本命盤中，這可能說明了一個人的價值觀、偏愛、好惡與他們所處的社交環境不同。壓抑、害羞或缺乏情感的表現，可能是他們難以與他人建立關係，以及不知如何與人互動的敏感，他們的關係可能是非傳統、慣例的。通常，這個人會發展出自己的藝術和美學面向，最優先的是他們與創造力及心靈的關係。**金星逆行暗示著改善並重新定義關係**，它通常的表現方式是不追隨時尚、潮流、消費主義價值及流行趨勢，金星逆行具有高度發展的價值觀和個人主義的好惡。

　　當金星逆行時，說明每個人都有一個重要的時期可以去思考關係模式和可能性；這也是計劃靜修和休息的好時機。隨著時間的累積，學生們提出了以下當金星逆行時的改善方法：

- 安排靜修。
- 預約按摩、美容護理。
- 看看你的衣櫥，將不再適合你的衣物清出，然後再買適合的。
- 給自己買禮物。但如果你是一個衝動的購物狂，請試著控制支出。
- 重新裝修房間。
- 參觀美術館或家飾展覽。
- 檢視你的投資組合。
- 準備未來十九個月的財務和儲蓄預算。
- 思考你的人際關係模式：你如何不受重視？你在哪裡感到不平等？你覺得你應該得到更多嗎？
- 思考需要重新帶進人我的關係中的東西。
- 留出時間回顧和更新你的人際關係。
- 計劃一個只有你和伴侶的兩人假期。
- 完成小說、完成繪畫，專注於自己的創造力。

金星凌日

　　當金星靠近自己的交點軸線時，太陽、地球和金星會呈一直線。她離地球很近，正在逆行，並且已經從西方天空的寶座中消失了，但尚未在東方重現。此時，金星和地球都在太陽的同一側，當她與太陽內合、在太陽的前面移動時，看起來像是一個精緻的

點，幾乎是一個美麗的點橫越太陽的表面。她從天上消失，進入循環週期的地底世界；她在跨越灼熱太陽的罕見旅程中現身了幾個小時，展現其精巧，並在太陽盤上留下了一條小而珍貴的項鍊痕跡。

這就是所謂的金星凌日，在天文學上，由於行星軌道的對齊，它就像日食一樣，但還是看得見太陽；有些人稱它爲「掩星」，但這裡沒有遮蔽任何星體。金星凌日的精緻設計是每兩百四十三年重複一次，通常它們會成對出現，其中相隔八年；並有121.5 年和 105.5 年的交叉間隔。例如，一六三九年十二月四日第一次記錄到凌日是成對中的第二次；下次凌日是 121.5 年後的一七六一年六月六日，隨後是其配對即一七六九年六月四日 [55]。因此，下一次凌日是發生在 105.5 年後，即一八七四年十二月九日，其後是發生於一八八二年十二月六日的配對。我們的上一次金星凌日是發生在二〇〇四年六月八日，然後接著是二〇一二年六月六日。值得注意的是：當金星到達她的軸點時，凌日會發生在六月或十二月，回歸黃道的雙子座或射手座。

在射手座南交點的金星凌日配對相隔 243 年
1631 年 12 月 7 日和 1639 年 12 月 4 日
1874 年 12 月 9 日和 1882 年 12 月 6 日
在雙子座北交點的金星凌日配對相隔 243 年
1761 年 6 月 6 日和 1769 年 6 月 4 日
2004 年 6 月 8 日和 2012 年 6 月 6 日

55　1769 年，最佳觀看金星凌日的地方是太平洋島嶼，詹姆斯・庫克（James Cook）船長受喬治三世國王的任命，啟程前往塔希提島（Tahiti）觀察金星凌日。雖然當天非常適合觀測，結果卻不如人意；但是，這是庫克發現澳大利亞南部大片土地以及它與金星凌日緊密關聯的前兆。

世俗占星師將天上的行運與地球上的事件連結在一起，因此，隨著落在雙子座和射手座的金星凌日，許多包含交流（雙子座）和發現（射手座）的歷史事件與這些時間相互關聯。這個行運使金星更加關注人類價值、資源、聯繫和財富分配的發展。在最近的（雙子座）金星凌日中，她穿過公牛角中的金牛座，集結天上關於此部分的意涵：我們的標準、資源、自然世界以及聰明管理全球經濟。

金星經常被認為是地球的姊妹，在凌日的過程中，當她靠近地球時，從一個看不見的世界中升起，在太陽的燦爛背景下（我們身體的心臟中）被看見。從文明的優越觀點來看，這令人深刻想起宇宙同時性；然而，從靈性的角度來看，這提醒我們：我們的價值觀與我們的內在一致，想要成為尊重我們家園（地球）資源的世界公民。金星凌日讓人想起了天上時間的美麗、優雅和對稱。

金星週期最迷人之處是她在太陽的光束下，從天空中消失了。這在其相位循環中發生兩次，是她二元性的特徵。金星在經過一段明亮時期的暮星，並重新出現為晨星之後，消失了大約兩個星期；許多文化將這一時期視為女神走入人群或降臨地底世界的時間。最古老的神話描述了女神下降到地底世界而放棄了天堂，這是公元前三世紀金星的前身蘇美爾人（Sumerian）伊南娜（Inanna）的神話。

在神話中，伊南娜離開天堂，參加姊夫的葬禮，在進入冥界的每個入口，她都會被剝奪一部分的身分，被她的姊姊殺死，然後掛在冥界中腐爛；最終，她復活並升至天堂，重獲新生。在想像的世界中，這個故事給予我們對於金星從天空消失，以理性去理解此

現象之前的敘事，但同時也使我們想起了一段光輝時期之後必然墮
入黑暗世界。復活的金星使我們想起回歸，尤其是女性的回歸，
伊南娜的象徵是五角星，這是追溯金星在天上的蹤跡所描繪出來
的圖案，它激發了達文西（Leonardo Da Vinci）以《維特魯威人》
（Vitruvian Man）的創作，將人體與宇宙的運作連結起來。

火星

　　火星 17 到 23.5 個月之間繞行星盤一圈，但是，其循環期間通
常是指二十二個月或兩年。它通常就是等於「可怕的兩歲」，這是
一個發展階段，在這個階段，孩子正好展現意志和探索的欲望。它
的二十二個月週期循環說明：平均停留在黃道每個星座大約是兩
個月，但是當火星逆行時，它可能會在一個星座停留六個月的時
間，並專注於星盤的特定區域。例如，火星於二〇二二至二〇二三
年在雙子座逆行，於二〇二二年八月廿日進入這個星座，於二〇二
三年三月廿五日離開，在雙子座總共停留了七個月。火星每兩年逆
行五十八至八十二天。讓我們看一下火星逆行的特性，以了解火星
在循環週期的逆行時期可能帶來的特質。

火星逆行

火星停滯轉逆行之日	黃道度數	火星停滯轉順行之日	黃道度數	逆行天數	逆行度數
2020 年 9 月 10 日	28♈08	2020 年 11 月 14 日	15♈13	65	12°55′
2022 年 10 月 30 日	25♊36	2023 年 1 月 13 日	8♊07	75	17°29′
2024 年 12 月 7 日	6♌10	2025 年 2 月 24 日	17♋00	79	19°10′
2027 年 1 月 10 日	10♍25	2027 年 4 月 2 日	20♌55	82	19°30′

火星逆行各不相同，但平均而言，在它轉為順行之前，會在黃道十二星座的 10 度和 20 度之間逆行。儘管它沒有像水星和金星那樣的一致模式，但它確實會沿黃道帶持續移動，經常一次連跨一個或兩個星座。

本命盤中的火星逆行代表行動的衝動可能受到壓抑或改變，此人似乎缺乏競爭力，但是，仍然保有很強烈的競爭驅力，他們通常會設立高目標和標準來和自己競爭。逆行的火星或許更能夠保存精力並專注於手上的工作，就像長跑運動員「再次振作起來」一樣，火星逆行更傾向於完成任務，無論是多麼困難或不可能。他們具有強烈的意志和動力、想要成功的堅定決心以及強烈精神，去翻轉渺茫的成功機率。另一方面，無論代價或付出多少，他們可能都具有一種執迷、盲目的野心和想要贏的情況。火星逆行在非傳統的領域中、依靠自己的生存本能時表現最佳。通常，火星逆行具有克服不可能成功的堅韌性，擁有這一位置的許多體育冠軍可以證明這一點，儘管看起來有身體上的限制，他們仍然可能會成功。而通常他們更適合非傳統的關係形式。

當火星逆行時，就該找到疏導和重新集中火星能量的方法，火星逆行時期最好減緩前進衝動，這也是從事娛樂活動以及重組計劃與目標的時候。就確定衝突、目標和目的而言，火星的逆行／順行的停滯，就像集體和個人的精神壓力點，被擱置的爭議問題可能會爆發，因此，需要以解決問題的方式表達憤怒和沮喪。當火星逆行時，能量將重新分配，而且不一定會得到具體的結果；在此期間評估目標和抱負，有助於火星順行時採取支持性的行動。火星的逆行和順行的停滯是值得注意的，因爲這些時間說明：現在可以釋放並重新疏導累積的壓力。

火星逆行是恢復和修復的時期，是重新安排優先順序和計劃的重要時機，花一些時間進行重組，可以在適當時機更輕鬆地前進。隨著時間的累積，學生們提出以下火星逆行時的改善措施：

- 解決你所參與的所有計劃的困難部分。
- 將積極進取的本能重新疏導至可以幫助你專注的活動中，例如瑜伽、太極拳、散步、游泳或騎單車。
- 重練武術或上舞蹈課。
- 注意不要過度勞累，注意韌帶拉傷、肌肉撕裂和背部緊繃。
- 注意不要過於忙碌或承擔過多的工作；想說不的時候就說不！
- 重新界定一些重要目標。
- 將精力轉而檢視自我、集中精力、想清楚自己想要什麼。
- 堅持你的願望，接觸你想要的事物。
- 小心身邊的憤怒，例如：情緒失控、街頭暴力和沒禮貌的顧客。

- 參加鍛煉身體的計劃來增強你的體質。
- 意識到為了「做什麼」而犧牲了「生存狀態」。
- 不要將忙碌與幸福混淆；以幸福作為賭注。

火星的週期循環

　　如前所述，火星的恆星循環平均二十二個月，幾乎每兩年繞行星盤一週，該時期有助於計劃向前進攻、展開行動計劃、重組及攻擊。我用軍事隱喻來想像火星的發展策略，因為它的特質類似於宣言和掌控；火星的行動就像扣扳機，對挑戰、戰役和為理想、信念而奮鬥的運動做出回應。請注意，你本命盤上的火星可能是行動的誘因：火星在火象星座中，可能容易衝動；而在風象則可能是足智多謀的；在水象中，它可能是情感上的動機；而在土象中，它可能是透過必需性找到動機。當火星與木星或天王星等移動較慢的行星形成強硬相位時，可能會增強火星的衝動；但當它與土星、海王星或冥王星形成相位時，可能會減弱其行動的衝動。當它與內行星形成相位時，可能會觸發另一顆行星的特質，例如：與月亮的相位，可能會引發情感反應；與太陽的相位，可能會引發有關身分和自尊心的議題；水星／火星相位可能會引起熱烈的交流或激昂的對話；而與金星的關係可能會引起強烈的欲望和渴望。

　　了解火星的本命傾向，有助於想像它在轉變過程中將如何反應，以及我們如何最有效地應對變化。我發現一個有用的練習是透過它在整張星盤的循環去追捕它，並指出火星何時與每顆行星合相。如果有強大的相位模式，那麼我會特別注意觸發 T 型或大十字圖形相位的時間，有時我會鼓勵學生和客戶在日曆上確實標出這些日期，並注意要慢下來。火星可以加快速度、讓人想要提前完成計

畫、加劇目前的狀況、或引發激烈衝突；準備好積極主動而不是被
動反應，可以使轉變的過程變得更好。

　　由於火星的行動就像一個扳機，因此我意識到可能同時發生的
其他行運；由於外行星的行運可能會持續一個火星週期，因此我知
道火星可能會加強行運或本命行星的困難相位。我的經驗是，火星
的行運在重要的事業和開始中很活躍，例如，我經常看到客戶在強
大的火星行運之下、特別是在火星回歸時第一次和我預約解盤，想
要有新契機的出現。

第六章
世界指南
木星和土星的行運

　　木星和土星的行運記錄了生命週期的重要發展階段。木星的恆星循環將近十二年，土星循環是 29.5 年，是木星的兩倍半。這種協調在土星回歸左右特別明顯：土星在 29.5 歲的第一次回歸時，木星正接近其第三次循環的對分相；在五十九歲第二次土星回歸時，木星差不多來到它的第五次回歸。木星和土星被歸類爲社會行星，是當今世界的守護者，定義了社會和公衆生活的樣貌。木星在星盤中的行運象徵著教育、文化、倫理、目的和宗教信仰的起源；而土星的移動則代表著個人和社會責任、界線、遵守規則、義務、個人權威、結果和成熟度的發展。每種原型都會促使個人成爲家庭、社群、文化和國家體系中具有道德和責任感的成員和公民。

　　在行運過程中，木星和土星穿過星盤宮位時具有其意義，它們與其他行星能量形成主要相位，並在自己的循環週期中也形成重要相位。

行星	定性的時間	定性的時間			
	時間特性	恆星循環	相位循環	黃道循環：繞行星盤一週的時間	行運一個星座／宮位的時間
木星	展望與調整之時	12 年	13 個月	12 年	1 年
土星	建構與重組之時	29.5 年	12.4 個月	29.5 年	2.5 年

　　社會或超個人行星的行運，與其本命位置所形成的相位，被稱為世代或共同行運，因為它們同時發生在年紀相仿的人；世代行運標記著生命週期中的重要儀式、起點和關鍵點。每個週期的四分之一都是轉捩點，突顯每個行星週期的重要階段，例如：行運土星會在七至八歲之間到達其出生位置的上弦四分相；在十四到十五歲時到達對分相；在廿二歲左右走到下弦四分相，並在廿八到三十歲之間回到出生位置。下表概述了一種思考方式，以了解移動較慢的行星如何展開週期。

相位	定性的時間
合相 新循環的開始	主觀性。當新的週期開始、舊的週期結束，因此，由於新方向尚未成形、在此轉變期間可能會造成混亂。
上弦四分相 第一個四分之一階段，週期的關鍵轉捩點	轉變。改變正在發生，本能的和自發的行動，因為個人感到必須讓事情發生，在意志和熱情的引導之下展開循環。

對分相 週期中點的實現	明晰。對過程的認知、意識、更為客觀性和呈現目的，人們可以回顧過去，在未來充分利用。
下弦四分相 週期的四分之一階段，標示循環的逐漸結束	反省。進行重新定位、向內思考、再次檢視並釋放不再可行或不再必要的週期面向。
回歸 下一個合相──新循環的開始	想像。根據積累的資源、經驗和對過去的了解，正在展開一個新的週期；尚不清楚如何實現，但仍然具有前景和潛力。

　　我們還可以從月相週期的角度檢視此週期，標記週期中八個轉變時間。如第四章所述，這四個階段之間的中間點將是另外要考慮的點。在週期的開展中，也可以擴展到包括其他相位；但是，這四個主要的方向點仍然是循環中最重要的轉變時期。將每日、每月和每年的週期與相位循環進行對比，可以形成一種隱喻，有助於理解這些連接點的性質。例如，上弦月的四分相就像是日出或春天，而下弦月的四分相則像日落或秋天；合相類似於新月或冬至，而對分相則類似於滿月或夏至，這將有助於更直覺地了解週期中的關鍵時刻。

相位循環	自然的意象	重要的形象
合相	午夜、新月、冬至	開始、覺醒、出現、十字路口、啟動
上弦四分相	日出、上弦月、春分	行動、遭遇、計畫、關鍵、改變方向
對分相	中午、滿月、夏至	客觀性、察覺、極性、理解、意識

| 下弦四分相 | 日落、下弦月、秋分 | 接受、覺知、接收、深思、回顧檢討 |
| 回歸（合相） | 午夜、新月、多至 | 整合、更新、回收、播種、重新開始 |

木星

　　由於木星與太陽的相位循環是十三個月，在此期間它將逆行一次、持續約四個月，它的停滯逆行年復一年地發生在下一個星座。木星的恆星循環將近十二年，因此，它在黃道的每個星座大約停留一年。在其相位循環中，它將向前移動約 30 度，順行約九個月、在黃道經度上向前移動約 40 度，而在逆行的四個月中退行約 10 度。

木星回歸

　　每十二年是木星回到出生位置的紀念日，實際上它是以各種不同方式、全面體驗原型之後的一次回家。每一次回歸都代表一個完成——我們更深層了解自己的文化、信仰以及對知識、經驗的追求。這些時期可能會重新審視我們的教育和職業目標，並對哲理、倫理和道德提出質疑，此時是回到我們所相信的或至少自認為相信的核心。然而，這是一個設想和構思世界的時期，我們希望成為其中一部分，因此，它經常是一段遊學、朝聖或追求視野的時期。無論我們是否有意識，我們周圍的世界都在改變，現在的生活方式已經過時，是時候發現更新、更真實的生活方式了。

　　我發覺客戶在一生中尋求諮詢的頻率，特別是在三十五至三十六歲之間木星的第三次回歸左右最多；以想像力引導這些客戶探索未來十二年是非常有幫助的，從他們想走的道路和想要實現的夢想的角度出發，探索什麼是可能的，什麼是不可能的。我鼓勵對第一年進行短期預測，對未來三年進行長期預測，然後對十二年進行整體預測！

木星觀點之下的占星生命週期

　　每個近十二年的木星週期標示著生命的一個階段，在近八十四年或一個天王星週期中，包含七個木星週期。煉金術士在他們的煉金作品中思索煉金術的七個階段，同樣的，**我們可以將七個木星週期視為創造人生的轉變過程，因為每個十二年都需要完成一項特定任務。**

木星循環週期	人生階段	年齡區間	對分相的年齡	回歸的年齡
第一週期	童年	出生～12	6	12
第二週期	青春期	12～24	17～18	23～24
第三週期	青壯年	24～36	29～30	35～36
第四週期	中壯年	36～48	41～42	47～48
第五週期	中年	48～60	53～54	59～60
第六週期	年長者	60～72	65～66	71～72
第七週期	老年	72～84	77～78	83～84

　　就家庭而言，重要的是我們和家庭中每一代成員如何度過並重

新經歷相似的行星週期。請注意哪些循環正在重複，因爲其他家庭成員或你這一代人，可能正在體驗類似的階段 56，去回顧並反思這些生命階段。我在每個階段都提出了一些思考性問題，但是，思考自己在這些段落中的個人經驗和發展是有幫助的，以及這些將如何描述和塑造你的生活模式。當你在生命中經歷木星時間時，不妨思考以下幾點：

- 你目前正在經歷哪個木星週期？
- 思考每個新木星週期的展開方式。你此時如何回應世界——你的夢想、原則和可能性是什麼？你在此期間的信念和理想是什麼？你探索了哪些新方法？你是如何開始擴大視野並超越家族的？
- 現在考慮此循環的對分相。當木星循環對分相時，你人生的主要發展階段和經歷是什麼？在這些時期是否有類似的想像、感覺、衝動或見解？
- 反省週期的完成，並思考人生中這十二年的階段。這些時期的主題是什麼？你如何以一種富想像力的方式描述這些時期？每個循環週期之下的共同主題是什麼？

在每個木星週期中，我都會納入其他行星週期，這些週期是同時發生的，以說明每個人類生命週期中所深植的模式和開始。儘管政治、文化和社會狀況可能會改變，但這些原型的啓蒙期並沒有改變。

56　關於木星的生命週期以及在每十二年週期中重複出現的所有其他週期，請參見布萊恩・克拉克：*The Family Legacy*, Astrosynthesis, Stanley, Australia: 2016, p. 264-270

第一個木星週期：童年，0～12歲

- 回顧占星的童年週期。思考你自己、你的孩子和父母的經歷，反思在第一個週期中家庭的變化。

- 你的第一個記憶是什麼？運用隱喻、符號和圖像，以想像的方式思考這個記憶。你覺得這個記憶是充滿情感的嗎？你的星盤是否以任何方式（例如：月亮的相位或某相位模式）反映了這一點？

- 回憶童年時神祕、超世俗的經歷。你經歷了哪些宗教和精神暗示？你童年時經歷過什麼神奇的經驗，還記得什麼夢想或惡夢？

- 注意生命第一年四顆內行星回歸的重大影響。

童年的次階段	年齡發展期	占星學的發展週期	行星開始回歸
新生期	0～4 週	從出生到第一次月亮回歸 27.3 天。	月亮
嬰幼期	4 週～大約一歲	從第一次月亮回歸的第 27.3 天，到第一次太陽回歸，這將包括第一次水星和金星回歸的階段。	水星、金星、太陽
學步期	1～2 歲	從第一次太陽回歸到第一次火星回歸。	火星
學前期	2～6 歲	從第一次火星回歸到木星對分相。	火星 / 木星
學齡期	6～12 歲	從木星對分相到木星回歸。	木星

第二個木星週期：青春期，12～24歲

　　許多心理學研究者證實，青春期與第二個木星週期的時間同步，可以延長到二十多歲，在此期間，大腦仍在發育和成長。在廿一歲左右，顯然還出現了一系列其他行星週期，然後讓我們在中年再次出現「成年」的體驗。反省你的青春期，你的父母和祖父母正處於哪個人生階段？你的父母和家庭其他成員如何度過青春期？

循環週期	青春期	中年階段	晚年
木星回歸	12	36/47	59/71
二推月亮對分相	14	41	68
土星對分相	15	44	73
月亮交點回歸	19	37	55/74
天王星週期	21（四分相）	38～42 （對分相）	61～63 （四分相）
海王星週期	21（半四分相）	41（四分相）	62～63 （八分之三相）

- 想想你如何處理青春期發生的身心變化？學校或家庭是否經歷重大轉變或搬遷？
- 反省這段時期你如何發展生活的信念和態度，這些對你的人生方向和職業選擇有影響嗎？
- 此時是否經歷重大疾病、危機或創傷而嚴重影響了你的生活？

第三個木星週期：青壯年，從24～36歲

成年期在此階段之後持續，但是，我用「青壯年」來形容這個強大的成長時期，去承擔成人的責任和歷練。這個時期的中點是土星回歸，它是生命循環這段時期的鮮活象徵和隱喻，它使個人開始自主、自我規範、有責任感、可靠和盡義務。

- 在你二十多歲時經歷了哪些重要里程碑？這些讓你準備好迎接土星回歸嗎？
- 土星回歸為你帶來了哪些重大變化？

第四個木星週期：中壯年，36～48歲

當所有外行星在它們的世代循環中處於困難相位時，中年涵蓋了第四個木星週期，天王星處於其循環的對分相，海王星在上弦四分相。每代人將經歷不同的行運，例如：冥王星在處女座和天秤座的世代，在生命循環的此一階段經歷了冥王星循環的四分相，而他們祖父母的情況並非如此。有些世代的天王星四分相比其他世代更早，因此，天王星對分相和冥王星四分相的順序產生了變化。

在整個生命循環中，每個行星週期都與其他行星週期糾纏在一起，這在行星循環的情節相互串連的中年時期是非常明顯的。下表說明了中年期間突顯的其他行星週期，以及在整個生命循環中如何重複相同的週期。占星符號可以在時間上前後移動，這有助於連結生活事件成為一貫的模式。

行星週期／年齡	之前相關的年齡記錄	之後相關的年齡紀錄
木星第三次回歸 35～36 歲	先前的回歸發生在 12 和 24；最後一次對分相是在 29～30 之間，回顧反映。	請注意之後的回歸將發生在 47～48 歲、59～60 之間，你如何想像那個年齡的自己。
土星第二次上弦四分相 36～37 歲	土星第一次上弦四分相是 7 歲；對分相是在 14～15 歲之間；下弦四分相是 22 歲；而回歸是在 29～30 歲時；在這些時期思考你的抱負和動力。	土星的對分相發生在 44～45 歲之間，下一次回歸在 58～59 歲之間；你現在的決定和選擇會如何影響 59 歲時的結果？
月交點第二次回歸 37～38 歲	第一次月亮交點回歸是 19 歲；在此人生階段，仔細思考你的心靈渴望。	下一個月交點回歸發生在 55～56 歲，你如何想像自己將在下一個人生階段中滿足心靈的渴望。
二推月亮第二次對分相 41 歲	第一次對分相是在 13～14 歲之間，第一次回歸是在 27～28 歲之間；回顧能夠滿足自我需求的安全感。	你在 54 至 55 歲之間將迎接第三週期；可以自然地重新展開在中年時期為了確保你和家人的安全及幸福感所做的工作。
海王星上弦四分相 41 歲	第一次半四分相是在 20～21 歲之間。思索人生此階段的夢想和理想，哪些夢想仍然是真實的和可能的？哪些不是？	海王星在 82 歲時對分相。海王星四分相代表著人類生命週期走到了一半，它回顧了我們的創造力性及靈性的自我。

木星第四次對分相 41～42 歲	18 歲時第二次對分相時關注的焦點是：你要往何處去？你是否需要拾起所有線索，例如：失去的教育機會或旅行。	47～48 歲時將完成本階段的下一個合相，需要做哪些必要的改變，以確保爲了我們和家人所設下的願景和目標可以獲得支持？
土星第二次對分相 44～45 歲	一條垂直通往 14～15 歲青春期對分相的線，喚醒了邁向成功的脆弱和力量。	59～60 歲時的回歸可以從現在完成的工作中得到收獲──我們如何才能盡量坦誠地面對自己眞正的需求和目標？

第五個木星週期：中年，48～60歲

　　第五個木星週期包括五十歲的十年，它始於凱龍星回歸，結束於木星和土星的回歸。除了這三個回歸之外，二推月亮和月交點也在這十年的中期回歸。對於某些世代的人來說，冥王星與本命冥王星會形成三分相，這對於冥王星處女座的世代人來說會更早發生。

- 反省父母五十多歲時的經歷，他們在凱龍星回歸以及結束這十年的生活時發生了什麼事？
- 這段時間如何爲晚年生活及老年鋪路？

第六個木星週期：年長者，60～72歲

　　請注意，這個週期從木星和土星的同時回歸時開始，這兩個週期在六十歲之前（即 29.5 年 ×2= 59；11.88 年 ×5 = 59）和諧地形成一致。木土相位循環週期爲廿年，而在六十歲時，兩顆行星都回到了它們的本命位置。廿年稱之爲一個 score，這是計算生命的一

種評量基準，六十歲則是三個 score，生活的成就和經驗正在轉化為智慧，這是此木星週期的重大任務。

- 思考你在世俗的規律工作及地位所建立的身分，它轉變到新的階段了嗎？
- 在此生命週期階段可以提供和散播什麼？

第七個木星週期：老年，72～84歲

回顧和思考自己的人生是這個階段的關鍵。這是人生的下眉月階段，人生的成就和失望被內化，從而在活出及實現真實人生時建立一種完整感。這些通常是浪漫的黃金時期，如果為這一階段做好準備，通常也會是如此。

- 我對這個人生階段的願景和希望是什麼？

木星行運的宮位

根據宮位的大小，木星平均將在星盤上每個宮位中停留大約一年，週期循環每年都有規律的節奏，專注在一個宮位上。木星關係到我們的社會良知、信念、信仰，道德和倫理，我們的學歷、問題和旅行的發展以及想要超越家族的衝動；因此，它帶來了這些問題，並敦促我們了解每年生活的不同環境。它的週期從行運穿越上升點、進入第一宮開始，並將其問題集中在自我發展上；六年之後，當它跨越下降點時，擴大了我們對人際關係的熟悉和經驗，專注了解我們自身以外的其他面向；當它最終到達天頂時，將我們與九年前週期開始之時連結起來，現在明顯地展現面對世界的價值觀和原則。隨著歲月的流逝，木星的每個週期就像命運之輪，專注於星盤上的每個宮位。

請思考以下內容，以幫助你透過星盤了解個人的木星循環，並專注於它目前的行運。

- 木星什麼時候跨越宮首進入現在的宮位？你是否注意到對於此生活領域感到更自由或更樂觀？回顧一下這段時期。
- 木星何時離開這個宮位？你是否改變了對此生活領域的態度和信念？
- 木星經過這個宮位幾次了，例如：如果你的年齡是在十二至廿四歲之間，那麼這是木星第二次經過這個宮位？如果是的話，你意識到什麼？如果你的年齡在廿四到三十六歲之間，那麼這是木星第三次經過這個宮位等。回想一下十二年前（或廿四、三十六年前）木星經過這個宮位時發生的事情──你前幾次的回憶是什麼？是否出現任何主題？
- 你如何擴大木星行運宮位的視野？在這領域需要改變或遵循哪些信念和原則？在這個生活領域，你要如何才能感到自由？你需要在哪方面變得更自覺和更開放？
- 思考一下你在這方面的態度是否鼓勵你發展和成長？
- 你是否意識到你正在質疑這個生活領域？你更了解這個宮位的環境了嗎？
- 你在這方面的生活中能夠獲得什麼成就？在這個生活領域中，你如何能夠更勇於冒險和變得更積極？

木星與本命行星的行運

如第三章所述，木星可以通過星盤某個度數一或三次，這取決於其逆行週期。木星行運所使用的容許度會改變行運的時期，例

如：如果使用一度的容許度，木星可能會在一個月之內經過一個
黃道度數；但是，如果木星開始逆行，然後順行再度經過這個度
數，這個時間範圍可能會延長到近八個月。使用較大的容許度會延
長這個時期，因此，選擇一致的容許度是很關鍵的。儘管了解定量
的計時很重要，但更重要的是要知道這既非事實也不是固定的，而
只是一種指引、一個可能的時間軸。雖然木星通常等同於財富，但
要了解「命運之輪」也會向下旋轉。

想像一下，當行運木星與本命行星形成相位時的可能性，以及
在此占星的轉變背景之下，本命能量如何自我展現。

- 我如何在生活中對這種行星原型具有更多的覺知和信心？
- 我在這方面出現什麼阻礙？我如何才能鼓勵這個方面的自己
  變得更加開放和積極，且更有意識的掌握這股能量？
- 我對自己這方面設下什麼限制，現在我可以透過覺知來改變
  嗎？我在哪一方面感到不安和渴望冒險？
- 哪些老師或課程可以幫助我更加認知這股原型能量，並且去
  發揮它的作用？
- 我可以利用這股行星能量為自己設定什麼目標？

逆行次循環

木星逆行並不意味著機會的減少，而是以一種非傳統的方式重
新安排這些機會。本命木星逆行暗示著機遇並非來自標準包裝，它
與其他的包裝方式不同。我最喜歡的例子之一是一位作者，他的書
剛開始是出版平裝本，然後隨著書的暢銷，又發行了精裝本，在這
裡，一般的程序（至少在他出生那天）已經被顛倒了。木星逆行可

能會挑戰正統的宗教和哲學，他們更喜歡自己制定法律和擁有自己個人的哲學派系；在極端情況下，可能會有出現社會退縮，但正向運用它，展現出來的是更高社會原則的服務。

隨著木星逆行，個人很可能已經脫離了原生家庭的信仰或宗教的傳統觀念，更傾向於尋找自己的信仰。因此，當木星逆行時，個人通常會在文化規範之外找到自己的信仰，通常會選擇源自其文化之外的信仰體系。這些人以自己的方式進行探索，並不斷地質疑和尋找更貼近自己內心所相信的東西，他們深深地質疑，以便找到更持久的信念。

木星逆行說明我們需要重新審視自己的信念，正如它逆行的星座所象徵的那樣。 例如：木星在天蠍座逆行，也許是時候重新檢視並思考關於死亡、療癒、治療等方面的天生信念；木星在金牛座逆行，代表該是思考我們的資源、傳統和真正價值的時候了。隨著木星逆行經過個人星座，個人信仰和道德受到了深刻的挑戰和重塑，當它在代表人際關係的星座，木星啟發我們質疑與關係有關的價值觀和原則；當它在超越個人的星座，便是幫助塑造我們的政治和社會信仰和價值觀。在木星逆行這一年中的四個月，出現了一個更為內省和充滿哲理的時期。

土星

由於土星與太陽的相位循環週期不到 12.5 個月，這此在此期間它將停滯逆行一次，並持續四個半月，每隔一年，土星將在黃道 11～12 度左右逆行。土星的恆星循環週期約為 29.5 年，因此，它

在黃道上的每個星座中停留大約兩年半。它一年大約移動 12 度：
向前順行八個月、大約在黃道經度移動 19 度；後四個月半，向後
逆行約 7 度。

土星回歸

　　土星在接近三十歲時第一次回歸，接在廿七歲二次推運月亮回
歸之後，我們從廿七到三十歲這段時期做好情緒上的準備，準備迎
接土星在廿九到三十歲之間的回歸。這一次帶我們回到了本命土
星的本質，但此時，它已經走過黃道十二星座、星盤上的每個宮
位，以及各顆行星的相位，並用多種方式經歷了它的原型共鳴。它
回到了出生時的位置，但我們不再是新生兒，它的回歸代表著一個
成熟時期，重新接觸這顆行星的靈性層面，以及我們與其原型之間
的關係。到了三十歲，我們此刻是獨立、自律的，因此，這是一個
深刻反思和質疑的時候，這是承擔結果與責任的時期。

　　土星回歸之前就像是轉化前的時期，在土星回歸之處，重新化
身為成熟且經驗豐富的成年人，他想要實現自己在世上的潛力，當
我們測試可能性時，便啟動了尋找職業的關鍵過程。在土星回歸左
右，內在時鐘告訴我們現在該是規劃未來、制定目標，並了解即將
發生的變化的時候了。這是一個重組和調整生活目標的時期，在某
種程度上，是對生活的承諾。

　　但是，這段時間也可能是一個焦慮時期，感覺被責任和壓力所
壓垮，必須去履行和實現我們無法選擇的事情。土星的回歸就像一
處十字路口：我必須去做自己想要做的事情，或是我應該去做別
人可以接受的事，因此，這段時間經常有一種與存在有關的孤獨

感。從某種感受上來說，是處於實習與專業、孩子與成人、依賴與自決之間的岔路上。在接下來的三十年中，我們將再次體驗土星繞行星盤的每一個面向。作為成年人，在土星的第二個週期中，我們會體會到年輕就是經驗的立基。

土星的循環週期

　　土星是我們生命的脊椎和結構，會隨著時間而變化，每個近三十年的土星週期都完成了人生的重要篇章。在平均壽命中，有接近三個完整的土星週期，例如：少年、成人和老人的三個生命階段；或兒童、父母和祖父母的三個家庭階段。每個土星週期都體現了身體老化和能力的過程，在每個階段中，也都有各自適當的家庭和社會角色。

　　對於土星來說，與本命位置的對分相和四分相，代表著重要的啓蒙階段、自然過程和職業轉換。以下是這些年齡的表格。

土星循環週期	人生階段	年齡區間	上弦四分相的年齡	對分相的年齡	下弦四分相的年齡	回歸的年齡
第一週期	少年	出生～29/30	7～8	14～15	21～22	29～30
第二週期	成年	29/30～58/59	37～38	43～45	50～52	58～60
第三週期	老年	58/59～88/89	67～68	73～75	80～82	88～90

　　思考你現在所處的週期，思考人生的土星時間表。

- 你幾歲？你現在正在經歷哪個土星週期？回顧廿九到三十年前發生的事情，同時回顧上一個週期。想一想土星回到原本位置時，展開每個新週期的方式
- 現在思考每個週期的對分相和四分相；人生的重要發展階段和經歷是什麼：

土星在 7～8、36～37 和 65～66 歲時的開展或上弦四分相；

土星在 14～15 和 44～45 歲時與本命土星的對分相；

土星位於 21～22 和 51～52 歲時的結束或下弦四分相。

土星行運的宮位

　　平均而言，土星會根據宮位大小在每個宮位中停留大約兩到三年的時間，在此期間，它將逆行兩次或三次，因此，土星經過這個區域時，將徹底挖掘每個宮位。土星象徵著我們的自主權、個人和社會責任的發展，我們辨識、成熟、成為父母以及為自己和他人設定適當界限和規則的能力。土星是結果的行星，因此，無論在父母、社會還是個人的層面上，當我們觸犯法律時，就會帶來後果，或者是我們努力工作所獲得的回報。它作為「現實」的原型，使我們面對物質、明顯和真實的世界，以便我們變得更加精通。

　　當土星穿越每個宮位時，將這些環境議題帶到了我們的生活中，因此我們可以更加權威並能夠掌控這些議題。它的行運週期始於跨越上升點進入第一宮時，以審慎、真實和負責任的方式關注個人責任和形塑人格的問題；當它十五年後跨越下降點，人們的注意力逐漸轉移到建立成熟、可靠的人際關係上，我們將質疑關係上的

承諾。土星在廿二年到達天頂最高點或週期的四分之三時，將以一種真實感並忠於我們的心靈目標的方式存在，土星將促進這樣的可能性。

　　思考以下問題，以幫助你透過星盤了解土星的個人週期，思考目前土星在你星盤上的行運。

- 土星什麼時候跨越宮首進入此宮位？你注意到這個生命領域中有哪些結構和方向的轉變？
- 土星的行運何時會離開這個宮位？該環境中哪些過時的面向和問題已經獲得解決？
- 如果你的年齡是介於出生到廿九歲半之間，那麼這是土星第一次經過這個宮位，如果是這樣，你意識到什麼？如果你的年齡介於廿九歲半和五十九歲之間，這是土星第二次經過這個宮位，當它在第一個週期經過這個宮位時發生了什麼事？如果你已經年滿五十九歲，那麼這將是土星的第三次經過——你對土星過去穿越這個宮位的回憶是什麼？是否出現什麼主題？
- 在土星行運的宮位中，你如何變得更有組織和能力？需要改變或注意哪些結構？在你這個生命領域中需要進行哪些計劃、目標、預算或審核？你需要在哪方面更有紀律或有更多了解？
- 思考你在此領域的結構組織是太僵硬還是太鬆散，可能需要設立哪些邊界，需要調整哪些界線？
- 需要做什麼事才可以讓你對這個宮位以更成熟、更有控制力且更具權威的方式去看待它？
- 你是否知道這個生命領域需要投入更多的時間和精力？你是

否在這個特定領域更加意識到自己的承諾和責任？

- 你對這個生命領域的態度是否開始改變？你是否知道過去在此領域的行動所帶來的後果？此領域的權威人物是否比以前更有控制力？

- 你在人生的這個部分能夠得到什麼成就？你如何在這個領域變得更加現實和具有建設性？

土星與本命行星的行運

土星與木星類似，根據逆行週期可能一次或三次經過星盤上的度數，使用的容許度大小會改變行運的時間，但是如果使用一度的容許度，土星可能會在四到六週之內行經黃道一度，具體取決於其速度。但是，如果土星開始逆行，然後再度順行經過這個度數，這個時間範圍可能會延長到九到十個月。如前所述，使用更大的容許度會延長這段行運時間，因此，選擇一致的容許度很重要。讓我們想像一下當土星與另一顆行星產生行運時的可能情況，以及此原型能量如何在占星行運中展現出來。

- 你如何在生活中更加意識並控制這種能量？

- 你這方面會遇到什麼障礙？你如何才能更有效地管理此一面相，或者更精通於這種原型？

- 你對這種能量有什麼樣的恐懼？你在這方面的性格，是如何退縮的？你在哪個方面還是感到缺乏效率和技巧？如果是這樣，你需要做什麼才能夠熟練地掌握此一領域？

- 哪些老師或前輩可以幫助你更加了解這個領域並且從中發揮作用？

- 需要完成哪方面的工作？需要重做哪些基礎工作？需要重建什麼？

- 可以為此行星能量設定哪些目標？

逆行次循環

土星每年逆行四個半月，土星逆行意味著以不同的方式體現權威原則。當警察、海關官員或任何權威人物與罪惡感產生連結，即使沒有犯法，也可能讓人感到「瞬間的罪惡感」。土星逆行的人有良好的標準規則、責任和義務的意識，因此，很難放下別人期待他們去做的事，他們外表的權威、控制和權力形象帶著他人的強烈投射，而在心理上的父親形象卻被弱化了。土星逆行意味著土星（象徵養育或父親形象）正好與太陽（代表英雄和自我）相反；太陽英雄和古老的國王在內在相互對立，從心理上暗示著缺乏權威人物支持的感覺。作為英雄的個人不斷地意識到嚴厲的規則和後果的嚴重性，早年的生活中便已經突顯出嚴肅和責任感；但另外一方面，他們卻早已開始發展自主和自力更生的能力。

在土星每年逆行的這段時間，我們會更加投入、重視個人目標。現在是時候回顧我們的錯誤、疏忽和錯過的機會，以更新、重新提出或放棄這些計畫。現在也是時候以更加自決和盡責的態度，面對自己最重要和最真實的事情。

木星／土星的相位循環

時間的編織者——木星和土星共同創造一個令人印象深刻的廿年週期循環，它存在於更大的循環之中。每個木星／土星的合相通過黃道帶的各個元素連續進展，以大約九百年的時間內完成了完整的黃道循環。以兩百到兩百四十年的時間、連續九到十二個合相於

某種元素，然後再發展到下一個元素，黃道十二宮的循環包含了八百至九百六十年之間全部的元素循環。它作爲千年的標示，基督教、伊斯蘭和猶太學者認爲它是國家、朝代和宗教壽命的計時機制。

這個週期激發了兩顆古典行星，被命名爲偉大的計時器，它們形成了古代最長的行星配對循環，在劃定時代和時間流逝方面，賦予了這個循環重大的意義。這個週期也被稱爲一個「二十年」，是永恆動態意象上的一個刻痕。它有獨特的對稱性，因爲它們的合相大概出現在偶數十年的開始，而它的對分相發生在奇數個十年的開端，計畫著我們人生的十年。

由於它們都是社會行星，其循環週期象徵著社會趨勢、社區關注、公共原則和信仰、政治和政府發展以及文化事件和標記。要了解此週期如何在自然現象、社會變革、政治事件或文化發展中表現出來，請思考這兩種行星能量以及它們如何結合在一起：

木星 概念與原則	土星 結構與體系
倫理與道德 • 共同的信念、文化習俗、倫理、道德、人類價值觀、理想和寬容。 • 人民的宗教本能和種族寬容、神職人員、宗教教派、崇拜；人民的信念和信仰。 • 外交政策。 • 法律與司法、法院、司法調查、人權。 • 教育、學院、大學、教育制度的改變。 • 出版和思想傳播。 • 行銷與媒體。 • 繁榮與增長。	**法律與秩序** • 管理機構、執法部門、群體的共識。 • 為人民提供秩序、穩定和安全的機構。 • 害怕改變和抗拒。 • 權力、企業集團、公司、大型企業、法規以及處於控制位置的領導者和權威人物。 • 行政機關、內閣及其行政人員、國務大臣。 • 保守元素、「保守派」、等級制度、文化傳統、長者。 • 對年老和老人的態度。

當將這兩種意象結合在一起時，我們可能會想像出現了新的法律或結構來幫助規範媒體或教育；可能會強調外交政策和關係以及外交事務；人們可能對社會變革、宗教僵化或種族及文化無法容忍的新觀念或新構想感到恐懼和憂慮；試著將這些原型的精髓結合在一起。

　　以下是這些合相的時間表，這些合相形成了通過元素的更大循環。在每次通過元素的結尾處，可能會產生下一個元素的合相，但是下次合相又回到上一個元素；通常這種情況發生之後，再下一個合相將在後續元素中展開一系列的合相。

風元素	水元素	火元素	土元素	目前風元素的順列
1226　♒	1425　♏	1663　♐	1842　♑	2020　♒
1246　♎	1444　♋	1682/3　♌	1861　♍	2040　♎
1265　♊	1464　♓	1702　♈	1881　♉	2060　♊
1286　♒	1484　♏	1723　♐	1901　♑	2080　♒
1305/6　♎/♏	1504　♋	1742　♌	1921　♍	2100　♎
1325　♊	1524　♓	1762　♈	1940/41　♉	2119　♊
1345　♒	1544　♏	1782　♐	1961　♑	2140　♒
1365　♏	1563　♋	**1802　♍**	**1981　♎**	**2159　♏**
1385　♊	1583　♓	1821　♈	2000　♉	2179　♊
1405　♒	**1603　♐**			2199　♒
	1623　♌			
	1643　♓			
大約 200 年的 10 個合相。	大約 240 年的 12 個合相。	大約 180 年的 9 個合相。	大約 180 年的 9 個合相。	大約 800 年的 40 個合相。

　　這個週期的對稱性十分驚人，這是另一個占星時計的例子，透過天上反覆出現的模式反射回來。新的千年迎來了一系列土象星座的最後合相，此系列始於一八四二年在摩羯座的合相。下一個循環是落在風象星座，於二十年後的下一個合相展開，在接近北半球的冬至點、木星與土星水瓶座 0 度 29 分相合。隨著新的風象星座系列合相的展開，稱之為大變動（Great Mutation）。新的循環將繼續在風元素進行，隨後在二〇四〇年萬聖節前夕於天秤座 17 度 55 分合相。

　　木星／土星循環週期，個別、共同地象徵著我們人生旅程的教育和成熟。現在，讓我們轉向外行星，它們使我們隨著時間的流逝對心靈有了更廣泛、更深入的體驗。

第七章
改變的原動力
外行星的時間表

　　古代人並不知道天王星、海王星和冥王星的存在，這些行星作為現代的原型，代表超越土星現實與物質的範圍。一九七七年，凱龍星（Chiron）在土星與外行星之間被發現，儘管它未被歸類為行星，但占星師認為其原型的存在是重要而且具有啓示性的，並將凱龍星視為行星萬神殿的一份子。凱龍星作為通往超個人行星的通道，象徵著進入外在領域的開端，而這些外在領域正開啓了經驗與意識的新境界。這些新境界，無論它們存在是在熟悉事物之外、之中、之後或之下，對於過去的慣例來說都是邊緣性的，伴隨著這些行星行運作為啓蒙原型的情況，常常被認為是神祕或異常的經歷。這四種行星原型都是改變和意識的深刻徵兆。

　　每一次外行星行運都是一種邀請、一種呼喚，讓人去面對更貼近心靈需求的改變。原型可以透過多種方式展現，但通常，它被認為是日常體驗和感知領域的一種破壞。儘管我們可以選擇忽略想要引起我們注意的行星之神，但祂似乎比我們更具智慧，因為隨著時間的流逝，祂的聲音會變得越來越大聲和持續。當某顆行運外行星與個人的本命位置形成相位時，就好像那一刻的特質侵入了他的生命；神正在影響環境，行星的能量正在產生並變得可以辨識，因此需要進行調整，直到一種更真實的存在方式出現。

在遠古時代，眾神被認為是造成我們禍患和困境的原因，儘管我們不再相信是現實之神讓我們受到審判；但在當代環境中，神只是象徵影響個人的無意識模式。因此，像古代人一樣，明智的做法是為召喚之神做出犧牲：將神想要的東西還給神。這在過去，可能是神聖的物品、護身符或動物牲品。在現代，我們被要求意識到原型以及它們在個性化過程中的真正作用，用心理學術語來說，這暗示著改變一個人的方向、喚醒自我的潛在面向、變得更加可靠、或者放棄過時陳舊的生活方式。

在占星學上，行運化身為追隨著我們的神靈——正在行運的行星和宮位區分出心理情結和可能發生轉變的領域。例如：天王星是喚醒、分離和突然改變的隱喻，因此，其行運意味著需要遵守這些條件。如果天王星正與土星產生行運，那麼從占星學上來說，我們被示警需要意識到我們的結構、慣例和承諾，也許會放下某些職責和控制。如果土星在第四宮，那麼這些改變就需要在家和原生家庭中進行。這些意象來自於占星學的邏輯和傳統，但是每個人如何經歷外行星的行運皆是獨特的，這取決於許多因素，例如：他們的性情、意識、人生階段、期望和自我意識。

外行星的行運

外行星的行運讓我們去探索未知，通常是由意外或不尋常的經歷加上無意識的對抗（即自我無法辨識的身分、被壓抑、缺乏或禁忌方面）所引發的。以下是思考這些行運特質的一些相關注意事項，外行星行運可能：

- 與反映和喚醒心靈的外在事件同時發生。

- 自然地展現人生道路、個性化過程或命運，而不是任何負面的預兆；儘管感覺超出了我們的控制範圍，但隨著我們參與這個過程，它變得更加容易處理。

- 說明了我們面對無意識，召喚我們去處理更大的模式和複雜的生命議題。

- 變得混亂、因為這些行運會喚醒原始和自相矛盾的面向，其中蘊含了創造力。為了引發這方面的天生創造力，必須打破防禦和障礙；在處理天生情結時，更有可能喚醒和轉化痛苦的創造力以及被否認的生命力。

- 幫助我們發現自我的真實性；重新將我們與心靈的意圖連結起來。

- 象徵我們已經接受並相信是真實自我的過去形象，與新的自我及意圖之間的掙扎。

- 暗示我們有意識的配合建構我們的經驗，但也暗示我們可以透過行運能量的意圖去關注和共同努力，在最好的結果上進行合作。

　　如果我們期待或無意識地想要與父母和社會的道德觀念發生衝突，那麼我們可能會給自己帶來一些狀況，以幫助我們更加了解自己的需求，以及最適合個人發展的事物。在這些行運期間，控制是一種挑戰，儘管我們可能無法控制引發經驗的事件或個人，但我們可以管理我們的反應。「不好」的事和隨機事件是複雜網絡中的一部分，通常也無法看到或知道所有複雜模式的全貌，因此評斷自己或我們的經驗是無益的。事件、身體症狀和疾病是這些行運的象徵，所以這些星座的意象和象徵皆是線索，藉以探索努力想自我表

達的心理結構。

為了更有效地描述行運的特質，重要的是要尊重人類的自然反應，例如：否認、憤怒、沮喪和討價還價，這是接受改變的過程中的各種面向 [57]；通常，透過切割、合理化、評價或成功管理，可以逃避這些過程所帶來的悲傷、失去、折磨和痛苦。沒有真正的感覺，就不會產生任何轉化的經驗，而這個情結還是被壓抑住、無法解決。重要的是要知道在重要行運過程中的許多階段與時期，為了要熟悉這個過程，首先要深入了解行星原型。這可以透過神話、符號、隱喻和作用來完成，並學會深入這個過程。因此，作為占星師，你不會止於行運的字面、外在和實用的表現之中。

當外行星在星盤中與本命的配置形成相位時，都會成為個人的親身體驗。雖然每個行運對於每個人來說都是獨特的，但是對於每顆行星來說，重要的是去思考那些原型主題和象徵。以下是每顆行星旅程的關鍵詞。

行星	行運的功課及過程
凱龍星	• 精神覺醒。 • 療癒的危機，其症狀是心靈的表現。 • 想要自我療癒的英雄式衝動。 • 承認人類受苦和死亡的必然性。 • 尋找富有想像力和修復之處，在那裡人們認知並整合身體和精神的存在方式。 • 接受邊緣化的傷口。 在此期間，面對的疾病症狀是接納自我和心靈更深層的療癒。

---

57 庫伯勒・羅斯（Kubler Ross）博士將這些定義為悲傷過程的階段。

天王星	• 走一條人煙罕至的路。 • 冒險進入未知的世界。 • 探索未曾經歷的人生，尋找其中的可能性。 • 冒險面對生命本有的可能性。 • 辨識選擇。 • 了解分離與切斷之間的不同，以及超然與冷漠之間的區分。 • 獨立但不是分離。 • 意識到出現的機會。 從生理上來說，神經系統更敏銳了，因此，對此行運經常的描述是神經緊張、焦慮和休息和睡眠的困難。
海王星	• 模稜兩可，以及在兩個固定點之間游移的經驗。 • 拉起錨開始漂浮、隨波逐流。 • 一步一步來。 • 知道保持日常習慣和身體意識的必要性。 • 創造力的任務。 • 想像不可能的夢想。 從生理上講，人的生命力降低了，因此，可能影響了這段時間的警覺、專注和活動力。
冥王星	• 前往冥界的深處，找到並贖回被活埋的東西。 • 更真實地感受。 • 對自己的意圖更加誠實、忠於自我。 • 擺脫陳舊的依戀、尋找完整的真摯情感。 • 面對家庭過去的幽靈和陰影。 • 拋棄不再有效或不合適的東西。 個人可能會覺得自己最好的技能和才華都無濟於事，伴有嗜睡、沮喪、健忘和絕望的感覺。

行運的計時

　　由於外行星緩慢通過黃道帶，因此，其行運影響將比其他行星持續更長的時間。行運的時間範圍取決於採用的容許度，所有的容許度都只是一種指南，而不是事實；透過經驗，你將學著去感覺行運在不同時間之中開始顯現的微妙方式。儘管占星學對於產生影響的容許度看法各不相同，但我傾向於去檢視發生在 1 度容許度之內的行運重點。下表是使用 1 度和 5 度容許度的大概時間，由於冥王星的橢圓軌道，因此行運時間將隨著時間而有所不同。

行星	使用 1 度容許度的大概時間	使用 5 度容許度的大概時間
天王星	15～22 個月	42 個月
海王星	20～24 個月	70 個月
冥王星	22～24 個月	70 個月以上

逆行次循環

　　另一個考慮因素是行運外行星的逆行，它們會順行，然後逆行並再次順行，至少經過黃道相同的度數三遍、有時五遍，因此，這種移動本身就產生了一個循環。

　　我們可以將逆行次循環視為類似於論點－反論點－綜論（Thesis-Antithesis-Synthesis）模式的過程。行星的第一次經過是順行時刻，這讓人們意識到問題；逆行時期是內化、反省和思考的時期；而行星的最後一次行運說明對於改變的理解和和解

行運	方向	過程		
第一次接觸	順行	論點	開始	察覺
第二次接觸	逆行	反論點	分離	思考
第三次接觸	順行	綜論	回歸	改變

如果行運經過了五次，那麼我們可能會看到一個更長的階段，特別是在離開及切斷舊模式的範疇中。

外行星的循環

每顆外行星都有自己獨特的行星週期，它們正好是人類生命週期中的重要時機。雖然海王星和冥王星的週期比一個人的生命更長久，但它們在集體和祖先的背景下，述說著重要的回歸和循環。海王星和冥王星皆守護廣闊的世界，海王星是精神世界，而冥王星是地底世界，兩個世界都存在於人類的心靈中，它們的行運通常與進入精神世界或地底世界的旅程同時進行。當靈魂在陌生的世界中醒來時，海王星和冥王星週期中的各個相位，都是旅程中的心理儀式。

外行星週期的每個重要相位，都預示著人類生命週期的一個啓蒙階段，雖然我使用十二年的木星週期來定義生命循環的時期和階段，但重要的是要知道外行星在個性化道路上刻畫重要階段的時間。例如：天王星循環在廿一歲時的第一個四分相宣布了成年的到來，個人展開了自決的人生道路；而海王星循環在四十一歲時的第一個四分相則宣告了中年的風雲變幻。

從占星學角度研究這些週期，還可以準確標記個人生命中反覆出現的段落，將生命週期中的某些時間連結在一起。行運並不是「一次性」的經歷，而是發生在更大循環背景之內的，這些行運是一個不斷開展的過程，而不是個人和集體經驗在線性面上的一系列事件。外行星會在宮位內停留更長的時間，因此，雖然它們首次跨越宮首進入新宮位可能很重要，但當它們與其他行星形成相位時，會更凸顯出個人的行運。

凱龍星

凱龍星的軌道非常的橢圓，因此無法平均地通過黃道十二宮，它在牡羊座行走最慢，在天秤座行走最快。凱龍星緩慢行經牡羊座的天文細節提醒我們，它天生不追隨群眾，而寧可留在體系之外。下表根據凱龍星穿越黃道帶的最後循環，指出它穿越每個星座所需的時間。

凱龍星的星座	在星座停留的時間	凱龍星的星座	在星座停留的時間	凱龍星的星座	在星座停留的時間	在元素停留的時間
♈	8.33 年	♌	2.23 年	♐	2.60 年	火 13.16 年
♉	6.93 年	♍	1.83 年	♑	3.56 年	土 12.32 年
♊	4.46 年	♎	1.66 年	♒	5.48 年	風 11.60 年
♋	3.09 年	♏	1.96 年	♓	7.83 年	水 12.88 年

凱龍星像冥王星一樣是跨越軌道的行星，雖然它通常在土星和天王星之間運行，但也會越過土星的路徑。當它在獅子座到射手

座之間時，主要是在土星軌道內、在木星和土星之間運行[58]；當它通過處女座、天秤座和天蠍座時，移動的速度比土星快。在巨蟹座0度到摩羯座0度之間的半圈黃道帶中，佔整個週期的27%的時間，而它用其他73%時間從摩羯座0度行運到巨蟹座0度。

凱龍星、土星和天王星

　　凱龍星與土星和天王星的關係很有趣。當凱龍星接近天王星的軌道時，以類似天王星的速度在黃道帶徘徊，因此與天王星形成相位的時間較長。在一九五二至一九八九年之間，它從摩羯座行運到巨蟹座，它和天王星形成近四十個對分相；然而，在廿世紀，天王星和凱龍星沒有合相過，它們只有在一九四三年和一九九七年發生兩次的四分相。下一次凱龍星／天王星的合相將發生在二〇四二到二〇四三年之間；凱龍星與天王星的關係在廿世紀下半葉的本命盤中強調了對分相。土星在一九八六至一九九五年與凱龍星形成了一系列的對分相，並在二〇〇三到二〇〇六年之間再次發生；兩顆星在廿世紀和廿一世紀（一九六六年和二〇二八年）產生合相。

　　在廿世紀後半葉，土星和天王星的一系列長期的對分相象徵著在權威原則（土星）和個性表現（天王星）之間本有的普遍創傷（凱龍星）。凱龍星／天王星的優越和凱龍星／土星的對立也說明：人們對控制、父權（土星）文化中的個體（天王星）的創傷有所了解。雖然凱龍星是個人穿越星座的過程，但是它也強調集

58　從神話上說，凱龍星與這三顆行星的家族有關，它是土星的兒子，天王星的孫子以及木星同父異母的兄弟。

體，在與土星和外行星的相位中留下與之同期的世代印象 [59]。

凱龍星的循環週期

　　凱龍星（Chiron）在五十歲時回歸，週期中的其他關鍵時刻是上弦和下弦四分相及對分相。對於每一代凱龍星座世代來說，凱龍星四分相和對分相所描述的啓蒙，都代表著獨特的時機。不同於天王星或海王星與本命位置的世代行運是發生在可預測的年齡，凱龍星與其出生位置的行運各有所不同。下表列出一個人根據其本命凱龍星座而經歷這些危機點的年齡區間。請注意，此表列出的是大約的年齡期間，由於其軌道的不規則性及其逆行方式，這些年齡可能會有所不同。

59　凱龍星與外行星的獨特關係在廿世紀的最後一天，當它與冥王星在射手座合相時，出現了令人意想不到的結局，此事件通常被稱爲千禧危機（Y2K）。

本命凱龍星座	在此星座停留時間的百分比	上弦四分相的年齡	對分相的年齡	下弦四分相的年齡	50 歲時回歸
♈	16.7 %	14～19	20～26	28～33	接近 50 歲的時候，在已知的形式世界和看不見的精神世界之間所發生的示範轉換。
♉	13.9 %	9～14	15～20	26～28	土星循環在 44 歲對分相與 58 歲回歸之間，是自我接受的關鍵時期。這是在中年之後和進入晚年之前，凱龍星之輪為我們做好準備的一段深刻時光。
♊	8.9 %	7～9	13～15	26～30	
♋	6.2 %	5～7	12～13	30～35	
♌	4.5 %	5	13～17	35～40	
♍	3.7 %	5～6	17～23	40～42	
♎	3.3 %	6～8	23～29	42～44	
♏	3.9%	8～11	29～34	44	
♐	5.2 %	11～16	34～36	43～44	
♑	7.1 %	16～21	36～37	41～43	
♒	10.9 %	21～23	32～36	38～41	
♓	15.7 %	19～23	26～32	33～38	

　　每個凱龍星世代都有不同的時間節奏，它最早在五歲、遲至廿三歲時與其本命位置形成上弦四分相，可能在十二到三十七歲之間發生對分相，廿六到四十四歲之間發生最後的下弦四分相。如同所有的行運，我們首先必須在本命盤的背景下去了解行星在個人生命的存在和本質。

　　凱龍星的週期適切象徵著療癒的旅程，它是個體化過程的一個面向，包括竭盡所能的接受真實自我。這段凱龍星之旅包括面對生命的痛苦創傷、回憶和達成和解，因此，其循環的關鍵點象徵著自

我整合過程的潛在覺知——包括對痛苦和苦難的認知和接受。通常在凱龍星週期的關鍵時刻，藉由精神覺醒或危機，再次掀開更深層的情感、心理或精神創傷，這有助於療癒過去的創傷和痛苦。凱龍星循環的原型本質是創傷和療癒相互交織，就像與醫學有關、赫密士手杖上糾纏的那兩條蛇。在重要的凱龍時期，會喚起本能和真實的反應——那些為了更被接受和更適合而曾經被犧牲了，沒有得到家庭或社會認可或支持的真實感受被整合並接受。凱龍星象徵著與自己部族的疏離，但同時也揭示了我們如何透過一生所做的選擇而造成自我疏離；因此，在生命週期的關鍵時刻，它鼓勵人們接受死亡和人性。在這些危機時刻，凱龍星特立獨行 [60] 的主題應運而生，努力與此創傷達成和解並得到救贖。

在凱龍星的轉折點，我們可能會透過身體或心理上的傷害而面臨治療危機，這些時期也可能伴隨著薩滿體驗，即透過痛苦而被召喚去超越自己的範圍。此時可能會發生心理上的轉變，使人專注於超越個人的領域，從而體驗到比我們個人的故事或痛苦更大的事物。我們可能會努力解決我們的本能、欲望、性慾或真實感受，這些時期似乎讓我們感到被疏遠，脫離了家庭和部族。但是凱龍星體現了創傷和療癒的煉金術融合，因此當傷口被掀開時，療癒就可能發生，這是凱龍星的禮物。

客戶在這些危機時刻經常描述這個過程，就像遇到一個意外的

60　凱龍星的發現者查爾斯·科瓦爾（Charles Kowal）用這個詞來描述凱龍星的軌道，他最先用來形容凱龍星的關鍵字之一是「特立獨行」（maverick），因為它的軌道偏離中心。我們所說的「特立獨行」一詞暗示沒有標籤，也不被「貼標」，這是源自於塞繆爾·馬維里克（Samuel Maverick），他是沒有為自己的牛烙印的養牛人。神話中的凱龍星沒有其他半人馬族那樣的印記，天文學的凱龍星也有獨特的軌道和歸屬；凱龍人是特立獨行的人，生活在家庭、部族或他們受教養的文化之外。這就是為什麼凱龍人常常是指那些感覺疏離、外人或不受歡迎的人，例如：難民、移民或生活在不同於其文化遺產中的人。

外星人或事件一樣，痛苦的經歷常常掀開祖先或家庭的傷口；對我來說，這就像與半人馬族（神話中的野蠻男女）的相遇。半人馬是被邊緣化的生物：不可預測且野蠻、揮舞著的樹幹，把巨石和火把當成武器；他們居住在原始過去和新興文明之間的地帶，成爲邊緣的一類。由於他們對這座城市的陌生，拒絕了當時的社會價值觀和政府法律；他們是雜種、原始、無法容忍文化、不尊重法律和習俗。雖然凱龍星不是半人馬一族，但從原型上來說，它仍然帶有一些與原始本能有關的野性陰影，這可能會在週期的轉捩點迎接我們。這可以說是一次眞實的相遇，將未開發的狂野感覺投射到實際的個人身上，或者在我們內在或周圍掀起風暴的感覺。這種不受控制的本能可能以意外事故、疾病或失去的方式表現，於靈魂深處引爆療癒之旅的開端。

在希臘神話中，半人馬族與拉皮斯人（Lapiths）之戰（Centauromacy），在雕塑與文學作品中神話般的場景適切概括了與野蠻力量的戰爭。在凱龍星循環的轉捩點，我們體驗了這樣的掙扎——與自我內外的野蠻、生物本能的爭鬥。在關鍵的轉變中，我們被要求以覺知去排解本能衝動，以符合公認的節制和克制模式。有時我們否認這些衝動，而使自己受傷；在其他時候，我們成功的傾聽了它們受挫的原因。

在第一個四分相時期，我們可能會經歷介於兩個世界之間的情況，客戶有時將這種「介於兩者之間」的狀態描述爲生病、精神痛苦、靈魂出竅的體驗、瀕死經驗、感覺被邊緣化、流離失所或失去家或家園。我們可能初次感覺與我們的眞正祖先疏遠，這是佛洛

伊德在他的論文《家庭羅曼史》（Family Romances）[61]中寫到的原型經驗。《家庭羅曼史》描述了一個孩子不屬於其原生家庭的印象，爲了使自己擺脫兄弟姊妹或父母的認同，孩子會浪漫化自己的出生，好像他是被收養的，並且「親生」父母比眼前的父母更加大名鼎鼎，或者他是唯一的婚生子而其他的兄弟姊妹是母親外遇所生的[62]。這些普遍的沒有歸屬感、被領養、早期是外人的經歷、被排斥或被流離失所的感覺，經常伴隨著第一次四分相而來。

同樣的，在第一個四分相時期可能因爲身體疾病或受傷、情感危機或心理混亂而面臨創傷；第一個四分相代表了第一次有意識的面對自己的凱龍創傷經驗。在第一個四分相中，無論是由於意外、生病、自傷還是以想像的方式，我們都感到自己是異類，甚至被放逐或被邊緣化。雖然可能無法有意識地理解這種體驗，但面對沒有歸屬感以及邊緣感，相關的創傷被埋藏在心中。在第一個四分相，我們被受傷或疏離的體驗所打擊的感覺，可能因爲想要往前走而被合理化或否認。

凱龍星循環的對分相讓我們再次面對創傷，這次更加公開，因爲重新面對與創傷有關的循環性主題。當我們面對並且更加意識到這個主題在我們生活中的必然性時，便展開了療癒階段，現在是理解需要與自我達成和解及療癒的時候了，任務是開始找出療癒創傷的方法，從這一點上，我們更加意識到自己的創傷和極限。雖然這些感覺可能會被排拒或昇華，但它們比以前更具覺知，並可能在壓

61　收錄於*The Standard Edition of the Complete Work of Sigmund Freud*, translated by James Strachey, Vintage: 1999, Volume 9: pp. 236-41.

62　請參閱布萊恩‧克拉克：*The Sibling Constellation: the Astrology and Psychology Sisters and Brothers*, Penguin Arkana, London: 1999. 在第三章中，對佛洛伊德的星盤，特別是凱龍星在其星盤中的配置有充分的討論。

力或焦慮、痛苦時再次出現。

　　下弦四分相讓我們想要和解並接受創傷，這不是放棄，也不是屈服，而是有覺知地努力擁抱自己的邊緣化和創傷。現在，我們知道有必要完全接受自我的某些面向，這些方面無法像我們曾經認為的那樣是完整的；當我們更有能力將受傷的感覺融入情境中，這便是反省和沉思的時刻。儘管身體或心理的傷痛可能仍然令人難以忍受，但在循環的這一點上，否認傷口的存在會加劇傷害，而接受創傷會讓人感覺更完整、更健康。凱龍的絲線在生命循環的所有關鍵時刻編織著自己；到了五十歲凱龍回歸時，我們生活中的凱龍主題會變得更容易辨識，並且希望此時能夠得到更多的讚譽。

　　五十歲時的凱龍回歸提供了整合的機會，此刻可以用適當的方式承認、哀悼、釋放甚至重新找回不曾活過的本能。此時更能夠透過成熟的自我觀點表達內在及本能，當「自我」的教養不再壓抑本能的表達時，「五十」歲代表著人類經驗的一種改變範例，因此，這種啟蒙象徵著心靈解放的開端。凱龍星回歸有可能在救贖創傷的同時解放心靈，也許我們不再需要帶著定義我們是誰的創傷，希望我們可以活得更接近自我真正的樣子。整個轉變過程中，衰老和死亡可能會困擾我們，生活的創傷再次被掀開，我們有覺知地去塑造兼顧精神和物質的生活。從四十歲以來，身體發生了的變化，而在五十歲時最為明顯，使個人面對死亡感受和轉化的傷痛。精神與物質兩個世界互相抵觸，需要一個新神話來擁抱兩者，它既尊重對立，又包容此舉的痛苦，這是一個接受和容忍我們容易受傷和脆弱的時期。

　　在此任何一個階段，我們都可能經歷痛苦的轉變，最終使我們

在心靈上有更深的體悟。我們被迫與瘟疫蔓延的內在空虛達成和解，這些階段通常伴隨著靈魂出竅的經驗、清明夢或透過夢或外在事件、幻覺或心靈體驗而產生的強烈意象。換句話說，我們的痛苦或疾病可能會將我們帶入一個空虛之地，這鮮活地象徵凱龍居住的洞穴，在那裡我們可以展開療癒的英雄行徑。疾病或重大事件將我們召喚到阿斯克勒庇俄斯（Asclepius）神廟，在那裡我們再次遇見內在的心理治療師。在希臘神話中，阿斯克勒庇俄斯是醫療之神，朝聖者在其神廟區尋求醫治，透過患者與神的形象的接觸，減輕了病痛；而在當代體驗中，當我們與心靈的療癒形象重新建立連結時，這是透過夢和薩滿經驗發生的。現代的阿斯克勒庇俄斯神廟建構於在意象的內在世界中，當我們接觸這些強烈的象徵時，它們就為心靈提供了療癒。

天王星

天王星的循環週期是八十四年，在其最近一個週期中，在黃道每個星座中停留大約七年；但如下表所示，它在每個星座停留的時間可能介於六年半至七年半之間。

天王星的星座	在星座停留的時間	天王星的星座	在星座停留的時間	天王星的星座	在星座停留的時間
♈	7 年 6 個月	♌	6 年 5 個月	♐	6 年 10 個月
♉	7 年 3 個月	♍	6 年 4 個月	♑	7 年 1 個月
♊	7 年	♎	6 年 5 個月	♒	7 年 7 個月
♋	6 年 10 個月	♏	6 年 6 個月	♓	7 年 6 個月

由於天王星以八十四年行運經過十二星座，因此，在整個生命週期中，行運天王星每七年行運本命天王星所產生的第十二泛音盤的世代相位如下表：

上弦前半部的循環		下弦後半部的循環	
⊻ 半六分相	7 歲	⊼ 十二分之五相	49 歲
✳ 六分相	14 歲	△ 三分相	56 歲
△ 四分相	21 歲	□ 四分相	63 歲
□ 三分相	28 歲	✳ 六分相	70 歲
⊼ 十二分之五相	35 歲	⊻ 半六分相	77 歲
☍ 對分相	42 歲	♂ 回歸	84 歲

這個時間與每七至八年出現一次的土星循環四分相呼應。由於時間的差異，每代人的天王星循環的四分相和對分相關鍵階段可能會有所不同，例如：天王星巨蟹座的人會在十九至廿歲之間經歷上弦四分相；在三十九至四十歲之間經歷對分相，而在六十一至六十二歲之間則發生下弦四分相。天王星摩羯座的世代將在廿二到廿三歲之間經歷上弦四分相；在四十三到四十四歲之間經歷對分相；而在六十三到六十四歲之間則是發生下弦四分相。

雖然天王星週期的確切時間隨世代差異而略有不同，但其循環卻是隨著個性化的成長過程而發展。以原型的週期而言，很重要的關聯是，天王星四分相的第一個關鍵期與第一次月交點回歸，和土星循環的下弦四分相同時發生，使我們進入了廿歲後青春期的十年，並讓我們投入一個陌生的世界。天王星循環的對分相是中年階

段不可或缺的一部分，而下弦四分相跟在土星和木星回歸之後，開展了六十歲的十年並拉開了晚年的序幕。天王星週期是現代人類生命週期的宇宙隱喻[63]，在週期的上弦前半部分——即前面的四十二年中，生活主要集中在事業、家庭、家和世俗的身分上；而在週期的下弦後半部分中，心靈能量更集中在自我認知上。

上弦四分相發生於 19～23 歲之間	對分相發生於 38～44 歲之間	下弦四分相發生於 61～65 歲之間	回歸發生於 84 歲

希臘神話中的天王星是原始的天空之神，是偉大的大地之母蓋亞（Gaia）所生。由於天王星與大地的分離以及與家人之間壓抑和惡質關係，祂被自己的兒子土星閹割並推翻。延伸到占星特質的神話意象中，具有分離、切斷情感和缺乏依附的特徵。這種不足的神話形象，使天王星也與泰坦・普羅米修斯（Titan Prometheus）有關[64]，普羅米修斯反映了人道主義、創造力、反抗、跨界和自主的占星形象，並描述了一個更加動態和多樣化的原型。普羅米修斯因背叛而受到懲罰，但當凱龍與冥界中的普羅米修斯交換彼此的位置，結合這兩個原型時，他便得到解脫。凱龍星和天王星是特立獨行者和邊緣人，在神話和占星學上互相結盟。

天王星原型的根本特徵之一，是它渴望自由、個性和改革，這通常是透過想要分離並跟隨獨特和創新路線來體現的。它的原型性質傾向於不跟隨其他人的腳步，也是非傳統慣例的；從這個角度

63　雖然因爲各國的平均水準和統計數據，使預期壽命各有不同；但根據聯合國的資料，日本、義大利和新加坡等國家的平均壽命爲84歲（2010～2015年）。在許多其他國家中，女性預期壽命爲84歲，參閱https://en.wikipedia.org/wiki/List_of_countries_by_life_expectancy（2019年2月9日點閱）。

64　請參閱 Richard Tarnas, Prometheus the Awakener, Spring Publications, Thompson, CT: 2018.

來看，它在整個生命週期中的行星啓蒙是自決、增強獨立和自主性。雖然天王星的精神是追求平等與民主，但有時它也可能是站在對立面及叛逆的。從天性上來說，天王星追求客觀及不依附，但從本質上講，這個原型處於體制邊緣，通常難以預測。就像神話一樣，土星的性格常常與天王星形成敵對，但從本質上講，它們在順從與分歧之間產生了動態的心理張力。天王星的不可預測和冒險性，挑戰著土星對於可預測和控制的偏愛，因此，在天王星週期的關鍵時刻，出現了擺脫過去、脫離既定事物或是離開熟悉事物的衝動。天王星的行運挑戰了主流態度、質疑我們的日常、對抗世上的生活方式，並且邀請我們去嘗試和冒險。

天王星的循環週期

這個週期象徵著機會主義：一扇門打開，發生意外的相遇，或者出現了一條新的道路。根據我在天王星行運期間的經驗，有很多自動出現的機會。然而，時機至關重要，因爲儘管所有機會都是可能性，但它們也可能不是對的機會；天王星顯示了這種可能性，但有必要去思考什麼才是正確的選擇。天王星打開了許多扇門，但並非所有門都可以進入，因此，它的特質包括接受無法生存、未走之路。天王星給人的時期是令人興奮和解放的，通常是非典型、與眾不同的，而每一步都是邁向個性和自主的一步。

天王星循環的第一個四分相出現在廿歲的後十年，可能會發展新的關係、教育和職業經驗。「自性」這塊畫布已準備好了，任由人們去揮灑色彩，這是把握機會時候了。就像塔羅牌旅程中的愚人

（通常等同於天王星）[65] 一樣，我們準備投入未知世界，看看這將
會帶我們往何處去，此時具有強烈的冒險精神。二十年以後的對分
相中，我們面對中年的風景，反思未發生的事情和仍然可能發生的
事情。這段時期使人離開不再滋養、支持或認可我們的事物，並航
向可以呵護我們的熱情和創造力的港口。對分相提供了一個給自己
的機會，創造我們一直努力追求的生活方式。在最後的四分相，我
們才剛剛邁入第七個十年，以自己的方式創造生活的最後一章，而
此艱鉅任務即將到來，以另一種方式呈現自由和探索的機會和可能
性。

　　天王星的行運將永遠挑戰著我們的自我形象，我的一位客戶曾
經說：「我永遠不會結婚」，但是，當天王星行經她的下降，她
結婚了；另一位客戶曾經說她因為害怕搭飛機而永遠不會出國旅
行，在天王星循環對分相之下，她贏得了一次倫敦之行，並乘坐
了從墨爾本飛往希思羅機場的三十二小時航班！當某個客戶的行
運天王星對分相第十二宮的月亮時，她被遺棄的兒子與她取得了聯
繫。天王星的行運充滿了意外，我們受召喚去設想為冒險、挑戰的
自我，並為生活及其所有可能性帶來機會。

海王星

　　根據最近一個週期，海王星在黃道每一個星座停留不到十四年
的時間。如下表所示，由於其圓形軌道，它比其他行星更平均地穿
越黃道帶。

65　請參閱Brian Clark & Kay Steventon, Celestial Tarot, US Games Inc, Stamford, CT:
2006.

海王星的星座	在星座停留的時間	海王星的星座	在星座停留的時間	海王星的星座	在星座停留的時間
♈	13 年 5 個月	♌	13 年 8 個月	♐	13 年 11 個月
♉	13 年 7 個月	♍	14 年	♑	13 年 10 個月
♊	13 年 5 個月	♎	13 年 7 個月	♒	13 年 8 個月
♋	13 年 6 個月	♏	13 年 10 個月	♓	13 年 10 個月

　　海王星一百六十五年的週期，在人的一生中不會回歸，週期的前半部分標定其關鍵年齡，當它以大約十四年行經每個星座時，還與七年的土星和天王星循環同時發生。下表列出了週期中的各個相位，包括在廿一歲的半四分相和六十二歲的 135 度相位，兩者呼應了天王星循環於廿一和六十三歲的兩個四分相。其他對應海王星週期的循環如下表：

上弦前半部的循環		同時發生的其他週期
⊻ 半六分相	14 歲	大約是第一次二推月亮循環和第一次土星循環的對分相。
∠ 半四分相	21 歲	大約是土星的下弦四分相與天王星循環的上弦四分相。
✶ 六分相	28 歲	二推月亮循環回歸之後與第一次土星回歸之前。
□ 四分相	41 歲	大約是第二次二推月亮循環的對分相。
△ 三分相	55 歲	大約是第二次二推月亮循環的回歸及第三次月交點回歸。
⊒ 135 度相位	62 歲	接近天王星循環的下弦四分相。
⚻ 十二分之五相位	69 歲	
☍ 對分相	82 歲	第三次二推月亮回歸。

在所有行星原型中，海王星似乎是最難以克制或體現的，從性格上來說，海王星是流動並可以穿透限制和約束，它傾向於無邊無際、沒有疆界或界線。由於它的虛幻，喜歡的是看不見和想像力而非精確，其本質是超俗飄渺的，作用是放下武器、消融和迷失方向。因此，其影響力是讓我們進入一個超越實際形式或真實定義的世界。

海王星行經每個星座十四年的過程，象徵著一代人的夢想和理想。對於海王星天秤座的世代來說，他們的期望和理想以及失望都集中在關係上；而海王星天蠍座世代，則可能會理想化生活中更親密、更黑暗、甚至禁忌的一面；海王星射手座則涵蓋了精神和宗教理想的時期；而海王星摩羯座時代則是政治和政府意識形態的抬頭。在這些環境之下出生的世代已經融入了這些時代氛圍，這些人在廿多歲時，行運冥王星與海王星的合相挑戰了其世代價值觀和原則。

近百年來，冥王星和海王星以六分相於黃道帶上移動。在一九四八年（第一次進入 1 度的容許度之內）到二〇三三年（最後一次在 1 度的容許度之內）之間形成四十九次正六分相。儘管它們之間的距離在這段時間內有所增減，在一九四〇至二〇四〇年之間出生，幾乎每個人的本命盤中都會有這種海王星／冥王星的六分相。在這些年當中，海王星都一直在冥王星之後的兩個星座。因此，每個人在前半生的某個時間點，冥王星都將會行運至本命海王星，這可以說是與本命的理想、夢想和幻想的衝突。由於冥王星以不規則的方式穿越黃道十二星座，每一世代人都會在不同的時間遇到這種情況。在我的諮商過程中，我觀察到該行運特別值得注意，通常，它以戲劇性的方式去面對堅持的理想，這暴露出我們的

自我欺騙。下表列出了海王星／冥王星六分相的世代，以及行運冥王星合相其海王星的大概年齡。

海王星世代	年份（包括逆行回到此星座）	對應的冥王星世代	年份（包括逆行回到此星座）	行運冥王星合相本命海王星大約的年齡
海王星天秤座	1942～1957	冥王星獅子座	1937～1958	23～29
海王星天蠍座	1955～1970	冥王星處女座	1956～1972	28～29
海王星射手座	1970～1984	冥王星天秤座	1971～1984	27～29
海王星摩羯座	1984～1998	冥王星天蠍座	1983～1995	25～28
海王星水平座	1998～2012	冥王星射手座	1995～2008	24～25
海王星雙魚座	2011～2026	冥王星摩羯座	2008～2024	24～26
海王星牡羊座	2025～2039	冥王星水瓶座	2023～2044	25～32
海王星金牛座	2038～2052	冥王星雙魚座	2043～2068	32～42

　　海王星像其他外行星的行運一樣，也會影響深層心靈，它逃避實際形式，使我們進入生命超然、神祕和想像的面相。因此，當我們繼續使用邏輯和理性的框架，來理解正在發生的事情時，它的轉變可能會迷失方向。如果我們繼續專注在邏輯性的結果，那時候就容易繼續發生誤診、誤解和困惑。在海王星行運期間，通常感覺好像我們處於五里霧中、漂流或迷路，那些打算控制和建構流程的人會發現自己忘記了要做什麼、感到昏昏欲睡、缺乏野心。為了轉化到生命的下一個階段，需要沉浸在不確定性和模糊性中，這是對心靈過程具有信心和信任的時期。海王星使我們進入另一個世界，在這個世界中，物質價值不再占主導地位，世俗的地位也不再那麼重

要，在這個世界中，身分不是分開或單一的，而經常是融合和集體的。

　　海王星行運再次將我們與心靈及其價值重新連結，這些可能已經失去或被掩蓋在平淡生活的徒步中，因此，這通常是人們對靈性和個人成長產生濃厚興趣的時期，或者是創作和自我探索的階段。海王星的原型衝動是超越，在它的籠罩之下，我們失去了讓人感到踏實和安全的生活日常儀式，因此，此一行運的重要面向之一，是要注意適當的營養和食物、保持規律的睡眠習慣、自我保健和持續的身體日常活動。經歷這種轉變的客戶經常告訴我食慾不振、無法入眠或醒來、感到昏昏欲睡或無法活動以及渴望喝酒、用藥和休息。它需要有覺知的維持身體狀態，並進行有助於這個過程的活動。

　　我的經驗是，很難想像海王星行運期間一個人要去哪裡或葫蘆裡賣的是什麼藥，借助時間的洞察力，我們可以回顧並認知這個過程是如何開展的，但同時也可以體會我們怎麼從未想過計劃或甚至設想它。期間所發生的不可思議，我們感謝神那隻看不見之手的幫助並帶來這個結果。

　　海王星是由希臘海神波賽頓（Poseidon）形塑的，祂並不總是與海洋聯繫在一起，而是原本被稱爲「大地的震撼者」及馬神，當祂與海洋女神安菲特里忒（Amphitrite）結爲夫妻時，便統治了廣漠海洋及其形態變化莫測的居民，與波濤洶湧的水域息息相關，祂的占星性格承繼了這種情感上的焦慮和不安。然而，海王星也與酒神、葡萄酒醉之神狄奧尼索斯（Dionysus）有關；適合此占星原型的這個神話之神還包含其他的面向：戲劇、詩歌、舞蹈、靈性、漫

遊、拋棄和放鬆。

在占星學上，海王星掌管的是人世的滄海與沉浮、酸甜的感覺、幻想、渴望完整、臣服、缺乏約束和克制、心痛和對神的嚮往。它的超脫本質使人感到某種失落感或感覺還有未竟之事，這經常讓人走向靈性追求，一種臣服之感或一段令人沮喪的時期，它伴隨著與神聖者更深的聯繫和崇敬。

海王星的循環週期

海王星週期的第一個重要相位是四十一歲左右的上弦四分相，這是影響中年階段最大的相位之一。儘管每一世代都在其時空背景之下經歷這個相位，但在這個時期的一個主要部分，是深刻地了解失去、未發生以及尚未實現的事物。對眼前的現況、或者對某些人事苦樂參半的渴望，可能會令人感到失望，我們感到迷失有如航行於蒼茫大海，知道我們所建構的生活其實是來自於自己的選擇。海王星象徵著我們夢寐以求的夢想、做出的承諾以及抱持的希望。在此四分相，以上這些都受到挑戰，我們會去衡量實際發生的事情，並可能感到沮喪，但事實上卻正好相反。這是一個充滿靈性的時刻，可能感到絕望的事物，實際上讓我們重新與心靈產生連結。我們感到迷失，所以我們可以再找到路；我們感到失望，因此可能會重新修改設定的日常工作；我們感到困惑，因為想要展現某些創作和神祕事物；每當我們需要衡量情勢時，每條航線、每次航行中都有一種意義。這個時期是去探索生活中還有什麼事情仍然讓我們想要以創作及靈性的方去完成，現在是評估我們在哪裡偏離了路線的時刻。

　　雖然第一次四分相可能會讓人感覺沮喪，但諷刺的是它喚醒了人們的靈魂，去意識到不曾活過的創造和靈性生活，並要求我們賦予生活更多意義、創造力和想像力。此時，重要的是去質疑與思考：我們所宣稱的一切都很美好，可能某些部分會遭受質疑，因此，我總是試著向客戶說明將這段時期當成是與靈性和創造力、真實自我重新產生連結的時刻。

　　在五十多歲海王星三分相本命海王星的時期，過去十四年來所做的靈性努力將會得到某種回饋，使這艘船沿著心靈之路行駛，我們在此時了解到精神生活將在未來支持著我們。這是一段總和的時間、回憶的時間，以及開始無意識地形成許多決定的時期。儘管我們可能沒有察覺，但我們正在藉助內在意象和看不見的力量本能地規劃生活的下一個階段。

　　海王星行運至星盤的行星和軸角時，拉下了一層看似薄霧的遮幕，這是一段充滿霧氣、模糊不清的時期；然而，正在發生的是一種深刻的改變狀態，我們無法用自己的智力或思想去了解這種變化。在海王星行運期間，它要求我們信任這個過程，放下控制並遵循提示，到處都是徵兆，為了行運到下一階段，我們只需要保持鎮定、安靜和對正在發生的事情保持敏感度。在古代世界中，在迷宮中失去方向卻同時開啟了一個過程，使朝聖者進入一種更具接納和精神性的狀態。在類似的過程中，海王星行運的困惑和不確定性，經常是人格不斷變化並進入精神成長新層次的線索。

冥王星

冥王星由於其橢圓軌道而無法平穩地通過黃道帶，它停留在金牛座的時間最長，而在天蠍座的時間最短。凱龍星和冥王星都是穿越軌道的行星，皆被歸類爲屬於柯伊伯帶（Kuiper belt）的行星，因此，它們不像其他行星那樣完全適應太陽系，因此都具有邊緣性格。從神話上來看，情況也是一樣的，雖然凱龍星和冥王星都是土星的兒子，但他們沒有被歸類爲奧林匹斯之神，而占星師仍將冥王星劃定是萬神殿的行星，但是在二〇〇六年，國際天文聯合會（International Astronomical Union）將冥王星降爲「矮行星」，因爲它不符合爲行星地位設定的特徵，但是具有象徵意義的冥王星還是一樣的強大、具有操縱力。

冥王星的世代

下表從冥王星目前行經黃道的循環週期，顯示在每個星座停留的不同時間。一九七九年二月，冥王星在天秤座跨越海王星進入其軌道之內，並於一九九九年二月在射手座跨越海王星回到其軌道之外，因此，它在天蠍座的整段行運過程都在海王星的軌道之內度過。在這廿年期間，冥王星比海王星更靠近太陽。

冥王星的星座	在星座停留的時間	冥王星的星座	在星座停留的時間	冥王星的星座	在星座停留的時間	在元素停留的時間
♈	29.3 年	♌	18.8 年	♐	13 年	火 61.1 年
♉	31. 年	♍	14.7 年	♑	15.6 年	土 61.8 年
♊	30.1 年	♎	12.2 年	♒	19.6 年	風 61.9 年
♋	25 年	♏	11.5 年	♓	24.1 年	水 60.6 年

　　由於冥王星在黃道帶的速度較慢，每一冥王星世代可能會經歷唯一的重要階段就是上弦四分相。例如：十九世紀出生於冥王星金牛座的人在七十歲和八十歲經歷上弦四分相；佛洛伊德出生於冥王星金牛座之時，享年八十四歲，而他的首次冥王星四分相即將進入容許度之內，再加上它的天王星回歸和第七次木星回歸。對於冥王星處女座的世代來說，上弦四分相很早便發生在三十五歲，預告著與中年時期同步的一系列循環。一些冥王星巨蟹座、獅子座和處女座的世代，可能會經歷他們的冥王星對分相，因爲這可能發生在他們八十多歲左右，再加上天王星回歸和海王星的對分相。以下是每一個冥王星世代上弦四分相的大概年齡。

本命冥王星星座	在星座中的時間比例	發生上弦四分相的年齡區間
♈	11.9 %	86～91
♉	12.8 %	73～86
♊	12.2 %	58～73
♋	10.2 %	45～58
♌	7.7 %	38～45

♍	6.0 %	35～38
♎	5.0 %	36～42
♏	4.7 %	42～49
♐	5.3 %	49～59
♑	6.4 %	59～73
♒	8.0 %	73～85
♓	9.8 %	85～91

　　在研究行星循環及其行運對人類經驗的影響時，延伸原型基礎的神以及與之相關的神話通常非常有幫助。在神話敘事裡，通常含有幫助我們理解的原型圖像和模式。在希臘神話中，冥王黑帝斯（Hades）不僅是冥界之神冥王星的化身，還代表祂遼闊的冥界王國。神話傳統和史詩將冥界與冥王黑帝斯區分開來，這個神話般的地獄形貌和氛圍，隱喻了在冥王星行運時我們被吸入地底的感覺。

　　冥王星通過每個星座的過程，給每一世代人不同的冥界印象。對於冥王星巨蟹座世代來說，冥界的恐懼是失去依附；對冥王星獅子座來說，這代表著失去青春和創造力的焦慮；對於冥王星處女座世代來說，是沒有秩序和混亂的深度恐懼；而對於冥王星天秤座來說，這是關係結束的恐怖；而對於冥王星天蠍座世代來說，他們的噩夢是面對失控。

冥王星之旅

　　在神話中，通往冥界的旅程是常見的主題，冥界之旅生動隱喻著深陷壓抑、禁忌和未知自我的療癒之旅。卡爾‧榮格（Carl Jung）認為，進入自我的旅程有如神話一般陷入黑帝斯的領域[66]，這是他在自傳中自己描述的旅程。榮格三十八歲那年經歷了自己的下降之旅，他說：「我腳踩之地確實塌陷了，我跌入了黑暗的深淵。」[67] 歷史學家在調查兩千五百年以來的憂鬱症和抑鬱症之後，最近得出結論，在這些狀態中不斷出現兩個意象：「處於黑暗及負重的狀態」[68]，就像陷入黑帝斯領域一樣。榮格與佛洛伊德鬧翻並分道揚鑣之後，便陷入了這種「空虛」，而與湯妮‧沃爾夫（Toni Wolff）再度的婚外情又加劇了他在婚姻中爆發的混亂情緒。在榮格的下降中，他遇見了自我冥界中的陰影和指引。當時尚未被發現的冥王星剛剛進入巨蟹座，即本命月亮／天王星四分相的中點，因此，行運冥王星與月亮／天王星都形成了半四分相。熟悉冥王星的形貌讓我們從心理上領悟了在抑鬱、幻滅以及在生命循環中產生疑惑或重大轉變時的下降之處，作為占星師，這加深了我們對於冥王星及其行運發生過程的了解。

　　冥王星主宰著死亡與重生，是一個沉默而無形的兄弟，祂遠離了奧林匹斯山家族的事務，卻掌管著家族大部分的命運。冥王星守護陰暗，祂擔負起照護的角色，關照個人和家庭仍然受到壓抑的部

66　C.G. Jung, Psychology and Alchemy, The Collected Works (CW), translated by R.F.C. Hall, Routledge & Kegan Paul, London: 1953, 12: 439.

67　Carl Jung, Memories, Dreams, Reflections, translated by R. & C. Winston, Pantheon Books, New York:1973, page 172.

68　Stanley W. Jackson, Melancholia and Depression: From Hippocratic Times to Modern Times quoted inthe article "A Melancholy of Mine Own" by Joshua Wolf Shenk, Psychotherapy Networker, July/August2001.

分：祕密、羞恥、隱藏的激情、未說出的悲傷和失落、被切斷的依附、未解決的結局、負面和中毒的感覺。冥王星很少在地面上冒險，它選擇留在地底世界 [69]。冥王星的神話領域也是內在、內部、並且是內向的，因為很少有圖像或祭壇能夠留下來，提醒我們崇拜祂或祭儀的重要性，幾乎沒有廟宇供奉冥王星。祂很少出現於藝術、雕塑或希臘瓶的繪畫中。冥王星已被取代和移位，這個明顯線索說明我們對於這種原型在文化和心理上的作為；冥王星沒有特定的廟宇或祭壇，祂的信徒們用雙手撞擊大地來召喚冥王星。冥王星在地下神隱，象徵著心靈的黑暗面、曾經容易理解或在地底的東西：負面和黑暗的感覺、失落、憤怒、嫉妒、悲傷和死亡是祂的心理面貌。

冥王星源自於 Plutus 這個字，意為「財富」，這個「有錢人」或「富人」的頭銜暗示著地底寶藏，提醒人們豐富的心理世界。冥王星象徵著隱藏在大地之內或隱喻在心靈之下的巨大資源。主觀性是冥王星的領域，當它受到尊崇時，便會透過夢想、圖像和象徵來挖掘內在世界的豐富性。當我們看不見外在世界，意識降為無意識時，夢便出現在睡眠的寂靜中，這個暗黑和陰影世界是一個資源豐富的地方，是占星學冥王星的轉化面向。

冥王星行運的結果取決於我們的動機和意圖，冥王星要求我們放棄某些東西，這樣才能構想新的生活，此一過程的成功與否，取決於此時我們尊重生命黑暗部分的態度。在冥王星行運時期，占星

69　在黑帝斯受傷之後，祂冒險前往奧林匹斯山接受奧林匹斯山上阿波羅的治療師佩昂（Paeon）的治療，請參閱：Homer, The Iliad, translated by Richmond Lattimore, University of Chicago Press Chicago, IL: 1961, 5:393-402. 另一種說法是，他可能冒險去奧林匹斯山讓宙斯批准祂綁架波賽鳳，請參閱：Roberto Calasso, The Marriage of Cadmus and Harmony, Jonathon Cape, London: 1993.

師最有可能體驗到冥界的神話主題，當冥王星行經軸角或與某顆個人行星形成強硬相位時，將突顯這些主題。結束是不可避免的，它召喚我們放棄讓人精疲力盡的依戀並且停止外在世界的活動；我們在蝶蛹時期停下來，在過去與可能將顛覆我們熟悉的世界之間。我們現在的方向是地底世界，以及通過其迷宮之旅。

在冥王星的週期中，與其出生位置形成上弦四分相的時期，我們可能會進入冥界的門檻，尋求如何渡過此一轉變的指引。我們可能會意識到未表達的悲傷、失落、羞恥、被壓抑的記憶，第一次冥王星四分相是一種下降的呼喚，讓一切都停下來，並尊重意識暫停之間激盪的深層感情。這預告著與深層自我的對抗，要求信念和生活方式的誠實和正直。

此刻似乎不可避免地必須面對個人和家庭的無意識，發現家庭祕密、挽不回失去的罣礙、沮喪和絕望的主題、死亡的掙扎、孤獨和錯置的焦慮，這些都是客戶在這段過程中與我分享的經驗。面對失落、主要是無辜的失落，是冥王星過程的特徵。然而，伴隨著這種痛苦，療癒之旅正在展開。

尊敬冥王星是為下降做準備，願意公開、不設防和脆弱、同時尊重地獄的樣子。指引是必要的，但如榮格所言，它可能會來自於自己的危機，例如：內在女祭司或女巫。與放下同時發生的是不再抗拒改變，我們發現了臣服於必然過程的勇氣和內在力量。冥王星的領域是我們展開旅程之前看不到的轉化之地，當我們投入並參與冥王星的呼喚時，其轉化的力量消除了過渡的恐懼。

第八章
日月結合
月相、月交點循環與日月食

　　太陽和月亮是永恆的計時，雖然從天文學角度來看它們不是行星，但在占星學背景下，它們被列為行星萬神殿裡的關鍵原型，古人將其視為個性和本質不可缺少的部分。它們作為發光體，是天上的照明：太陽在白天照耀，而月亮在夜晚反射太陽光；當我們可以看見月亮時，可以從她的臉上讀出了她與伴侶太陽所處的階段。占星學永遠是神話、人類歷史和科學的一部分。

　　它們在天上的節奏之舞產生許多循環。首先是每月的上下弦循環：從新月到滿月、然後再返回，此一循環已經有效運用在農業上：從種植到收割以及醫療程序、日常工作和儀式。太陽和月亮29.5天的相位循環也包含十九年的大週期；每隔十九年，新月都會在接近同一天某個度數的容許度之內發生，這以默冬（Meton）來命名，被稱為默冬週期，此希臘天文學家證明了新月每十九年的週期。

　　另一個重要的計時是由於月亮軌道與黃道相交而成的，這兩個交會點被稱為月亮南北交點（簡稱月交點），每18.6年沿黃道帶逆行一圈。當太陽接近北或南交點附近時，展開日月食的季節，在這段時間，於新月發生日食。日食每年至少發生兩次：一次是在太陽靠近北交點、另一次則是在太陽靠近南交點時發生。日食也會在

黃道帶上形成週期，大約每十八年重複一次。太陽和月亮的結合產生了三個相互關聯十八到十九年的週期，這在占星學上引起了人們的興趣。

循環週期	計時	重點
月交點週期	18.6 年	一個完整的月交點週期穿過黃道帶大約需要 18.6 年。月交點以逆行的方式通過黃道帶。
沙羅週期	18 年 10～11 天	一年至少有兩次日食，某些年分還有更多，每年最多五次，在 18 年又 10 天在其沙羅週期序列中重複出現；每 223 個朔望月，蝕都會以其系統模式重複出現。
默多週期	19 年	每隔 19 年，於同一天 1 度的容許度之內，會再次發生新月。

在我們看日月的結合之前，讓我們分別看一下新娘和新郎。

太陽的循環週期

太陽入境每個開創星座，標記著年復一年迎接每個季節的四個轉換點，這些日曆點由斜度決定——太陽在天赤道以北或以南的度數。當太陽在牡羊座的春分點，它穿過天赤道向北移動，在天赤道上，其斜度為 0 度。當它往北到達制高點、最大正 23 度 26 分的斜度時，太陽「靜止」於天赤道上方的最高點，這是入境巨蟹座的至點，它標記著北半球的夏季和南半球的冬季。太陽慢慢轉身開始向赤道下降，在天秤座秋分點處，它跨越天赤道，向南移動，直到在摩羯座的至點到達最大的負 23 分 26 分的南偏角。它慢慢轉過

身，開始再次往天赤道升起，當它越過天赤道時，再度展開四季及黃道十二星座之旅。返回春分點是為了紀念北半球的春天、南半球的秋天。從象徵性的角度來看，太陽升起並穿過天赤道的年度之旅，劃定了季節和生命的星座，四季中的每個季節都包含三個星座，它們反映了原型之旅的各個階段，隱喻著生命的各個階段和歷程；因此，每個星座都代表著自己獨特的時間特質。

太陽週期與個人一年之中的最高點和最低點並行。每年，行運太陽同時會穿過星盤上的宮位，停留大約一個月，創造出一個每年自我複製的個人時計，例如：包含牡羊座的宮位由太陽從每年三月的第三週行運到每年四月的第三週。每年生日，太陽都會回到其本命宮位，並標示該年新的太陽週期；在一年之中，行運太陽會走到出生位置的對面，標記個人太陽年的中點。當太陽穿過宮位時，我發現運用一年中的這些時間點，對於創造個人的季節標記具有很大的價值。

以下是太陽入境黃道十二星座的大概日期。由於地球的軌道是橢圓形的，因此，太陽並不是平均的在黃道帶移動，在巨蟹座停留大約三十一天，而在摩羯座僅停留廿九天。標記太陽每年進入每個宮位的大概日期（每年會略有不同），來熟悉太陽穿過你的星盤的每年路徑。

太陽入境的星座	大約停留的日期
水瓶座	1 月 20 日～2 月 18 日
雙魚座	2 月 19 日～3 月 20 日
牡羊座	3 月 21 日～4 月 19 日
金牛座	4 月 20 日～5 月 20 日
雙子座	5 月 21 日～6 月 20 日
巨蟹座	6 月 21 日～7 月 22 日
獅子座	7 月 23 日～8 月 22 日
處女座	8 月 23 日～9 月 22 日
天秤座	9 月 23 日～10 月 22 日
天蠍座	10 月 23 日～11 月 21 日
射手座	11 月 22 日～12 月 21 日
摩羯座	12 月 22 日～1 月 19 日

太陽的黃道帶之旅也在時間上刻下了週年紀念日，加上個人週年紀念日，如你的結婚紀念日、孩子生日，集體紀念日如停戰紀念日或 911 紀念日之類，太陽之旅定義了宗教和社會儀式，如光明節、齋戒月、感恩節和聖誕節。週年紀念是心理上的提醒，喚起人們對生命的慶祝、回憶和感激；太陽在黃道帶的行運確定了這些時間，讓人記得去尊敬緬懷。太陽令人感到安心，因為它的升起落下的儀式是可靠的，每個人本能地都知道。

太陽每天都在地平線上升起落下，這是大地與天上交接的界線，將看得見與看不見的東西分開。當它升起落下、穿過宮位如命運之輪，我們以它的日常節奏來標記時間；一天中的數小時代表著

太陽的移動，大約每兩個小時換一個宮位。隨著太陽自地平線升起，夜晚的世界讓給了白天，黎明女神厄俄斯（Eos）帶來了第一道曙光；隨著太陽升起，我們在第十二宮中醒來，這是一天的第一個宮位。在接近中午爬上頂點之後，我們進入第九宮的領域；當它開始下降，會在午後穿過第八宮；當它落下、穿越下降點，我們便進入第六宮的爐灶生活。

夜間的太陽之旅隱喻著英雄的下降，對此占星學描繪出人們腳下的六個宮位，太陽落下的地方是西方地平線——也就是下降點，在那裡我們下降進入了黑夜和夢境。從下降到日落後約兩個小時，太陽在第六宮，日常儀式的重點是白天到黑夜的改變以及為黃昏做準備，在這裡，我們可以空閒下來、釋放並讓自己進入黑暗。太陽在午夜到達旅程的最低點，並穿過占星學用以區隔自我與他人的子午線。當太陽它進入第三宮時，會從他人轉而面對自我，並在夢境的陰暗世界中為自己的上升做準備，這是本命盤屬於幼年期的象限，因此，太陽行經此區域的上升過程，可能與過去的幻影產生連結。當太陽再次到達地平線時，它升起並呈現眼前，驅散了夜晚的陰影；黎明預告著白天的到來，再次展開每日的循環。

太陽從東方地平線升起，展開一天的循環，這個圖像可以幫助我們理解為何上升點標示著所有看得見的循環的開始、代表每個新週期的誕生。然而，天底也代表所有循環的種子時刻，例如：我們的時鐘從午夜開始一天的計時。就個人而言，上升點是一個可靠的起點，尤其是在研究行星經過宮位的行運時，如同它可以追溯太陽經過星盤每個宮位的歷程。

月亮的循環週期

月亮的每月循環可以用緯度、與黃道以北或以南的距離來衡量。當月亮在黃道上時，它與其交點相交，因為這些交點就是月亮軌道和黃道的交叉點。月亮合相其北交點後，上升到黃道上方，到達大約其最大緯度 5 度 17 分，大約六至七天，或是其恆星循環的四分之一，它位於黃道以北的最高點，並且與其交點呈 90 度。週期的這段時期被傳統占星師稱為「轉折」，因為月亮處於最高點並準備改變方向，類似於太陽的巨蟹座至點 [70]。再過六到七天，月亮將再次與黃道相交，但這一次在黃道下方向南移動，月亮在此與其南交點相交。再六到七天之後，她將到達南方的轉折點，與月交點軸線形成四分相，然後再度轉而上升展開新的週期，這是月亮 27.3 天的緯度週期。

當月亮在黃道帶上移動時，在每個星座停留約略超過兩天的時間，以經度來衡量更為熟悉的月亮恆星循環。月亮是心情的代名詞，是情緒氣候的晴雨表，它通過每個星座的過程，說明了情緒特質及其細微差別，而它行運經過宮位的過程則說明了這些感覺之所在。由於月亮移動如此之快，許多反應和感覺是無意識的，被默默地儲存，之後透過反射、創造性娛樂或夢而被喚醒。雖然月亮的行運可能看起來不重要，但通常會凸顯在夢或重大事件的星盤中，就像劃分週年紀念日的太陽一樣，月亮記錄並記住重要的情緒和心理片段。

---

[70] 有關行星四分相月交點軸線的討論，請參閱布萊恩·克拉克《職業占星全書》春光出版社2016年11月出版；Vocation, Astrosynthesis, Stanley, Australia: 2016。

月亮的移動象徵著情感的潮汐，月亮時間是由感覺的特質來衡量的，它是我們的感覺日記；月亮日記是一種追蹤其移動如何牽動我們的情緒、感覺、幽默和內心起伏的有用方法。我建議你明年透過月亮行經十二星座及星盤宮位來追摘月亮，並留意其情緒模式，例如：如果你有風象的本命月亮，那麼月亮每九天行經水元素可能與經過火元素的時間有很大的不同；你可能也會注意到月亮經過你的第五宮與第十二宮時精力上的明顯不同。安排社交活動、休假或開始新的課程或計畫時，請注意月亮的位置。意識到月亮有助於我們更加關注情緒節奏和感覺狀態，不是想要改變或控制它們，而是學習如何參與它們，以使自己更有安全感、更為專注。

日月結合

如第四章所述，太陽和月亮的相位循環週期為 29.5 天，並且分為多個階段，無論它們的時間長短如何，都可以作為所有週期的原型。月相階段標記了這一個月的各個章節，八個階段中的每個階段都可以作為某些日常儀式和計畫的計時器，或者反映我們正在經歷的過程階段。日月之間的舞步創造出了如此永遠看得見的時計，它反映了我們所經歷的時間特質。太陽和月亮之間的關係還以其他微妙的方式創建了其他的參考框架，可以幫助我們區分時間的閱讀方式。

月交點的循環週期

月交點大約需要 18.6 個月才能繞完黃道帶一圈，大約每十九

年的循環，將生命週期劃分爲四個到五個不同時期。它們與行星相反方向在星盤上逆行，在一個星座上停留大約十八到十九個月，差不多是它們穿越一個宮位的平均時間。

月交點的循環週期	年紀	合相（回歸）	對分相
第一週期	出生～18.6 歲		9 歲
第二週期	18.6～37 歲	19 歲	28 歲
第三週期	37～56 歲	37 歲	47 歲
第四週期	56～74 歲	56 歲	65 歲
第五週期	74～93 歲	74 歲	84 歲

月交點的逆行行運是需要考慮的重要意象，因爲其循環的任務和目的並非順序發展，也不是有形或物質的成就。月交點的成長與精神生活的整合有關，這通常將我們引向另一個方向，它的循環週期鼓勵我們如何以最好的方式去實踐和欣賞心靈的召喚。日常生活的循環使我們沉浸在身心的依附中，而月交點的行運則喚醒了其他價值，因此，每一次月交點回歸都重新確認了我們的精神本質，這是靈魂深處的呼喚。當月交點行運我們的星盤時，它們將解決在道德和精神上受到刺激的個人及私人生活領域。

行運北交點的宮位，指出需要察覺注意的環境，而對面宮位的行運南交點，所指涉的生活領域是可以用來幫助精神發展的過去資源和經驗。在行運月交點附近將發生月食，此兩極宮位將發生三到四次日食，從而強調了此占星環境。注意行運南北交點與本命行星

的行運，並注意它們何時改變宮位 71。

有兩個不同的地心月交點位置：一個是實際月交點，另一個是平均月交點。平均交點是 18.6 年循環中每日移動的平均位置——大約每天移動 3 分；而實際月交點是月交點在黃道上的明確位置。直到一九八〇年代初期，才能夠準確地計算出實際月交點。因此我們通常使用平均交點，隨著電腦的出現，現在可以測量出實際月交點了，但平均交點還是受到普遍使用。

平均月交點具有一種諧波，可幫助我們記住它在黃道帶上大概的移動，這個記憶法是：

月交點通過黃道帶的週期，大約需要 18～19 年。
月交點的行運通過一個星座，大約需要 18～19 個月。
月交點的行運移動一度，大約需要 18～19 天。
月交點一年移動，大約 18～19 度。

讓我感興趣的是，塔羅牌大祕儀（Major Arcana）中的月亮和太陽卡編號分別為 18 和 19。平均月交點的移動有助於研究月交點的整體循環，而實際月交點有助於分析個人的月交點行運。

實際月交點的方向是逆行，但有時也會轉而順行，它們在黃道帶中蜿蜒移動，向後滑行大約四個月，然後在差不多的度數上平穩移動二到三個月，然後再向後滑動以重複其運動，這延長了月交點在黃道帶上某個特定度數的行運。我從最佳運用的角度來區分這兩種月交點：平均月交點可以綜觀整個週期及其關鍵時刻，而實際月

71　對於月交點及其循環週期的探討，請參閱布萊恩‧克拉克：*The Dragon's Tale* www.astrosynthesis.com.au/.

交點則呼應通過星盤的個人行運。

行運北交點經過的宮位，是產生更多覺知和精神發展的地方，這是一個吸收和同化的領域，讓心靈得以發展和成長。行運南交點強調過去需要解決和擴展的問題和關注，才能走向在北交點出現的新焦點。這是一個釋放的地方，過去的經驗、洞察力和本能的回應，可以刺激北交點所指示的成長。

以下是理解行運月交點穿過宮位的的一些關鍵。想像一下，這個週期始於北交點越過上升點，由於北交點是以逆行的方式通過黃道帶，因此它經過的第一個宮位是第十二宮；與此同時，南交點經過第六宮。可以想像的方法之一是，將南交點視為釋放和傳播的功課，而北交點背負著在該領域發展和茁壯的任務。

行運月交點	北交點的任務	南交點的功課
☊ 12 宮 ☋ 6 宮	**理解** 深入了解我們隱藏的動機和衝動，與過去的心靈和解。	**日常工作** 利用我們的生活習慣和例行公事來增長理解，工作和健康在我們更廣泛的生活模式中扮演重要角色。
☊ 11 宮 ☋ 5 宮	**社群參與** 在朋友和同事圈子中找到自己的位置，知道自己屬於兼容並蓄的社群一份子。	**創造性自我表達** 釋放我們天生的創造力和自我表達能力，使它們更耀眼並願意參投入生活的展現。
☊ 10 宮 ☋ 4 宮	**專注於職業** 繼續建立我們在世界上的角色，努力遵循我們的職業道路。	**歸屬感／安定** 安全及穩定，以支持我們在世界上的地位。

☋9宮 ☌3宮	**尋找真理** 追求意義、尋求理解並探索家族和文化以外的世界。	**成為用心的人** 為了放下細節和理性思考、讓自己能夠自由行動，而去探索陌生區域並質疑我們的信念。
☋8宮 ☌2宮	**尊重自我的深層面** 講真話、誠實面對自己的感覺，對我們的誠信保持謹慎的態度。	**收穫過去的報酬** 釋放我們的資源和才能，以便能夠與他人一起參與值得信賴的計畫及更親密的冒險。
☋7宮 ☌1宮	**尊重關係** 感受到所有關係中平等和積極的一面，讓自己成為以快樂為重的伴侶。	**放棄自我的耽溺** 放棄對於獨立和自力更生的執著，以便進入需要他人支持的關係中。
☋6宮 ☌12宮	**健康養生** 專注於我們的日常習慣、工作，並努力變得幸福與健康。	**在神聖中感到安穩** 有信心隨緣過生活，因信仰而有安全感，因為隨時有神的幫助和指引。
☋5宮 ☌11宮	**抱負與掌聲** 試鏡和表演，創造出符合你的創意和自我表達的方式。	**親朋好友的支持** 讓自己接受並感受到他人的愛、認可和關注。
☋4宮 W10宮	**築巢** 專注於家和家庭來穩定自己的情緒。	**認可** 認可我們擅長的工作並在社會上培養自己的成熟度和權威。
☋3宮 ☌9宮	**表達與交流** 發展我們的想法、傳達感受並表達信念。	**教育他人** 分享我們的天生智慧、傳播信念並支持人類完善的價值觀。

☊ 2 宮 ☋ 8 宮	**利用我們的資源** 努力珍惜並欣賞眞正的自我，建立健康的自尊、個人資源和財富。	**親密與關係** 認可並歌頌我們生命中的情感，並向我們的情感關係致敬。
☊ 1 宮 ☋ 7 宮	**專注於自我** 照亮自我；了解自己想要什麼以及何時採取行動，鼓勵自我獨立、擁有自己的空間和自由。	**社交及建立關係的技巧** 更加了解我們的社交和建立關係的技巧，才能感覺獨立並足以擺脫他人的期望。

沙羅週期（The Saros Cycle）

　　日月食伴隨著行運黃道帶的月交點，形成一個稱之爲「沙羅週期」的循環。Saros 這個字源自於希臘文，意思是重覆，描述了日月食的重覆性和可預測性。西德納斯（Cidenas）是公元前四世紀的天文學家，他辨識到日月食在兩百二十三次朔望月之後重新出現，在公元十世紀時，這種現象被稱爲「沙羅週期」。

　　日月食發生時間可以事先預測，並且在預測之地可以被看見。每個日月食都屬於特定的一組或一序列的蝕，其中包含七十至七十二個蝕。每個沙羅序列的平均長度約爲一千兩百八十年，序列中的每個蝕都按順序發生，首先從北極或南極開始。序列中的下一個蝕發生在上一個蝕以西 120 度，在緯度上更加接近赤道，序列中每個接續的蝕都會重複這一過程。週期在赤道附近到達中點，並在序列開始的相反極點結束；因此，地球的球體被這些蝕鏈所籠罩。

　　這些沙羅序列是蝕的週期，通常被形容爲一個家庭，編號從 1

到 19。如果首次的蝕發生在北極附近，則此序列被標記爲北；同樣的，如果第一個蝕是發生在南極附近，則此序列被分類爲南，總共有三十八個序列：十九個爲北沙羅週期，十九個爲南沙羅週期。在此序列中的每個蝕，發生於十八年又十至十一天之後，因此，蝕的經度在黃道帶上會向前移動約 10～11 度。當一個序列結束之後，新的序列將開始使用相同的沙羅序列編號。當蝕接近赤道時，它們位於月交點附近，並從偏蝕變爲全蝕；越靠近赤道的蝕，則越接近全蝕。

　　每個蝕序列繞地球盤旋，形成天體的銜尾蛇，隨著每個沙羅週期的順序，蝕像一條大毒蛇一樣緩慢地纏繞地球旋轉。銜尾蛇是一個古老的圖像，描繪了一條毒蛇環繞著世界這顆卵，就像每個沙羅序列一樣。咬著自己的尾巴的銜尾蛇或毒蛇，象徵著出生、死亡和重生的永恆之輪。

　　由於蝕的循環本質，它們是占星時間的重要指標。每個沙羅週期都有其獨特個性的生命力和本質，這受其週期開始第一個蝕的影響；觀照月交點的行運及其回歸，蝕的十八年週期的重複性也很重要。由於蝕發生在月交點附近，強調了宮位的兩極性，因此，在分析穿過宮位的月交點行運時，重要的是要考慮伴隨著行運月交點的日月食。

　　平均而言，行運南北交點每十八到十九個月會走過、並專注於星盤上某一組兩極宮位。此行運將伴隨著同一組兩極宮位內大約三個或四個蝕，因此，這兩個相對的宮位將成爲人們關注的焦點，特別是在接近蝕發生的時期。下表列出北交點進入雙子座到摩羯座，以及該行運發生的蝕。請注意，在月交點行運雙魚座的期

間，沒有蝕在此星座中發生，這是常見的情況：在月交點的完整循環中，日月食通常會跳過一個星座。

實際北交點的星座	入境星座日	日食發生日	北交點或南交點日食	日食度數
雙子座	2020 年 5 月 5 日	2020 年 6 月 21 日 2020 年 12 月 14 日 2021 年 6 月 10 日 2021 年 12 月 4 日	北交點 南交點 北交點 南交點	06♋21 23♐08 19♊47 12♐22
金牛座	2022 年 1 月 18 日	2022 年 4 月 30 日 2022 年 10 月 25 日 2023 年 4 月 20 日	北交點 南交點 北交點	10♉28 2♏00 29♈50
牡羊座	2023 年 7 月 17 日	2023 年 10 月 14 日 2024 年 4 月 8 日 2024 年 10 月 2 日	南交點 北交點 南交點	21♎07 19♈24 10♎03
雙魚座	2025 年 1 月 1 日	2025 年 3 月 29 日 2025 年 9 月 21 日 2026 年 2 月 17 日	北交點　　9♈00 南交點　29♍05 北交點　28♒49 注意：沒有食落於雙魚座	
水瓶座	2026 年 7 月 27 日	2026 年 8 月 12 日 2027 年 2 月 6 日 2027 年 8 月 2 日 2028 年 1 月 26 日	南交點 北交點 南交點 北交點	20♌02 17♒37 9♌55 6♒10
摩羯座	2028 年 3 月 26 日	2028 年 7 月 22 日 2029 年 1 月 14 日 2029 年 6 月 12 日 2029 年 7 月 11 日	南交點 北交點 南交點 南交點	29♋50 24♑50 21♊29 19♋37

默冬週期

默冬週期以希臘天文學家默冬的名字命名，默冬證明相隔十九年的新月。值得注意的是新月這種重複性，因為如果此新月發生日食，那麼十九年後的下一個新月將大約有百分之七十五的機會也會發生日食。下表列出在十九年後，在 1 度之內重複出現的廿一次中的十五次日食。與沙羅週期不同，這樣的日食幾乎在相同度數重複，這是占星師的重要考慮因素。默冬週期是十九年的週期，這與每十八年又十至十一天之後重複蝕的沙羅序列不同，它與沙羅週期相比多了十二個以上的月循環。

默冬週期中所重複出現的新月，其容許度通常在 1 天以及 1 度之內，連結了相隔十九年的時間。下表列出沙羅和默冬週期中重複的蝕。請注意，沙羅週期會在十至十一天以及黃道十至十一度後重複，而默冬週期會在一天和 1 度之內重複。在每個蝕中都是一個十八到十九年的計時，將這些時間連結在一起──此時期是理解情感和理性的整合或月亮與太陽結合的時間。

現在的日食		前一個日食沙羅週期		前一個日食默冬週期	
日食發生日	日食度數	前一個日食發生日	日食度數	前一個日食發生日	日食度數
2020年6月21日	06♋21	2002年6月10日	19♊54	日食不再重複 2001 年 6 月 21 日的新月	
2020年12月14日	23♐08	2002年12月4日	11♐58	2001年12月14日	22♐56
2021年6月10日	19♊47	2003年5月31日	9♊20	2002年6月10日	19♊54
2021年12月4日	12♐22	2003年11月23日	1♐14	2002年12月4日	11♐58
2022年4月30日	10♉28	2004年4月19日	29♈49	日食不再重複 2003 年 5 月 1 日的新月	
2022年10月25日	2♏00	2004年10月14日	21♎06	日食不再重複 2003 年 10 月 25 日的新月	
2023年4月20日	29♈50	2005年4月9日	19♈06	2004年4月19日	29♈49
2023年10月14日	21♎07	2005年10月3日	10♎19	2004年10月14日	21♎06
2024年4月8日	19♈24	2006年3月29日	8♈35	2005年4月8日	19♈06
2024年10月2日	10♎03	2006年9月22日	29♍20	2005年10月3日	10♎19
2025年3月29日	9♈00	2007年3月19日	28♓07	2006年3月29日	8♈35
2025年9月21日	29♍05	2007年9月11日	18♍25	2006年9月22日	29♍20
2026年2月17日	28♒49	2008年2月7日	17♒44	日食不再重複 2007 年 2 月 17 日的新月	
2026年8月12日	20♌02	2008年8月1日	9♌32	日食不再重複 2007 年 8 月 12 日的新月	
2027年2月6日	17♒37	2009年1月26日	6♒30	2008年2月7日	17♒44
2027年8月2日	9♌55	2009年7月22日	29♋27	2008年8月1日	9♌32
2028年1月26日	6♒10	2010年1月15日	25♑01	2009年1月26日	6♒30

2028年7月22日	29♋50	2010年7月11日	19♋24	7月22日2009	29♋27
2029年1月14日	24♑50	2011年1月4日	13♑39	1月15日2010	25♑01
2029年6月12日	21♊29	2011年6月1日	11♊02	日食不再重複 2010 年 6 月 12 日的新月	
2029年7月11日	19♋37	2011年7月1日	9♋02	2010年7月11日	19♋24

日月食

在吠陀神話中，北交點被化身為「羅睺」（Rahu），南交點是計都 (Ketu)，神話中的巨龍吞噬英雄，象徵轉化消耗著生命力和精神。日月食發生在南北交——羅睺和計都附近，在神話中，它們守在黃道上等著吞下太陽。

為了理解羅睺和計都的不同本質，讓我們想像一下它們各自都吞下太陽。當計都或巨龍之腹吞下太陽時，英雄就卡在巨龍的腹部或尾巴，他必須被排出來才能夠得到解脫；因此，在南交點，重要的是將過去清空，因為它可能會成為一種覺知方式。此意象描繪了從毒蛇的下巴冒出來的英雄，或者從鯨魚的腹部吐出的英雄，例如：約拿（Jonah）或從巨龍口中吐出的傑森（Jason）；在南交點，需要去散播積累的智慧。

當羅睺或龍頭吞下太陽時，它會迅速穿過被割斷的喉嚨，這裡有一種見識、實現、英雄的衝動，但很難把握或維持。因此，在北交點有洞察力和激情，但它很快的過去，並且常常難以維持，隨之而來的往往是失望以及想要退縮的衝動。當我們可以體現出南交點的理解時，可以為此一過程提供支持和鼓勵。

　　通常每年至少發生兩次日食，在一年一度的太陽之旅中，羅睺和計都會吞下它，這暗示著我們進入陰影之地的時期，而在此生活領域中我們可能會遇見龍。北交點和南交點的行運是一種指針、指向龍的頭尾試圖吞沒英雄身分，追蹤行運月交點的宮位很重要，因為在這些領域中，我們隱喻上與龍相遇，使星盤的這個領域蒙上了陰影。思考當日食落入宮位時可能會挖掘或遮蔽什麼，思考過去的日食以及它們可能在你的生活曝露了什麼。

日月食落入的宮位	此宮位的日食可能強調的事物
12 – 6	此時可以讓我的日常工作、習慣與心靈的健康幸福之間保持平衡，注意生活中需要條理分明和計劃之外的活動。
11 – 5	此時意識到參與朋友、社區以及需要發展自我創意和自我表達之間的緊張關係。
10 – 4	此時需要留意的是，可能需要重新衡量外在事業的關注，以及與自己／家人共渡美好時光之間的微妙平衡。
9 – 3	此時可以整合自己的想法與信念，並開始意識到如何以宣傳和交換自我想法的方式來自我教育。
8 – 2	此時可以盤點我的物質和情感資源，反映自我更生以及與他人共享的方式。
7 – 1	此時可以思考自我和他人之間的情況；我感到不平等或不認同的地方，以便我可以更自由和開放地投入夥伴關係。

將日食視為行運

　　日食每六個月發生一次，可能在月食發生前後。日食也是一種

循環，因此可以追捕到上一次發生的時間——即它們在默冬週期中落入星盤上的相同度數，或者屬於相同沙羅週期的家族序列。因此，我們可以將日食視爲行運、個人行運以及世代循環的行運。

日月食的占星性質一直很重要，在不知道日食如何發生之前，它們被認爲是預告災難的不祥、超自然現象，後來，它們與國王、主權、部落首領或國家元首有關的重大事件產生關聯。天上太陽的消失被解釋爲統治階級衰敗的預兆，不祥地預告著即將到來的戰爭或領袖的死亡。然而另一方面，如亞歷山大大帝的誕生所暗示的那樣，日食也經常預告著一件大事或偉大領袖的誕生。他出生前的日食發生於其出生地馬其頓以及後來征服的國家，在某個日食之下出生，就像是誕生於它的魔咒之下一樣，使這個人對此日食週期所代表的強度、不可預測性和天意感到敏感。本命盤中，如果南北交點在太陽附近，那麼一個人是在蝕季出生，在此情況下，我會注意此日食週期。日食打斷了動物本能的生理節奏，這常常使它們感到困惑，因此我們可以說日食也帶來令人不安和迷惑的影響。占星師經常考慮日食的路徑，以及本影落入的全球區域，這些區域是聚焦全球關注和改變的地方。

占星師爭論著日月食的計時，例如：有一種理論認爲，它們的影響年數與日月食持續的分鐘數相同，就像是推運一樣，因此，七分鐘的日食會影響七年的生命。根據我的經驗，日食是如此規律，並且以逆行循環掃過兩極宮位，因此我使用六個月的時間框架，也就是直到下一次日食發生。我目睹了它們的影響，在日食的確切時間的前廿四小時、直到十二小時之後，其影響最爲強烈。在日食發生前大約一周，日食周圍的能量開始累積和漸強，並在接下來的幾週內逐漸減弱。

　　爲了解釋日食的影響，我將日食的宮位納入考慮，使用 5 度的容許度時，我會牢記此容許度之內與日月食合相或對分相的所有行星；如果這是一個戲劇化的相位，我會留意此十八至十九年可能會被重複的模式。我的重點是日月食落入的宮位及其相位，當然，如果日月食與外行星形成相位，此一世代人將會經歷這種情況，它的影響將更加集體化或全球化。儘管如此，由於日月食落入的宮位，它也是屬於個人的。

　　從本質上講，日月食是不可預測的，就像百搭牌一樣。在日食期間，月亮遮住了太陽，這說明理性、控制和客觀的本性被感覺遮蓋，因此，如果日食在星盤中被強調，則說明它可能會觸發心理或情緒壓抑的釋放，這時的理性被感覺遮蔽。日月食還可以激發和增強與之形成相位的星盤領域，從而將隱藏的問題凸顯出來。並非所有的日食都會影響到個人，但以我的經驗來說，當情緒高漲、緊張狀況無法解決時，日食會觸發它們的釋放。因爲日食與月交點在星盤上的移動密切相關，所以我認爲它們是命中注定的，是觀察人的方向和眞實性的有力標誌。

日月食範例：戴安娜王妃

　　戴安娜王妃出生時南交點與月亮水瓶座合相，當時的南北交落在獅子座和水瓶座的兩極，即她的第二宮和第八宮被截奪星座的兩極 [72]。出生前的日全蝕發生在一九六一年二月十五日水瓶座 26°25′，與她的本命月亮差距 2 度以內；她出生之後的日食是八月十一日獅子座 18°31′；她於一九八一年七月廿九日與查爾斯王子結

72　請參閱 Geoffrey Cornelius, *The Moment of Astrology*, pp. 239- 248.

婚，兩天之後的日食發生在獅子座 7°51′，她當時廿歲。

戴安娜（Diana）是月亮女神的羅馬名字，她結婚時在獅子座 7°51′ 的日食落在他的丈夫查爾斯的上升，而在許多方面他都被她遮蔽，（月亮）戴安娜遮蓋了未來的國王（太陽）。

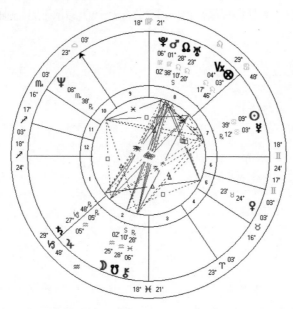

圖說：威爾斯王妃戴安娜：1961 年 7 月 1 日下午 7 點 45 分，英國桑德令罕（Sandringham, UK）。

一九九二年期間，他們的婚姻處於極度的不穩定之中，這種不穩定在一九九二年夏季的北半球達到高峰。一九九二年六月，戴安娜第七宮太陽巨蟹座在她生日前一天一九九二年六月三十日被巨蟹座 8°57′ 的日食遮蓋；那年年尾，首相宣布他們在十二月九日正式分居，那天正好發生月食，度數在雙子座 18°10′，太陽在射手座 18°10′，月亮在雙子座 18°10′，恰好合相她的下降，即代表婚姻的

第七宮宮首，此時戴安娜被太陽的光遮住了。

　　戴安娜也是在一九九七年九月一日發生在處女座 9°34′ 的日食中去世的，接近她在第八宮的本命冥王星。行運的交點在第九宮的宮首，即將開始行運通過此宮位，回歸本命第八宮的北交點。她的北交點與天王星和火星合相，這張占星學快照顯示了屬於她的英雄召喚。

第九章
如何度過行運

行運的儀式

　　客戶經常問我在外行星行運期間能夠做什麼才能增長他們的理解和經驗，參與行運過程很重要，但這通常並不容易，尊重原型能量是一種開始自覺參與的方式，在改變過程中最凸顯的行運行星，將邀請我們參與這一過程。

　　在占星學的行運期間，移動速度較慢的行星在本命行星上來回移動，為轉變的經歷劃出了時間表。許多心理及精神模型可以幫助我們有意義地架構這些轉變，例如：庫伯勒‧羅斯博士透過與絕症患者一起工作，發展了悲傷五階段，這是我發現有助於在行運期間建立情緒和心理狀態的一種模式。這些階段雖然是按順序列出，但在重要的人生轉變過程中，經常會交替出現：1 拒絕、2 憤怒、3 討價還價、4 抑鬱及 5 接受。我發現在重要占星行運的整段過程中思考這些階段非常有價值，我還鼓勵學生和客戶去尋找故事、隱喻、圖像和思維方式，以幫助描述他們正在經歷的重大轉變。

　　當原始物質轉化成金時，暗喻著行運就像是煉金過程，像煉金術一樣，行運的轉化過程也有階段。在伴隨著重大改變的最初掙扎之後，經常會有一段時間會產生自我懷疑、焦慮和絕望；然而，正是在這個痛苦的時期，播下了新週期的種子，它們扎根、對未來充滿希望。在最後階段，此過程扎根於形式和實質的有形世界中，就

像煉金術一樣，行運過程正在隨著我們改變的狀態而逐漸轉化。

　　世代行運是指圍繞著生命階段和老化的時間過程。在古代社會，公共儀式及儀式過程，幫助個人通過了這些轉變，雖然畢業、結婚和退休典禮標記了重要的生活事件，但它們往往沒有觸及到更深層的心理或精神層面（成功疏導時光之流所需要的）。個人行運等於巨大的個人變動、危機和不穩定時期，占星學提供我們思考的儀式和思想有助於轉化情感和痛苦。當我們知道是哪些能量在這些改變之下翻攪時，便可以透過尊重原型、這些帶著覺知的意圖和儀式，去認可和支持這些能量。占星學可幫助個人通過這個地帶，因為它提供了圖像和象徵符號來反映和尊重正在行運的能量。將行運儀式化之後，它便受到尊重，在古老的思維方式中，這使神聖的過程成為具體現實。

　　當你經歷重大的生活改變時，利用自己有益或無益的經歷，思考有用的治療、諮商和療癒方式，幫助你前進的課程和活動，或其他有助於提高意識和自我覺知的活動或方式。這裡沒有客製化的手冊可以針對每個人的特殊需求，但是占星學和自我的創造力將是你的指引；重要的是要透過參與的經驗來幫助自己和客戶，而不只是認定它就是某個事件。

　　對個人而言，感覺可以用多種方式參與並投入改變過程，而不至於感到不知所措或為此受害，這是有益的。許多客戶認為，相較於他們現在做的事，更應該去做一點不同的事才有用和有意義，但諷刺的是，投入當下的生活、以及度過轉變階段和麻煩，往往更有智慧和幫助。活在當下、意識到正在發生的過程、完成任務以及透過儀式去發現和揭露自我可能是非常有用的。

　　儀式是一種心理過程，為被擊垮的情感創造出一個被包容和修復的空間，透過覺知的意圖和參與，可以重新關注和轉變有關的痛苦感覺。隨著放下這些緊張情緒，人們重新得到信念和樂觀，並產生了創造力的泉源，藉以推動我們前進。在現代環境中，儀式是一種思想練習，以建設和創造性的方式處理、集中和利用能量。行運轉變的能量可以透過多種方式來儀式化，例如：參加研習或有興趣的課程，從事有趣的愛好、手工藝或創意活動，旅行、志工、運動或其他體能活動，治療方法、療癒技術、提升意識——無窮的方式。

　　顯然，其中許多儀式非常呼應某些行星原型，因此，對於每個行運行星有用的修復方法，無論是療法、課程、愛好、運動、活動還是某種形式的治療方式，都可以列為每次行運的資源清單。重要的是，不要太刻板地認定哪種模式最適合某個特定行運，因為每個人的過往經驗都是獨一無二的，任何有效的儀式都需要適合人的性情、個性和生活階段。

　　在我們思考為每個行運行星設計潛在的儀式清單之前，思考行星的本質（例如它是主動的還是反射性的、公共的還是私人的等等）是有幫助的。以下是展開該過程的一些想法。

行星的儀式

　　占星學具有魔力，我們可以用兩種方式看待這個觀點：經過設計、表面形式化的魔法以及自發性的魔法。占星學與魔法有著歷史的淵源，儘管傳統上仍然沾染魔法設計的色彩，但它本質上就是魔法，並不是因為任何技術、咒語、吟誦或儀式，而是透過真實參與

及對其符號的感受力。占星學的魔力來自於自發性的投入與其象徵符號合作。占星學的魔法不是一種操縱，而是當我們以聰明和尊重的方式投入、遵從並參與其圖像的過程中，透過我們而運作的。當我們以思考或行動與行運符號互動時，我們便參與了它的過程；在某種程度上，我們正在與當下的眾神合作。

儘管「神通」等同於魔法或巫術，但它使我們參與了儀式的過程，以喚起神的存在來參與自我發展過程。這個詞源自於古希臘語中的 theos 即神，以及 ergos 即工作，暗示「神聖的工作」，也許是與神一起合作。在古代的祈禱中，人們透過儀式和活動來與神連結；在我們的這個時代，我們將行運行星想像成一個想要參與原型的召喚，並能夠成功地轉化內在。我們並不需要完全理解魔法的本質或參與的神祕性才能夠使此過程產生效用，但是我們確實需要尊重原型的能量，並且有多種方法可以做到這一點。讓我們開始想像一些儀式，這些儀式可能在社會和外行星的重要行運期間產生效力。

♃ 木星

木星的衝動是學習更多知識並走得更遠，以尋求超越已知的事物。它的本質是研究、並領導探險突破目前的界限，其性格是活躍的、它相信積極和豐富性，因此，建議小心過頭或過度補償的情況。這是一個充滿機遇和行動，也是對未來充滿希望的時期。

在木星行運期間，鼓勵個人擴展自己，可以參考以下相關課程、活動或體能的建議：

- 研究文學、哲學、倫理學或跨文化研究，例如：古典、古代文明以及宗教或外語課程。
- 大自然冒險及探索戶外的活動，例如：樹林漫步、露營、健行、泛舟和騎馬。
- 木星與旅行和朝聖有關，因此，在此期間，你可能會喜歡冒險旅行、出國和拜訪富有異國情調的地方，遊覽神話、歷史或宗教景點，重溫曾經喜歡的地方或返回祖國或祖先的家，參觀修道場、清眞寺、教堂、寺廟或進行祈禱、冥想或其他靈修。
- 參與各種活動，例如：社區工作、指導孩子；自願參加社工，例如：教難民英文作爲他們的第二語言；或參加社區緊急工作，例如：消防滅火或特殊緊急服務。
- 參與團體運動或社區活動。

♄ 土星

在行運過程中，土星會挑戰個人，使他們面對自我的天職時變得更加眞實，能夠更善於管理自己的時間和資源，並在日常生活中變得更加負責和自覺。這是一個成熟、加強、提升或晉升更高責任層級的時期。儘管個人可能會感受壓力或過度承擔，但重要的是在考慮如何採用新架構之前，先完成所有眼前的責任或合約。此時去扎根、重組和改革不再有益的事物，才可以往前踏出一步。土星的衝動是掌管，因此，它在星盤中的行運位置暗示著正在建設、改進和發展的領域。

土星行運之下的個人可以以多種方式利用這種能量：

- 就擁有工作上的自主性而言，可能需要研究經濟學、管理技能、時間管理或自己創業；撰寫或重寫履歷、策略性的業務計劃。
- 落實有趣或富有建設性的興趣愛好，例如：園藝、收集石頭、建築計畫、家具維修等。
- 有助於時間管理的活動，例如：寫日記、日記帳、編制預算。
- 需要計劃並且有明顯選擇／結果的戰略遊戲，可能是雙陸棋、橋牌、西洋棋或拼字遊戲。
- 維持身體伸展、保持姿勢和移動身體的活動，例如：瑜伽；加強脊椎和下背部的運動，例如：重量訓練；或有助於健身和集中注意力的活動，例如：打高爾夫球。
- 使用秉持正念等技術、專注於心理健康，以及利用按摩、費登奎斯法（Feldenkrais）等使身體健康。
- 遵循整脊或整骨療法以改善姿勢，並治療背部或肩頸疼痛。
- 意識並積極支持有助於維持健康、平衡的生活方式的日常習慣，例如：適當飲食、睡眠、充足飲水、每天散步、冥想等。

⚷ 凱龍星

　　在重大的凱龍星行運中，一個人可能會陷入一種個人的「療癒危機」，無論這是身體、內心、心理還是精神上的緊急情況，都標記著個人成長及接受的時刻。因生活痛苦而產生的是：意識到沒有

被真實活出的人生。這些時期邀請人們參與這種紛擾，不是解決或與之抗爭，而是接受這些限制並傾聽症狀的聲音。凱龍星行運通常是與野怪、聖人、治療者、疾病或創傷的相遇，他們成為我們的導師並引導我們幫助自己。

　　凱龍星的召喚使我們回到了一個內在的避難所，探索能讓靈魂感到滿足的需要，這是藉由接受自我的邊緣面向而得到療癒的時期，因此，鼓勵象徵性和意象的心靈活動將是一種療癒的慰藉。

- 凱龍星具有治癒的勇氣，因此，這種轉變是一種靈魂的探索，知道在症狀之下有什麼情感和心理的創傷。運用夢的解析及占星諮商、藉由我們對於生活中的象徵、症狀和意象來加速復原。
- 有許多可以與凱龍產生共鳴的治療方式，例如：花精、順勢療法、意念形象法和引導式心像、冥想、積極想像技術、隔空治療和靈性療法。
- 凱龍星的介入更傾向於輔助或替代藥物，針灸、阿育吠陀療法、氣功或靈氣等療法在這段時間引起了共鳴。Chiron 這個字源自希臘文中的 cheir 或手的意思，因此我們認為凱龍星的手是靈巧的，從而手療法、按摩治療和脊椎按摩療法喚起了凱龍星的靈魂。
- 順勢療法、物理療法、自然療法、草藥、中醫或東方醫學等替代或古老的治療技術，也將此原型儀式化。
- 生理回饋治療（Biofeedback）和催眠與凱龍星的療癒傳統一致。
- 無論凱龍星被描繪在動物／人類、天上／人間、或是世俗／神聖之間，它都在兩者之間的空間，此時適合進行薩滿訓

練、危機諮商和冥神的治療等過程。

- 追求願景（Vision quests）和流汗小屋（sweat lodges）儀式。

- 凱龍星象徵著被剝奪權利的人，因此參與身障者、弱勢群體、無家可歸者，難民或流離失所者的志工行列，將是聚集行運能量的一種方式。

♅ 天王星

　　天王星使我們震驚，因此，天王星的行運同樣令人振奮和不穩定，其意圖是改變，並且通常是長期的改變。在此期間，我們獲得的洞見經常預告著我們的未來，這些資訊早於「真正的時間」。在天王星行運中，時間的界線被破壞了，與未來有關的圖像和象徵符號常常會感覺好像就在眼前而不是遙遠的存在。這是一個試驗期，甚至是冒險的時候，因為這是一條人煙罕至且召喚不明的路，我們被要求改變習慣，脫離不再支持自己的事物。由於在此期間出現了許多機會，因此必須辨識這些選擇，並非全部都能接受，而隨著時間的流逝，彷彿個人正處於一個另一個或可能性自我的十字路口。

　　要在此期間變得更加專注並接受天王星原型，個人可以從以下方面受益：

- 治療經驗或訓練，例如：格式塔療法（Gestalt therapy）、次人格對話療法（Voice Dialogue）、團體治療或針對個人的心理療法，可以讓我們更加了解自己的次人性和自我衝突

的部分。

- 天王星是未來導向，因此可能會關注以未來研究、資訊科技、政治改革等為重點的課程。

- 其他與理解、發展和改善人類思維有關的研究，例如：以原型或人本主義為基礎的心理學方法、社會學或占星學的比較研究。

- 人力資源或社會關注。

- 在此期間，可以鼓勵可能吸引個人的獨特活動。我的經驗對於客戶在天王星重要行運過程中在追求興趣方面非常有幫助，這些不尋常或個人的消遣嗜好，如集郵、吹玻璃、觀鳥和收集羽毛，或者是冒險活動，如攀岩、垂降和泛舟。

- 藉由志工活動，無論是緊急服務、人道主義計畫如綠色和平組織、大哥哥／大姊姊組織、世界展望會，還是當地的動物保護之家、圖書館、醫院或養老院等，可在當地社區中有所作為。

- 開始一項體能鍛鍊計劃，以幫助減少焦慮、消耗卡路里和減輕壓力

♆ 海王星

與海王星行運同謀的是，我們從多層面的夢想中醒來，使我們更接近人類所可能實現的目標。在海王星行運下，世界與世界之間的遮紗布比其他任何時候都薄，因此，同時感到脆弱和得到啟發是很普遍的現象。這是一個漂流、無錨和離岸的時期，「真實」世界不再像以前那樣真實，彷彿我們身處夢境中，也就是我們不知道下

一個場景或當下的情節是什麼，因爲我們正在穿越一個不同的空間。對於實用主義者來說，這聽起來簡直就是幻想，但是本質上就是如此，因爲在海王星行運期間，我們甚至無法去想像可能性。我們有自己的夢想、目標和生活道路，但是現在一個更加神聖的建築師正在撫平我們個性的粗糙邊緣。這也是一個充滿創造力、色彩的時期，而充滿想像力的情節使我們更加貼近靈魂。

　　因此，要在一次重要行運中進入海王星的過程，個人可以思考：

- 任何能爲靈魂和內在發聲、富有想像力的療法，例如：榮格分析、夢的解析，以靈魂爲中心的心理療法。

- 任何透過塔羅牌、神話、文學等圖像喚醒象徵力量的研究。

- 任何能夠激發創造性的感知和想像力的藝術追求，例如：繪畫、素描、唱歌、演奏音樂等。

- 有助於專注並帶來平和與放鬆的運動形式，例如：太極拳、瑜伽或其他類型的優雅運動，都是有益的。透過舞蹈來自我表現和享受一直是有效的，海王星行運期間，許多客戶都從舞蹈課中受益匪淺。

- 注重平衡、伸展、優雅和對稱的體能活動和運動是有效的；也許可藉由劍擊帶出優雅的戰士。

- 其他活動，例如：散步冥想，其中可能包括遛狗或抽出時間放鬆身心。在海王星行運期間，重要的是珍惜和創造孤獨、定心的時間。

- 透過音樂、色彩、藝術或設計的精細、振動作用美化身體的空間，有助於創建一個療癒空間；使用精油、芳香療法、蠟

燭、花精喚起海王星的精神。

- 在這段時間裡，生命的煉金藥被浸入水中，正在重獲新生、並象徵著洗禮進入生命的靈性層面；出海旅行、游泳、也許與海豚一起游泳、浮水箱、三溫暖可以使人精神煥發。

♇ 冥王星

冥王星的行運關閉了我們生活中的燈光，讓我們可以習慣於黑暗中的視線，在此階段中，我們意識到自己的地下室中隱藏、掩埋和忽略的東西。這是一個下降時期，自然擺脫忙碌的生活，去看看那些無人關照和未被滿足的事物；因此，這通常感覺似乎是一個迷失、悲傷、沮喪的時候。這些感覺屬於靈魂，在冥王星行運期間，它們有機會被承認、哀悼、接受並融入自我，冥王星鼓勵我們深入並歌頌靈魂的力量和完整性。這是一個在黑暗中面對一些惡魔，說出恥辱並寬恕自我的時期，當意識滲透到生活的這些層面時，光便返回了。從神話的角度來看，這種轉變被描述為英雄下降到冥界，並帶著禮物回來，以使自己和社群在前進中受益。

在這種墜入深淵的過程中，可能引導或陪伴我們的一些活動是：

- 尊重和珍惜黑暗感受的療法，並協助重新融入並接受羞恥和罪惡感的療法，例如：深層心理治療、性治療或心理分析。
- 尋找一種方法來承認負面情緒和反應，而不會感到自責或受

傷。

- 原始療法和其他例如：重生療法有助於分娩或早期創傷；任何其他受到推薦和完善的創傷諮商。

- 任何可再生或轉換性的活動，例如：翻新浴室或廚房、耕種和重新種植已經長滿植物的花園、修復喜愛的舊家具或重新裝潢臥室或房屋的私人部分。

- 展開有助於減肥和改善身形的體能鍛鍊計劃；改頭換面、剪頭髮、改變穿著打扮。

- 在冥王星行運的過程中，經常會出現失落和悲傷的情緒，雖然看似當下的情況，但其影響可能源自過去；我經常發現在此期間商進行悲傷和失去主題的諮商非常有益。

- 過去的創傷可能經常被深入或卡在體內，尤其是肌肉和關節，因此，深層按摩或羅夫按摩（Rolfing）等治療方法，通常可以有效的釋放痛苦。

- 冥王星與釋放有關，尤其是毒素和廢物的釋放，禁食、排毒、甚至灌腸等活動可能是適當的。當然，這還需要配合改變飲食和身體習慣（例如：清潔、喝足夠的水、睡眠等）的覺知。

- 在冥王星行運期間，有必要遠離外界，體驗一段清靜和孤獨的時期，因此有意識地花些時間沉潛，並讓自己獨處是很有價值的，沒有很多時間可以浪費在平庸和膚淺的事情上。

成為你希望在世界上看到的改變

聖雄甘地與其他智者一樣，建議我們先改變自己，這將反映在我們的世界中。魯米這樣說：「昨天我很聰明，所以我想改變世

界；今天我有智慧，所以我要改變自己。」[73]

　　從占星學的角度來看，重要行運象徵著我們受邀變得更為成熟的時期，最好的表達方式是發現真實自我的面向，並將其展現給世界。我們思索行運行星的儀式，但是自我的哪一部分被吸引出來了？如上述所討論的，這是由星盤受到行運影響的部分來展現，因此，我們總結如下：

- 首先找到行運的宮位，這是行運期間重新被改造的環境，因此請牢記這個宮位的象徵。如果這是木星或土星的行運，那麼請注意此時這個領域對於自我發展和體驗的重要性；如果是外行星行運，其影響會更加微妙，並且當行星進入宮位時可能會更加明顯。
- 注意宮首星座及其守護星，並思考它們的象徵性影響。
- 注意通過這個宮位的行運時間。
- 行運影響了哪些本命行星或行星相位？這是個性發展的重點，在這裡你可以成為想要在世界上看到的改變。思考在你的星盤中，此原型對你意味著什麼？以及你如何更為真實、更忠於其本能。
- 受行運影響的本命行星所守護的宮位？
- 環境及自我改變的重點在哪裡？

　　行運不是發生在你身上，而是在這一刻，它邀請你與彼時同在。這不是一件容易的事，因為這經常是充滿壓力、不確定、痛苦或充滿煩惱的時期。原型能量是靈魂的一部分，透過參與和儀

73　Rumi, Goodreads website, www.goodreads.com/quotes/551027-yesterday-i-was-clever-so-i-wanted-to-change-the（2019年7月1日登入）

式，我們創造了一個機會去察覺自己想要的改變。

不提供建議的藝術

占星學是一種感知工具，熟練的解盤技巧、以及你正在解盤的當事人的坦誠，揭露了最重要的動力，突顯出困境的根源或引起關注的原因。客戶經常說，星盤就像一面鏡子，映照著他們的靈魂。因此，當你與另一個人討論他們的星盤時，很自然會被問的問題是：「我該怎麼辦？」、「你有什麼建議？」、「如果你是我會怎麼做？」。

我一直將占星學視為一種治療工具，根據我的經驗，大多數占星師和占星學生都希望透過分享從占星經驗中得到的見解來幫助客戶、家人和朋友。在任何時候、任何地點、任何情況下，星盤都是非常有益的。作為一個占星師，會本能地想幫助別人解決問題，我們也經常看到解決難題的有用鑰匙。我一直覺得我的任務是鼓勵他人自我了解，並在不給建議的情況下，透過提出見解和思考去幫助客戶做出選擇。我們可能永遠無法了解整體狀況，因此，明智的做法是在決策過程中去支持客戶的自我決定。

不提供建議是一種藝術形式，特別是當答案看起來是如此明顯時。**藝術的主要做法是提出對的問題，以幫助客戶或朋友分享他們的感受，提出可以幫助個人辨識什麼對他們而言才是重要的那些問題。**優先設下界線，這樣你就不會被牽引而提供建議，如果是這樣，那麼必須說明你沒有所有細節，也無法為他們做出決定。

星盤可以引導我們突顯有助於下決定的正面特質，在指出建設

性特徵時，建議選項和保持樂觀態度可以幫助他人在決策過程中建立信心。星盤還有助於開闢不同的觀點、建立時間軸並提出替代方法。不給建議的藝術，其重要部分是講故事，星盤是藉由故事而活起來的，但是它也透過神話、隱喻、圖像和象徵符號來講述故事。專注在困境所涉及的領域和原型，這將幫助你建構故事，為你提供另一種思考當下情況的方式；有時候可能只是需要講述那些神話敘事、另一位客戶的類似經驗、小說、電影或電視連續劇的情節。

聆聽的藝術也許是最好的技巧之一，但卻是占星指導中最被忽略的一項。被傾聽的機會本身就是治療，當你關注於當事人、同時也檢視他們的星盤圖像和符號，就好像你在聆聽靈魂的聲音一樣，即使這樣的結合其關聯性可能並不明顯，仍具有很高的療癒作用。

行運是過渡、轉變時期，就過渡的本質而言，我們介於兩者之間的門檻和空隙之中，也就是處於兩個時期——分離與未來之間。在此期間，我們可能需要確定和建議，但是解決方法卻是來自於不確定性和反思。對於我們的客戶、朋友、家人，認識的人以及我們自己，重要的是要參與，並且將轉變過程的奧祕儀式化，而不必一直想要精確與保證。

第三部

二次推運：靈魂日記

第十章
二次推運

靈魂的動機

在我的執業生涯之中，我持續使用二次推運（簡稱二推），也一直使用這技巧去準備客戶的星盤，當我要探討及研究事情確切發生的時間範圍時，也經常會使用太陽弧正向推運，此技巧往往能揭露相當多的訊息。隨著經驗的累積，我已經發展出一套屬於自己的二次推運技巧，因此，在這部分中，我們會特別集中討論這些二次推運內容。然而，太陽弧正向推運也是一種非常有用的時間計算技巧，所以我會在推薦書目中介紹一些深入闡釋這些技巧的著作 74。

在占星文獻中，並沒有像行運那樣清楚論述二次推運，於我而言，並不是因為這方法不值得討論，而是因為當中的內容太隱晦，而且難以傳達，這技巧所告訴我們的並非針對智慧或情緒，而是關於靈魂。由於二次推運以其獨特的方式，透過某一種時間秩序去為另一個時空賦予意義，因此，它同時也讓占星師們面對時間的象徵性及非典型動機。雖然我們可以在這技巧中找到一些基本原理，但這技巧基本上是違反邏輯的，因此，二次推運屬於一種占星學的動態技巧，邀請我們以更富創意的態度去看待占星符號及主題，讓思考跳出框架。從這角度出發的話，二次推運對初學者來說可能有點混亂，因為此技巧所參考的並非按時序發生的時間，但只

74　詳見 Frank C Clifford, *The Solar Arc Handbook*, Flare Publications, London: 2018，裡面有最新的太陽弧正向推運探討，而且有很多精彩的例子及案例。

要梳理清楚，就會浮現其中所揭示的意義。

　　二推使用出生後第一天的宇宙藍圖，去比喻人生第一年的靈魂發展，出生後第二天代表人生第二年，如此類推。這技巧利用一天內的所有星象去象徵一年，每日的星象往往細微得讓人忽視；然而，在每一個推運當中，這些時間的軌跡都會被牢牢記住。二推就像時間膠囊一樣，在這些反應於社交中被表達、並變得不一樣之前，它記錄的是我們最初的、最本能的反應。二推主張人生最初三個月的靈魂藍圖，當中揭示了一生，感覺就像這三個月的早期人生中所吸入的氛圍，會在後來的人生中以某種方式重新活出來。這些推運所強調的是，人生最早期的這些日子在心理上的重要性。在這些日子中，所有最細微、最隱晦的變化都會被烙印於心靈，所有被記錄的事情都會開始鋪展於人生之中。由於二推是透過自然的行星循環移動歸納而來，因此，每一個個人星盤的二次推運都是獨一無二的，而這些推運就像基因一樣深嵌於每張星盤之中。

　　與行運不一樣的是，每一顆行星的二次推運如何鋪展，是依據個人出生那一刻的星象。這就像是發生於我們身上，而非源自於我們。二推深嵌於**星盤的基因**之中，本質上，推運傾向心理層次，它不像行運一般是透過事件、經歷或人際關係的外在呈現，並影響心靈的方式，而是像夢境，因為它們都同樣源自於靈魂。

　　二推使用某一種時計去量度另一次元的時間軸，就像序章中所提到的，時間是相對的，也是有限制的，其量度制有相當值得分析討論的地方；這種時間觀與二推非常相似，雖然有一些理性解釋能夠支持二推，但我認為這種技巧比較需要想像力與主觀性。由於我們所做的，是把人生早期已經經歷的時間，與之後的人生產生連

結，因此這技巧讓我們遠離了順應時序的時間觀。二推就像是靈魂藍圖，有其獨特的計時，雖然大部分的占星技巧都是將外在事件與時間建立連繫，但二推邀請我們以一種富想像力及靈魂特質的態度去參與其中，鼓勵我們卸下一向透過事件去理解時間的慣性。

在考量心靈時間或我稱之為「靈魂日記」時，已經證明二推技巧相當有價值。基於我們會偶爾回憶或想起過去的能力，我們對於時間相當敏銳，而時間與事件密切地糾纏在一起。對於大部分的時間來說，事件都是用一種線性客觀的觀點去度量，然而所有時間都會出現許多無法以時鐘記錄的主觀因素：情緒、情感、感覺、想法、感官、反應及記憶。例如，現在深陷在回憶裡，因此，我們習慣生活在被記得的當下之中。也就是說，我們現在的經驗是受到過去的主觀性，以及我們回憶的方式所改變；現在正在發生的事情，或許它的根源來自於過去。二推代表了該階段的隱晦結構，以及個人會如何自然地成長，以配合這些時間。於我而言，這正解釋了為什麼同時使用行運與二推會產生一種協同效應：**行運涵蓋了經歷，二推則是有機的發展及生長，讓我們有能力去擁抱這些改變**。當我在課堂上試著講清楚這兩個系統之間的分別時，我經常會指著我們位於約翰斯頓街（Johnston Street）教室窗外的尤加利樹，某天，一輛大貨車為了閃避停在一旁的車而撞到這棵樹，這個事件就像是行運，如旱災與空氣污染一樣；二推則像是那棵樹內在的適應性及讓自己繼續生長、脫落樹皮、分泌樹液的本能。

心靈的時間並非時鐘的時間，因此，我們最好不要把心靈的時間概念化，而是把它看待為符號象徵。符號象徵隱晦又拒絕被分析，它們傳達意義的方式，讓我們很難予以定義；同樣地，心靈也是一個抗拒受限觀點或固定定義的符號，或許它比較適合以一些古

老的方式去描述，例如：它是液態的、多孔的、轉瞬即逝的、可以被滲透的。心靈是一種看法，一種看待或思考事情的方式，而不是一個固定的視野或信念。同樣地，二次推運拒絕固定的分析，它邀請我們去詢問及反思，當透過這些推運工作的時候，最好能夠讓你自己從占星學的時間與字面上的事件中解放，又或者你可以將占星時間視為記憶或符號去考量。

為什麼是二次？

使用二次推運時，占星師要處理的並非當下的行星循環，而是這些循環在時間中的次等表現。為什麼是時間的次等表現呢？雖然它與初次循環有關，但它無法透過第一次的循環去經歷或理解。我將推運的次等循環想像為一些時間點，這些時間點是關於收穫及揭示、本能的成長及發展、以及人類逐漸發展出自省、良知及覺知時間流逝的能力。

此象徵源自於地球環繞太陽的次等運動：地球的初等運動正是其環繞地軸自轉，而二推使用地球一天的**自轉**，象徵性地比喻地球環繞太陽公轉的每年軌跡。在一天之中，黃道十二個星座會依序從東方地平線升起，而一年之中，太陽會通過十二個星座；在二推的技巧中，兩種通過黃道十二星座的不同旅程在此進行比較：分別是以二十四小時為單位的上升星座，以及以一年為單位的太陽星座。這在某程度上是日常生活的稍縱即逝對比太陽的忠實回歸。平均每兩小時會有一個星座通過上升點，太陽在每個星座停留大約一個月，因此，在次等時間中，兩小時大約等於一個月。在這裡的時間並非是原始時間，而是時間的次等參考，以下表格列出了兩種等

級的時間。

真實時間中的初等時間	二次推運中的次等時間
1 天	1 年
24 小時	12 個月
2 小時	1 個月
1 小時	15 天
4 分鐘	1 天
1 分鐘	6 小時

　　爲了讓大家開始體驗何謂二次推運，現在讓我們用一個較廣闊的視野去探討這個領域。我們首先考慮到的第一件事是：在二推中，大部分星體在黃道上的移動速度可能都很慢，有時候甚至是微不足道的，因此，我們需要分辨出該如何有效地運用行星。

　　例如：在人們一生的二次推運中，外行星的移動非常緩慢，因此我們一般不會考量它們在推運中所形成的相位；然而，這同時也代表本命盤中的外行星位置，會在二推盤中停留非常長的一段時間，因而凸顯此相位，也因此更加強調了本命盤中的這個相位。在符號上，這些行星組合在本命盤中會被認爲是需要首先考量的相位，且需要更長時間才能整合，因此，思考外行星推運移動與本命內行星所形成的主要相位，往往會是一件相當有趣的事。如果一個移動較緩慢的行星相當接近某星座或宮位的宮首位置，它可能會換星座或宮位帶來改變，這將會是一個相當值得期待的主題。在推運盤中，外行星非常有可能會改變方向，在我的經驗中，對於個案與此原型之間的關係來說，這將是相當重要的一段時間。

關於行星推運的思考

　　二次推運是再次表現人生初期曾經烙印於心靈上的主題，因此推運並非來自外界，也不是陌生的。這些曾經的感受或許會以一種似曾相識的樣貌出現，人生中任何一年的推運，都是我們重新經歷剛出生不久時，同一顆行星當時的能量及其發生的相位。我鼓勵學生們做的第一個練習，是列印出象徵人生推運的星曆表——也就是他們出生當月及之後兩到三個月的星曆表，單單這三四頁星曆表已經呈現了你人生的所有二次推運。在這幾頁星曆表中的每一項資訊，無論是月相、月亮行運、行星停滯或入境，都會變成了次等時間。好好的研究這幾頁星曆表：出生後太陽首次換星座是何時？首次的新月是何時？哪顆行星首先轉換方向？月亮第一個相位是與哪顆行星形成的？

　　二次推運往往讓人覺得模糊不清、不夠明確，因此，二推相較於行運或太陽弧正向推運這些向外重新建構人生故事、明顯的占星技巧，往往會顯得黯然失色。**靈魂時間並非線性的，它是週期性而且重複發生的，相較於未來，它更容易在過去找到立足點。**因此，開始學習推運的珍貴方式之一，是去研究次等時間中行星重複、週期性特質，考量該行星的節奏、循環、設計或模式。

　　讓我們先從發光體開始，它們是二推中最常被運用、也是最深入研究的單位。二推的太陽與太陽弧的太陽是一樣的，因此在兩個系統中，推運太陽都被廣泛運用。發光體作為核心原型的精髓與最主要的行星能量，其推運在恆星與相位循環中都揭示出相當多的內容。

發光體

　　二次推運月亮每 27.3 年環繞本命盤一周，它是二推中唯一可以走完黃道一圈的行星，它的完整循環大約比同樣將人生分成三個階段的土星循環短兩年。二推月亮就像是外在土星循環的內在使者，它同樣會在一般人的人生中重複循環三次：第一個循環是青年，第二次是成年，第三次則是老年。二推月亮同時包含世代循環與個人循環：它與本命月亮的重要相位描述了人生週期，而它經過不同宮位以及與其他行星所形成的相位，則體現了私人生活與感受。當它再一次經過同一宮位時，會讓我們再次想起上一循環經過這位置的時候，它並不是透過事件，而是以感受性的經歷讓我們再度想起。二推月亮同時每兩年到兩年半會通過一個星座，重複同一循環的行星相位；二推發生的時間，依照月亮於出生時在本命盤上的位置而變得獨一無二。月亮的推運象徵了我們的情感發展及成熟，同時也是我們習慣性的反應、感受與動機。

　　二次推運太陽大概每年移動 1 度，因此它大約三十年左右才會到達其出生位置下一星座的同一度數，並在那裡與星盤的每一顆行星形成十二泛音盤相位，大約再三十年後重複同一系列的相位。二推太陽經過星座、宮位以及與其他行星所形成的相位，有如自我、耐心、自信及性格的發展紀錄。因為太陽每年只會推運前進 1 度，因此在人的一生中，它只會推進星盤的四分之一，從出生盤的象限推進到下一象限；如此一來，推運太陽越過四個軸點是一個相當有力量的進化象徵。每一顆本命太陽都有獨一無二的經歷，例如：火元素的本命太陽推運進入土元素星座，火元素對於想要了解自己的那股熾熱、直覺、自發性的衝動，會藉由土元素拉上韁繩、承載並且帶入現實。土元素太陽總是會推運進入風元素，個

人對於自我的那種踏實、透過感觀感知、現實的態度，會變得更多變、更深入思考、更抽離；風元素太陽推運進入水元素，對人生的理性、重視思考的傾向，會變得更以情緒主導、更易反應、更多感受；水元素太陽推運進入火元素，有助於將重視感受、內向的自我向外表達。我們仍然會保持我們本命盤的傾向，但是推運帶來了不同的觀點，讓我們變得更會忍耐、成熟，我們的天生傾向正在慢慢發展出一個更大的世界觀。二推太陽象徵自性的發展及發展自性力量的功課，透過建立一個安穩載具，並支持我們的創造力與自我表達，它代表著自我認同以及對生命的信心。

太陽及月亮的推運形成了**二次推運月相循環**，這是一個歷時29.5 年的循環。這循環可以被分成八個階段，描述了一個人的人生從開始到高峰再到衰退、最後走到循環的結束，更新自己迎接下一次的新月。這是另一次歷時廿九到三十年循環的開始，賦予人生不同階段靈魂。

內行星的自我發展

思考一下內行星水星、金星及火星的過程，以及每個原型會如何發展及成熟。二次推運充滿活力，移動較快的行星會揭示性格發展，不論是智力發展、自尊的成熟還是一些逐漸變得重要的想法。當我們研究二推的內行星時，可以充分發揮想像力：此行星是東方還是西方行星（在太陽之前還是之後升起或落下）？即將停滯？移動速度快或慢？逆行還是順行？透過二次推運，我們可以找出內行星在人生中可能會改變星座、宮位及方向的年分。內行星甚至可能會更改與太陽之間的相對位置，從東方行星變成西方行星或

相反；對於水星來說，這也代表了它改變了晝夜守護。[75]

　　水星的速度差異，可以從停滯當天幾乎不動、到外合相時差不多一天移動超過兩度[76]。水星每年逆行三次，每次三星期，在逆行三星期之前，都會順行約十三到十四個星期；因此，在二次推運中，水星會在任何地方每年移動超過兩度，也會在某處轉換方向。如果出生時水星逆行，那麼在廿四歲時，水星就會回復順行；如果出生時水星順行，則極可能在人生中會遇到二推水星開始逆行，除非你出生時它已經回復順行。二推水星象徵了溝通過程、學習能力的發展，以及掌握會話、閱讀、寫作及語言能力重要階段的出現；它也往往代表了教育上的重大改變，以及知識及資訊的掌握。在本質上，它記錄了我們水星技能的發展，當水星與本命行星形成主要相位、改變星座或方向時，這代表了思考方式、想法及理解能力的重大發展。

　　金星每日的移動速度，可以從即將逆行或順行的停滯時期的些微移動，到外合相時大約每天移動 1¼ 度，這是她在二推中每年的移動範圍，差別在於你出生於金星循環的哪一階段。金星大概每十九個月會逆行一次，每次六星期；如果你在金星逆行期間出生，那麼在四十三歲時你的二推金星會回復順行。同樣地，二推金星的重要性在於它與本命行星所形成的相位，以及當她改變星座或方向的

75　「晝夜守護（sect）」一字來自拉丁文，意指切割或劃分。在古典占星的傳統中，這辭彙所主張的系統，把傳統行星分成由太陽統領的白天或白晝守護，或由月亮統領的夜晚或夜間守護。日間行星一組包括了太陽、木星、土星以及比太陽早升起的水星；夜間行星一組則包括了月亮、金星、火星及比太陽晚落下的水星。當太陽與水星合相時，它就會轉換組別；因此，當二推太陽與二推水星合相時，水星也會在二推星盤中轉換組別。作為象徵，這一點相當值得注意，因為它描述了代表我們想法、語言及溝通的水星採取了不一樣的傾向。

76　水星與太陽的相位循環中有兩次合相：1. 當水星逆行時，它最接近地球，這合相被稱為下合相或內合相，此時水星介於地球與太陽之間。2. 當水星順行並位於太陽另一方時，則被稱為上合相或外合相。

時候。二推金星象徵了我們的價值觀、價值及自尊的發展，個人品味及好惡選擇的成熟；它同時也暗示生命中的人際關係以及人際互動的發展及成長。

　　二推**火星**每年移動最多 1 度，它每天移動速度從停滯時的難以察覺到每天接近一度；火星每二十五個月逆行一次，每次時間不一定，約五十八至八十一天。同樣的，二推火星與本命盤形成相位、改變星座或方向時，都是重要時刻。二推火星描述了意志的發展以及是否有能力去堅持自己，追隨自己的想望；它同時也象徵了我們在體力上如何做出努力、能量輸出、如何設立目標、以及如何管理那些不穩定的感受，例如：憤怒及沮喪。

社會行星及外行星的慢火烹調

　　社會行星與外行星的移動難以察覺，因此這些行星在二推中與本命盤形成的相位會持續比較長時間，表示這些能量比較難以轉移，會因為過去的狀況及經歷而感到沮喪；但是，它們可能會在二推盤中停滯及改變方向，突顯出對於這些原型的觀點改變。當二推的態度轉移時，我們對此行星原型的認知以及回應此行運行星的方式也同時會改變；移動較緩慢的行星改變方向，突顯出為了能夠讓此行星原型可以順利發揮功能以及經歷所需的覺知。一旦社會行星或外行星改變方向，在餘生中此行星就會在二推盤中一直朝這方向繼續前進，因此，方向的改變是非常重要的徵兆。

　　我建議你去檢視自己生日後幾個月的星曆表，看看有哪些行星改變了方向，然後將它轉換為次等時間。例如：歐普拉（Oprah Winfrey）生於一九五四年一月廿九日美國密西西比，當我們查看

其星曆表時，可以發現二月十日木星恢復順行，這大約等同於她十二歲左右；十九歲時，二推土星轉爲逆行；廿二歲時，水星開始逆行，並於四十四歲時恢復順行；天王星則於五十七歲時恢復順行。從二次推運的角度，這些都是很有意義的年分，強調了這些能量的原型觀點。

木星每天的速度可以從難以察覺，到最快每天 ¼ 度，因此它在二次推運中速度緩慢。但在人的一生中，有時候可以推運前進超過二十度，所以木星有可能在某人的人生中改變星座。因爲它移動這麼慢，因此它與本命盤行星的相位會維持很多年；二次推運木星描述了個人信仰、倫理、道德、信念的進化及人生哲學的發展。二次推運的**土星**更慢，它與木星一樣，與本命盤的相位會維持很多年，透過形成相位的行星，土星的主題會被帶到本命盤中，讓個案感受到它的力量；二推土星告訴我們關於自主性的發展、自我管理及權威。

外行星的二次推運，其移動範圍於人的一生中幾乎難以察覺，因此它們與本命盤的相位，尤其是內行星的相位，往往都會因他們的二次推運而被強調，變成潛在的情結，以及日後重複發生的能量模式，尤其當外行星與內行星形成的是入相位或者非常緊密的出相位時。外行星代表了家庭體系及文化體系以外的原型力量，它們緩慢的二推速度，象徵了當我們開始去認識、了解及參與這些能量時，需要放慢速度。

因爲二次推運可以是如此的不確定且難以描述，我建議學生們首先檢視二推月亮、二推太陽與二推月相循環，找出出生後的二推月亮位置，專注於它經過了哪些宮位。同時，注意它的對分相發生

的十三至十四歲、四十一歲與六十八至六十九歲，還有二推月亮回歸發生的廿七至廿八、五十五至五十八，還有八十二至八十三歲。當你慢慢熟悉二推月亮，你會開始發現它所持有的深刻、像厚檔案一樣的內容。二推太陽代表自性的加強、耐性的發展及自我的發光發亮，照亮自我中所有的隱晦，它重複發生的相位可以在人生中追溯到，而它推運進入下一星座，則往往是自我發展的重大轉變。最後，二推月相循環是占星學中其中一個最重要的循環——它是八個以三十年為單位的階段所組成的心靈曼陀羅，我們會在之後花一個章節逐一討論這些重要的推運。

在開始使用二次推運時，要記得你正使用的是一個象徵性的時間系統，其中每顆星盤上的行星都有其進化種子。因為內行星移動較快，所以在二推中這些行星最需要我們的關注。可是，透過暗示，我們知道外行星也可能具有相當的影響力，因為在二推盤中，它們會一直停留在同一黃道位置附近，強調它們本能性的原型特質，而且往往會讓人覺得它是動態、很多要求且激烈的；它們緩慢的移動象徵了要同化這些能量需要很長的時間。

需要牢記的重點是，二次推運需要與本命盤進行比對，雖然二推盤是獨立衍生的，但以本命盤為根據去解讀推運盤，才能確定隨著時間流逝所發生的發展。要記住，二次推運就像是內在生命，因此我們要看的不是外顯的事件或標誌性事件，而是內在的靈魂及其發展。當二推與社會行星和外行星的行運結合在一起時，我們也能從中透過內在與外在的視野，去見證人生不斷變化的起落。

第十一章
二次推運月亮

情感的成熟

　　在人的一生中，二推月亮會環繞本命盤走三圈，因此它的循環同時反映了個人和家庭的發展，以及生命循環中自然的生物及情感階段，它衡量著我們的情緒起伏，也是我們情感生活的穩定量度器。二推月亮象徵情感成熟的過程，其推運記住並記錄了我們的情緒反應及感受性回應；當月亮在星盤上推運前進，它標記、記錄並最終釋放了我們曾經的感受、想望、品嘗、渴求及反應過的每一件事。二推月亮記錄著生命的情感領域，它是情緒及本能記憶的強大隱喻，作為一種回歸循環，它幫助我們隨著時間去追溯情感依附及感知。二推月亮以感受及記憶去編織時序性的時間，當它在之後的循環中，再次推運經過同一宮位、星座、軸線或與同一顆行星再次形成相位時，過去的感受與記憶會強烈地透過時間連接在一起。這裡所指的月亮時間，充滿了情感、印象及意象。

　　一次完整的二推月亮循環歷時 27.3 年，它在每個星座逗留兩年至兩年半。月亮每日移動 12～15 度，因此二推月亮每一年移動 12～15 度，作為唯一會回到本命位置的推運行星，它是我們觀察生命循環時首要考量的原型。它經過星盤宮位、與本命盤行星形成的相位、以及其循環本身，都是描述人生階段的重要考量。它在循環中形成的四分相、對分相以及回歸，都標示了在個人及家庭的生命循環中所反映的情感發展階段。由於月亮的三層本質，我會同時

注意月亮循環中的三分相，這**大約**會在二推月亮回歸前後九年左右發生。

二推月亮循環 大約年齡	第一次循環 年齡	第二次循環 年齡	第三次循環 年齡
循環開始的年齡	出生時	27.3	54
上弦四分相的年齡	6～7	34	61
上弦三分相的年齡	9	36	63～64
對分相的年齡	**13～14**	**41**	**68**
下弦三分相的年齡	18	45	72～73
下弦四分相的年齡	20～21	47～48	75
回歸的年齡	**27.3**	**54**	**82**

在生命循環中，二推月亮是土星循環的前奏及先鋒。

幽微敏感處與月亮循環

在人生的初期，月亮是最重要的。它吸收家庭的氛圍，對母親及其他主要照顧者的依附方式作出回應，並意識到家庭成員的來來去去。我相信，當人們還在胚胎時期，月亮就已經是敏感並充滿回應的，而出生或生產前所遭遇的任何創傷，都會成為月亮記憶的一部分，這些感受影響了我們最早期的記憶，並創造出那些深嵌於月亮載體中的意象。由於這些記憶存在於學語前，因此二推月亮的內容並非以文字表達，而是感受性、感官性、富想像力且主觀性的。

嬰兒對於月亮的推運尤其敏感，特別是當它與外行星形成相位或轉換星座時，因為此時的改變會反映在家庭的情緒氛圍之中，這些轉變可能會以缺乏安全感或危機感的方式被記住，特別是當母親缺席、或家庭的日常運作受到干擾時。在嬰兒時期，月亮的推運可能會經過情感領域，觸動了關於生存、依賴、安全、防衛、滋養及無助感的議題，並且在之後的成年期中，當月亮推運再次經過星盤相似的領域時，這些都可能會是被觸動的議題。二推月亮在星盤的移動會觸動生命中那些感官、無意識、學語前的面向；二推月亮有如靈魂永恆的紀念，當它繞行星盤循環，會觸動、想起、重新拾起自性中破碎的部分。但是它不一定能夠再次證實被憶及的過往，因為這些也許是來自於家庭或祖先過去以外的地方、來自於集體無意識或前世的印象。

二推月亮就像是一個量表，告訴我們作為成人可以做些什麼讓自己感到更加受到保護、更有安全感，或是我們需要什麼東西才能夠更專注於情緒。它衡量情感生活的起伏，是一個有助於象徵當下情緒模式的強大意象。月亮與習慣性回應方式和本能性動機有關，當我們追蹤月亮推運的軌跡時，這些主題也會變得更加清晰。它的移動為我們計算出什麼時候最適合去打破舊習慣，或是我們可能會以哪種方式去滋養自己。月亮不斷改變的節奏會虔誠地記錄、反映及揭示最初生命的每一次心跳、每一次呼吸以及各種細微變化。它舞動經過每一個月相，穿過充滿印象、感受及感官的迷宮；她是野性感受的保護者、珍貴回憶的守護者、內在導師的精髓。月亮從新月到滿月再到下一次新月，從上弦走到下弦，隨著每個月相而改變形狀，從受孕一刻開始，月亮就已經來到並參與我們。

　　二推月亮是最適合的占星月曆，藉以記錄個人情緒的成熟度及進化。它的移動記錄情緒反應的全部、家庭情感生活的影響、以及發生在家庭環境中的氛圍轉變；它記錄了我們情感生活的成熟、開花和收穫，是我們的個人及經驗的資料庫。二推月亮象徵著我們對於歸屬、記憶及更新的不斷探索，同時也是一個失去及重獲情緒依附的不停循環。它作爲一種循環，衡量著家庭生活的不同階段：從手足的出生、青春期到離家，最終成爲大人、老年直到死亡。二推月亮有系統地運作，回應及揭示家庭系統中的不同階段，以及家庭系統中那些與我們有情感連繫或依附的成員變動。

　　二推月亮作爲一個占星符號，其循環描繪了生命的開始。這些二推月亮循環的關鍵時間點，會在回歸、或與本命位置形成對分相及四分相的前後，以最戲劇性的方式發生。在個人星盤中，月亮有節奏地在星盤中推運前進、經過不同宮位、與其他行星形成相位都是重要的時間點。

　　理解二推月亮的關鍵之一，在於拆解那些榮耀她的古老意象及傳統，並熟悉化身爲她的女神們。正如前述，月亮其中一個領域是「情感記憶」，在希臘神話中，九個繆思女神的母親寧默辛妮（Mnemosyne）正是月亮或本能記憶的化身，藝術、音樂、詩歌、舞蹈及天堂全都是她的助攻。二推月亮將個人神話中失去連結的碎片，透過想像、記憶、感官及感受編織在一起，雖然記憶可能不斷轉變、毫無規律，但二推月亮其中一個最強大的特色正是恢復感受。那些與理性的自性失去關連的記憶碎片，與我們的月亮面有著共同語言，因爲月亮鼓勵我們將想像力作爲理解事物的工具。二推月亮攜帶著人生經歷的情感記憶，流經我們的星盤。

榮耀月亮的三重特質

母系文化傳統把月亮循環分爲非常著名的三個階段，普遍由少女、母親及老婦象徵，例如：少女波塞鳳（Persephone）、母親迪密特（Demeter）、老婦赫卡特（Hecate）三位一體。另一個反映此三個階段是天后希拉（Hera）的不同化身，包括少女時的派絲（Pais）、成爲母親的忒勒亞（Teleia）、以及孤寡的克拉 Chera；這三位一體的另一種變化是希比（Hebe）、希拉與赫卡特。

月亮女神擁抱了整個人生循環，月亮循環的三重本質：第一階段所體現的是年輕、心無所屬的少女，在新月的黑暗之中逐漸浮現月牙；滿月的時候，它體現的是女性的力量，以其光輝爲生命帶來支持，她是一位母親，也是與所有男性一樣平等的女性；在最後階段，她會成爲一名老婦、睿智女性及長者，是通往另一世界的通道守門人。月亮體現了女性生命中的月經階段，其中也包括了這三個階段：初經前的少女期、成年女人的月經期、及停經後的更年期。

月亮循環的三重本質放大了二推月亮進入獨立又糾纏的三個階段體驗。二推月亮大約在一生中繞行星盤三次，定義出三個清楚分明的發展階段：青春、成年及老年，爲個人循環及家庭生命循環劃下了重要的發展。從出生到 27.3 歲的第一次循環之中，月亮吸收、記錄並收集經驗，感知及參與家族的感覺生活；這是少女階段，女神亞緹密斯（Artemis）主宰這段原始、野性、未被馴服、未被束縛的時期。她是「動物的女主人」，象徵原始本能的保護者、狂野人生、未受指引、純如處子的時期，這是二推月亮第一次環繞星盤的循環。

在人生初期，月亮並沒有個人的載具，而是由母親及家庭承

載，因此，它會自由地參與家庭或家族的感覺生活。月亮的界線是流動的，孩子會吸收、感知及記錄家庭成員的情緒及感受。本命月亮的相位有助於指出家庭氛圍對孩子所帶來的影響；當月亮與外行星形成相位時，孩子的感受性經驗可能會被潛伏在家庭意識層之下的強大感覺壓垮。月亮的相位同時也會指出孩子的依附方式、他們失落悲傷的經驗、以及管理這些感受的能力。月亮記錄並記得家庭氛圍中的感受，以及對於這一切的反應，這些記憶會成為個人感覺生活的紀錄，並由二推月亮所象徵。在第一次循環中，二推月亮的經歷塑造了個人的情感領域[77]。

隨著二推月亮在廿七歲完成第一次循環，標記了情緒的成熟，此時，已經記錄了我們可能獲得的每一種情緒經驗。二推月亮第二次環繞星盤的旅程，發生在廿七歲至五十四歲的成年生活，那是建立新的情感及個人依附的時候，生命力有了方向並且充滿創造性。字面上的生育或是富創造性的自性，都會引領我們踏入成年循環。其中，當下的感受會與童年的感覺共存，在成年人的背景中開始想起早期的情緒經驗，並且將它們重新活出來。我們此時對於自己的情緒回應，會有更多的選擇，也更有能力去區分自己與他人的感受。

人生的第二階段會喚起九個繆思之母——寧默辛妮女神[78]，她是記憶的化身，但此時已經有點被遺忘。記憶不單是過去發生過什麼事，它同時也用一種讓人想起某段回憶及深刻觸動的方式，去描述我們當下的感受。寧默辛妮會在此第二階段引領二推月亮，重新

77　詳見布萊恩・克拉克的《家族占星全書》，春光出版社2014年出版。

78　「九」是月亮數字，是三分之一的月亮循環；月亮循環可以被分為三個次循環，每個次循環歷時九年。在二推月亮的三個循環中，也會建立九個次循環。

喚起第一階段的情感經驗及記憶，重新帶回埋葬在地底的心靈。

　　月亮的記憶以意象、符號、感受、印象及本能的方式被儲藏於心靈中，或是烙印在身體之中。月亮的記憶並非線性的，它並非以記住日期與統計數字，而是透過夢境與感官的方式去揭示。寧默辛妮在詩歌中找到自己的聲音，她的故事存在於歌曲的片段、段落、故事或童話之中，透過傳說、詩詞、口號或神話去保存她的回憶。當月亮於星盤中推運前進，她會喚起夢境、意象及歌詞，為我們的生命故事帶來持續性；隨著月亮的推運，記憶與想像也被編織在一起。

　　月亮的記憶同時也儲存在身體之中，在腎上腺、嗅腺、肌肉張力、過敏及疾病中；因此，二推月亮與健康議題同時發生，同時也反映了個人的健康程度。身體擁有記憶力，月亮的原始反應會透過特定的飲食習慣、易變的情緒、焦慮、執著、生活習慣或儀式來讓人意識到。二推月亮在此階段的移動會喚醒心靈留在體內的紀念品，它喚醒成年人際關係中重覆的情緒模式，這些模式或許源自早期的感覺回應。月亮是習慣性的，透過它在星盤中穩定的推運，我們可以慢慢意識到隱藏在情緒反應之後的感受世界。

　　在二推月亮第二次環繞星盤的循環中，同樣經過第一次循環時的占星領域，不同的是那已經不是初次的體驗。二推月亮會記得上一次循環的意象及印象，而在此循環中，它會像一個釋放的媒介，再次感受被埋藏的情結、禁忌感受及壓抑的記憶，並尋求承認與接納。占星學循環提供了工具，連結不同的階段，我們可以連結上一次循環的時間點，讓出空間去反思並產生靈感。

　　二推月亮的第三次循環發生在五十四至八十二歲，讓我們踏入

老年的人生階段，由智慧婦人、祖母、部族長者及老嫗象徵。此時的情緒體驗會更加穩定、更有方向，較少是反應或本能性的；我們的情緒態度也會變得更為一體、更加具體，轉暗之月的神祕也逐漸被內化。對女性來說，更年期的經驗正是此內化過程在身體上的象徵。

在此生命階段會喚醒女神赫卡特，她身為三位一體之女神，同時擁抱了天界（塞勒涅）、地上（亞緹密斯）及陰間（波塞鳳）；此三個階段皆歸於赫卡特，因此她站在生命的三叉路口。羅馬人給予她的別稱為 Trivia、tri-via——即三條道路，在此路口，三個循環交會為一，母親與孩童時期會成為記憶，並展開老嫗的循環。

這三個階段同時也呼應了現代家庭生活中，關於孩子、父母及祖父母的生命循環，古人視為少女或小孩、母親或新娘、以及老嫗或寡婦。家庭的此三個世代會一直是二推月亮循環的一部分，因此，二推月亮的移動可以同時描述家庭中氛圍的改變，無論是原生家庭、選擇的家庭或是兩者，尤其是關於母親及小孩。在人生的循環中，我們的二推月亮持續體現的不止是我們的情緒與感受，還包括我們依附人事的情緒氛圍。

繞圈遊戲

深嵌於星盤宮位中的意象既複雜又豐富，當二推月亮展開星盤的第二次循環時，她經過有些熟悉的領域，再次推運經過一樣的宮位，月亮會回憶起過去與那生活領域有關的早期經驗；她作為釋放那些固執情結的媒介，揭示出埋藏在瓦礫下那真實自性的豐富

性。當二推月亮經過星盤的每個宮位，我們會再次與原始、野性及純潔的自我面向產生連結，並讓我們有機會想起眞實自我中那些被分割、剝奪的部分。寧默辛妮鼓勵我們透過意象、夢境及感受去記憶，將我們的人生故事編織在一起。

當二推月亮進入新的宮位，它會喚醒那一宮所掌管的情結及議題，一般由那一宮裡的行星所象徵。當月亮推運經過每一個宮位時，會攪動那一宮的行星原型領域，讓我們回溯並與之前的時間產生連結，一旦二推月亮剛跨越宮首時，這些就可能發生了。有一位個案，她的星盤有金星／冥王星於第八宮合相，當她向我預約諮商時，二推月亮與此合相距離只有幾度，她說她之所以預約諮商，是因爲她感到被拒絕及遺棄，特別是在與丈夫的婚姻關係當中。因爲第八宮的此組合相道出了這種感受，而二宮月亮挖掘出這個主題，於是我問她在二十七年前上一次二推循環時發生過什麼事，她說：「事情就是由那時候開始的。」

我問她：「什麼事情從那時候開始？」她的金冥合相同時四分相第五宮的月亮，二十七年前她第一次懷孕，也就是在那時，她初次產生被伴侶嫌棄、讓伴侶燃不起慾望的感受；二推月亮正在挖掘她人生的一個重要主題，即母親與妻子的角色、親密與自由之間的矛盾。當探索這些主題時，她想起了父親的外遇，這件事最終破壞了她父母的婚姻；蟄伏在這些感受的底層，正是這些與背叛有關的記憶，威脅了其婚姻的安全及穩定。當她與這些慢慢滲入現在、來自過去的記憶建立連結之後，她覺得自己比較有力量去面婚姻中的這些感受。

二推月亮的星座象徵了當時的情緒色彩，當二推月亮隨著時

間慢慢累積了情緒經驗，我們也會慢慢習慣大部分感覺生活的元素。七歲時，月亮已經推運經歷了三種模式（開創、固定、變動）；九歲時，它則已經推運經過四種元素；及至 27⅓ 歲時，它已經走完十二星座。我們從這完整的情緒經歷中，在廿七至廿八歲時建立了情緒的成熟度；廿七至五十四歲的第二次二推循環則為我們提供機會，讓我們在成人世界中重新經歷這些感受，並更加察覺自己的需求以及如何滋養它們；五十四至八十二歲的第三次循環讓我們以更加整合、內化的方式，去重新體驗這些需求與感受。

每一次二推月亮循環都體現了家庭及個人生命循環中的重要階段，而這些階段又彼此相連。例如：十三至十四歲時，我們首次經歷二推月亮與本命月亮的對分相，這代表了互相衝突的感受以及早期青春期的經歷；四十一歲時，此對分相再次發生於中年階段，此時我們在情感上察覺到自己需要成為一個可以被倚賴的成人以及可靠的人，然而我們同時也擁有青春期的記憶及經歷；第三次對分相發生於六十八歲左右，此時個人會在自己的社群中成為一個更受認可的長者，可以運用人生淬煉出來的智慧，特別是來自早年青春期及中年時的生活。

人生階段	青年	成人	老年
家庭角色	小孩	父母	祖父母
女神	亞緹密斯	塞勒涅	赫卡特
母系階段	少女	母親	老嫗
關鍵字	吸收	記憶	感受

宮位的轉換

月亮推運經過的宮位，是未來幾年個人在情緒領域中的量表，依宮位的大小，二推月亮平均會在一個宮位停留兩到三年；它在宮位的推運告訴我們生活中的哪些領域需要情緒上的專注及關注。整個循環從上升點開始，當月亮推運經過第十二宮末尾進入第一宮的生命宮位時，會清空老舊的循環，並展開新的循環。一般來說，二推月亮的這種移動，會與「要出來展現自己」的感受同時發生，就像是情緒上的分水嶺，或是一種代表全新開始的意象；這是重新定位情緒的時候，是一個我們需要進入內在安全之地的間歇。二推月亮在第十二宮期間，我們清空過去，爲新循環做好準備，它是一段退出及隱退的時期，我們需要沉潛才知道哪些事物在情緒上不再支持我們。因此，即使與許多家人、朋友經常碰面，這幾年仍然是會感到孤立及寂寞的時期。我們在情感上可能會回溯，重新體驗過去或過往的一部分，好讓自己感受哪些事情已經與我們的人生再也沒有關係，哪些事情是我們需要放手的。這是一段情感的準備期、是消化時間，目的是爲新的情感結構及模式創造空間，就像是生產前的階段一樣。當我與個案討論此階段時，許多人會自動告訴我他們當時如何清空櫃子和衣櫥，爲嶄新的自己騰出空間。

月亮經過上升點的開端，讓人們知道個人已經準備好在情感上更加獨立，並且比較不依賴熟悉的防衛方式。當月亮進入第一宮，觸發新的生命感受，讓我們更加舒適自在，這是開始的時機，情緒的重點圍繞在自我。這可能是我們更加安於自己與外界／他人的關係，或至少認同想要改變的那些情緒，如此才能讓自己感到這種舒適自在，我們可能的經歷是從孤島中走出來，更加願意與

身邊的人交流。由於我們經常會在個人的行動中看見第一宮的特質，因此二推月亮可能會將感受表現出來，並帶來那些讓我們在外界感覺更舒適的情緒。此時所展開的新循環，會在接下來的廿七年中慢慢發展。

當二推月亮在星盤中推運時，可以看出當時哪些生命領域是重要的，以及我們會在哪裡找到情感上的安全感。當她經過每一宮的精神形貌時，會面對那些被隱藏的老舊習慣、感受及反應，並找到新的習慣及方式去建立情感上的安全感。在 0 至 27⅓ 歲的第一次循環期間，二推月亮將更容易產生反應，因為當它經過每一宮時，都會觸發不熟悉的感受。而在廿七至五十五歲的第二次循環期間，我們再次經歷了這些感受及記憶，並容許以一種更符合成年人的視野去看待此生命領域。在五十五至八十二歲，二推月亮最後一次經過這些宮位期間，運用我們的情緒經歷，讓我們的內外在都感到更加自在。

二推月亮於星盤循環的總結

二推月亮需時 27⅓ 年環繞星盤一圈，平均在每個星座及宮位停留 2½ 年，我們可以如此思考它經過每個宮位的意涵：
- 情緒敏感以及可能感覺脆弱的生命領域。
- 主宰我們思考及感受的、比較投入情感的生命領域。
- 我們需要追求哪些活動或領域，好讓自己感覺更加舒適。
- 我們在哪些生命領域中吸收新的心理發展。
- 我們更加意識到自己態度、本能、感受、動機及回應的生命領域。
- 要求我們更加專注的生命領域。
- 我們需要滋養自己的生命領域。
- 我們會在哪個生命領域中察覺到自己習慣性的行為，感覺需要改變這些不合時宜的情感模式。
- 過去的記憶及意象可能與現在失去連結，或者出現在上一次循環——也就是 27 或 54 年前。

當二推月亮經過星盤的每一宮位，思考需要注意的心理功課以及需要認知的情緒	
第一宮	自由的感受、情緒的釋放、更安於與自己相處、新的存在於世上的方式，情感更加開放。
第二宮	奠定情感基石、為未來計劃、為情緒及經濟帶來更多的穩定、一致、可持續性。
第三宮	更願意表達情感，透過學習／閱讀／寫作感覺被滋養，與手足之間的情感模式。
第四宮	在情感上退回自我、探索家庭模式、為自己築巢、重新規劃一個家、情感上更有安全感。
第五宮	新的情感冒險、富創意又好玩的時期、懷孕（意象上及字面上）、表達自我需求、「離家」、伴侶關係上的實驗。
第六宮	專注在如何讓自己保持健康、工作習慣、需要淨化及改變習慣、情感上為自己負責，檢視自己的飲食及健康狀態。

第七宮	對於他人感到敏感、需要去分享、投入一段一對一的情感關係、我們在關係中的模式、以及在伴侶關係中需要情感上的安全。
第八宮	出現深刻的感受、失落／悲傷／重生的感受、寂寞感、需要淨化及放手、脆弱、渴望建立更加親密的關係。
第九宮	需要發展信念及信仰、更加安於追求知識、旅遊或尋求生命更大的認知。
第十宮	安於事業目標、需要立足於世界、感受成就感或達成目標。
第十一宮	安於更大群體的需求、新的社會及團體目標、朋友之間緊密的連結。
第十二宮	需要從世上退隱、安於自己一個人、探索意象的深度、做夢的時間、準備好接受更多的情緒認知。

與其他行星原型的相位

　　由於推運月亮每個月會移動 1 度至 1 度 15 分，因此，當我們使用 1 度的容許度，它與行星形成的相位會維持大概兩個月到兩個半月左右。把月亮的移動做成表格是相當有用的方法，這能讓我們看到它與本命盤行星會在哪些月份形成重要相位。雖然我們可能會對月亮許多相位都感到敏感，但我們需要優先考量以下相位：合相最為重要、接著是對分相、四分相、三分相、六分相、十二分之五相及其他次要相位。

　　當我們處理二推月亮相位時，也要注意本命月亮的相位。當二推月亮與某顆有本命月亮相位的行星產生相位時，會釋放並專注於天生的情結、感受及情緒。此時可以讓我們處理此行星所代表領域

中的無意識衝動，因過去某些議題而出現的情緒，也會在此期間變得高漲。是時候讓我們在情緒與心理上，進一步與這顆與二推月亮形成相位的行星原型產生呼應。

　　月亮的反應能量可能會觸發那些準備浮現的議題，特別是如果那顆與二推月亮形成相位的行星同時也正在經歷重大行運。當二推月亮所反映的相位組合，類似於行運所強調的主題時，揮發的情感會藉由情緒反應、情緒化或激烈感受來攤開這些議題。最戲劇性的例子，是當二推月亮與某顆外行星形成相位，同時這顆外行星的行運又正好與本命月亮形成相位，例如：某個個案本命月亮在第十二宮，正與行運土星形成相位；同時，二推月亮又合相本命盤第四宮的土星。因此，在這幾個月中，就會強調土星／月亮的主題，並且表現於外在世界（行運土星接觸本命月亮）及內在世界（二推月亮合相本命土星）之中，感覺像是心靈無法逃避此議題的情結或發生的衝突。

　　二推月亮會透過與其形成相位的行星去揭露感受、情緒及需求，當中可能會觸動情緒反應，或是喚起了某種不安全感，這有助於更加察覺帶來舒適及情緒安全感所需要的東西。月亮的議題實際上與居家、家庭、原生家庭、母親及其他依附的對象、那些依賴我們的人、還有各式各樣的情緒安全感有關；因此，當解讀二推月亮時，要記住這些實際的呈現方式。二推月亮會把注意力帶到這些領域，並且經常是透過無意識的方式，例如：夢境、感受、回應、心情等等。

　　在附錄三中，將提供如何整理二推月亮一生在星盤上移動的報告。

第十二章
二次推運太陽
權威與眞實性

地球環繞太陽的軌道呈橢圓而非圓形，因此太陽經過每一個黃道星座的時間會產生細微差別，當太陽經過摩羯座時距離地球最近，移動速度最快；太陽經過巨蟹座時距離地球最遠，速度也最慢。太陽每日平均移動距離被稱爲奈博弧（Naibod arc），也就是 59 分 8.3 秒，太陽在摩羯座時每日平均移動 1 度 1 分 7 秒；在巨蟹座則每日平均移動 57 分 16 秒。在星曆表中這種差別極其微細，但當使用二次推運太陽時，這種差別會在一生之中不斷累積。下表總結二○二○年太陽的入境在每個星座停留的時間，最後一欄則將此時間轉換爲推運時間。

2020年太陽入境		太陽於各星座停留時間（30度）			如果使用1日=1年的算式：	推運時間30 年		
進入	格林威治時間	日	小時	分鐘	24小時= 12個月，或2小時等於推運時間的1個月。	年	月	日
♒	1月20日14:56	29	14	2		29	7	-
♓	2月19日04:58	29	22	53	2小時=1個月；120分鐘 = 30日；或4分鐘 = 推運時間的1日。	29	11	13
♈	3月20日 03:51	30	10	56		30	5	14
♉	4月19日 14:47	30	23	3		30	11	16
♊	5月20日13:50	31	7	55		31	3	26
♋	6月20日21:45	31	10	53	使用這計算方式，我們可以把星曆表的時間轉換成推運時間。	31	5	13
♌	7月22日08:38	31	7	8		31	3	17
♍	8月22日15:46	30	9	46		30	4	27
♎	9月22日13:32	30	9	29		30	4	22
♏	10月22日 23:01	29	21	40		29	10	25
♐	11月21日 20:41	29	13	22		29	6	21
♑	12月21日 10:03	29	10	38		29	5	10

　　如果我們使用這些數字去計算二次推運太陽移動 60 度或兩個星座的時間，會發現二推太陽經過雙子座及巨蟹座這 60 度約需要62¾ 年；射手座與摩羯座則需時約五十九年，或者摩羯座越活越年輕這一點也是不無道理。隨著時間推運，這種時間差異會一點點累積起來，如下表所示：

出生時的 太陽星座	二推太陽前進 60 度所需時間	出生時的 太陽星座	二推太陽前進 60 度所需時間
♈	61 年 5 個月	♎	60 年 3 個月
♉	62 年 3 個月	♏	59 年 5 個月
♊	62 年 9 個月	♐	59 年
♋	62 年 9 個月	♑	59 年
♒	59 年 6 個月	♌	61 年 8 個月
♓	60 年 4 個月	♍	60 年 9 個月

　　二推太陽象徵了自我認同的發展及自信的成長。本命太陽體現了自性的生命力及創造潛能，二推太陽則揭示了逐漸出現的自我認同感及增強的自信。隨著時間的推移，二推太陽擁抱生存的不同面向及型態，當太陽推運前進，它形成新的行星相位、變換星座及宮位，帶來新的方式去建立自我認同並且認知這個世界。二推太陽幫助我們變得更能忍耐、更加清楚，並提醒自己去接受自己與別人的不同。

　　「自我」的英文 Ego 是「我」的拉丁文，這個字以各種方式被廣泛使用，依使用語境而有許多不同意思。它作為一個太陽主題的詞，意指我們的自我意識，特別是我們的價值及魅力，但同時也是指自負與自大。矛盾的是，當這個字用來意指自以為是或傲慢時，此人通常也缺乏自我意識或是一個「健康」的自我。在心理學上，自我與我們意識的決策過程有關，是本能與良知之間的仲裁，也是我們的衝動與社會規範之間的協調者；自我同時可以用來喚醒核心的自我認同或獨特的個人狀態，類似於意識的自我及自我認同。在發展的過程中，一個健康的自我能夠支持我們去處理生命

的各種需求、情緒波動、內在與外在的壓力，同時仍然忠於自己的信念、道德及欲望。

我們可以用各種的太陽關鍵字去比喻自我，例如：光線或光芒、創造力、個性的獨特性、熱情、驅力及獨立性；而關於是否發展出健康的自我、是否越來越意識到自我以及整個外在世界，其中的關鍵是二推太陽。它推運前進與其他行星形成相位所揭示的畫面，記載了靈魂的成長與啓發，這就像是二推太陽作爲一個內在時鐘，它緩慢而一致地記下從自我邁向自性的發展之旅、從狹窄的世界觀走向全知的廣大視野。有趣的是太陽弧正向推運的太陽及二推太陽完全一樣，在占星技巧上，二推太陽是一個強大的符號，它指出了心理發展及內在成長，以及身處外在世界的意識及處境。

二推太陽轉換星座：我不再是以前的我

二推太陽的轉換星座所帶來的影響，普遍體驗是一段時期的逐漸變化；一般來說，二推太陽會在一生中轉換星座兩到三次，依出生太陽的度數而定。因爲二推太陽會沿著黃道依序往前移動，因此當它第一次轉換星座時，其元素一定會與本命太陽星座的元素產生對立。此時我們開始產生對於其他特質的覺知，以前覺得不舒服或不熟悉的特質會前來挑戰我們，要我們以新的方式存在於世界上，就像是當我們整合不同行爲時，自我認同也因此受到衝擊。

當二推太陽第一次轉換星座，進入一個不同元素時，在心理上會與本命性情完全對立，自我開始察覺到一層陰影，這些陰影邀請自我去擁抱它們，成爲發展自我認同的其中一部分。在經驗上，個人會面對不同於自己的元素及本質，挑戰他們去擁抱及忍受這些新

的生存方式。

當火元素推運進入土元素，學習如何忍受結構、常規、可預測性及消極面。

- 牡羊座推運進入金牛座，會發展出一種能力，以足智多謀、持續及珍貴的方式去發揮自己的領導才能及冒險精神。
- 獅子座推運進入處女座，會透過自我分析、容忍自我批評、發揮創造潛能，慢慢增強自信心。
- 射手座推運進入摩羯座，會在計劃如何達成目標、實現理想及遵從專業人士指引的過程中認同其價值。

當土元素推運進入風元素，會學習如何認同理論、想法、以及即使是無形的東西也是珍貴資源。

- 金牛座推運進入雙子座，會在新的想法及不同的溝通方式中找到價值，並受到如何變得更具彈性、更加擅於社交的挑戰。
- 處女座推運進入天秤座，會更加安於分享自己的不安全感，並學習如何活在混亂及不確定之中。
- 摩羯座推運進入水瓶座，會冒險踏出體制之外，探索傳統制度以外的另一面並表達自己的意見。

當風元素推運進入水元素，會學習去接受感受、情緒和不確定。

- 雙子座推運進入巨蟹座，會學習如何安定下來，不會因為依附而感覺窒息，並發展描述自身恐懼與感受的能力。

- 天秤座推運進入天蠍座，會知道在親密關係中可以分享負面感受，而不受到指責，並學習如何變得更加強大、熱情。
- 水瓶座推運進入雙魚座，會理解社會並不只有政治，同時也包含富同理心的人文關懷，他們會受到人類受難時的面貌所帶來的衝擊。

當水元素推運進入火元素，會學習去忍受不安全感、煩躁不定及自發性。

- 巨蟹座推運進入獅子座，會透過原創性、創造力及自我表達發展出更強的自信心及自我感，並以自我爲優先。
- 天蠍座推運進入射手座，會尋找方式去理解自己的道德倫理觀念，學習以有建設及療癒性的方式去釐清並表達自己的深層感受。
- 雙魚座推運進入牡羊座，會尋找方式確立自我的獨立性；即使冒著被誤解的代價，也要在爲他人犧牲自我以及冒險讓自己更膽大之間做出區分。

本命太陽推運進入下一個星座之後，會停留大約三十年，依照你本命太陽的度數，這將在你人生前三十年之內發生，因此，注意它會在哪一年發生是相當重要的。我會使用數年的容許度去考量開始發生的細微改變：你如何看待自己、你的自我認同、你在這世上的自信都會開始產生變化。有一個快速方法，用三十減去你本命太陽的度數，就會知道大概幾歲時推運太陽會進入下一個星座。

二推太陽第二次轉換星座，會讓它回到一個相合的元素位置，「火元素與風元素」或「土元素與水元素」都有相似的特質，雖然仍然與本命太陽明顯差別很大，但會帶來較輕微的反

應，同時可以用更廣闊的視野去自省及自我理解。在過去三十年間，太陽已經認同了太多的陰影特質，現在這些可以用一種更真實的方式去整合及運用。在占星學上，本命太陽在火元素此時會推運進入風元素，而本命風元素的太陽則會推運進入火元素；同樣地，陰性土元素的星座會推運進入水元素，反之亦然。推運太陽第二次轉換星座一樣會停留接近三十年，並且依照你本命太陽的度數，它會發生在第一次與第二次土星回歸之間，是成年人生的篇章，適切地呈現了個人的自我認同如何在世上成長。簡單來說，只要將第一次二推太陽轉換星座發生的歲數加上三十，就會得出何時將發生第二次的星座轉換。

當太陽第三次轉換星座時，它會來到與本命太陽星座不合的元素位置，然而此時在與自我相處了快六十年之後，它應該已經得到了足夠的覺知及理解，有能力運用這種張力去創造人生的最後一章，並理解對於真實的自我來說，哪些主題是重要的。靈魂珍重人生的各種矛盾，因此，當本命火元素推運來到水元素、本命土元素來到火元素、本命風元素來到土元素、以及本命水元素來到風元素時，太陽已經經歷了所有四元素，它已經完成了煉金之圓，自我也已經被每一種元素馴服。這次的推運變換星座也讓太陽回到本命模式，無論本命太陽落在開創、固定還是變動星座，它都已經嘗試了透過不同特質的鏡片去閃耀光芒了。

推運指出靈魂的成長，雖然包含著轉變，但這些自然會帶來發展，因此太陽本身的特質並沒有變化，它只是隨著人生的試煉變得成熟，沿著黃道逐步往前走，同時變得豁然開朗。這次推運變換星座會讓人發展出能力去容忍及接受差異、持續發光發亮、在世上創造並建立一個更真實、更權威的存在。

　　太陽推運進入下一宮位的時間同樣值得關注，當使用類似全星座宮位制或等宮制此類系統時，太陽每次轉換宮位都會停留三十年；然而如果你使用的是任何不均等宮位系統時，太陽停留的時間都會不同。二推太陽會照亮不同的環境，當它越過宮首進入下一宮時，我們的焦點也會轉移到新的領域。視野及注意力的轉換相當幽微，但通常在剛換宮位、當環境明顯改變時，會較為明顯。

　　一般來說，二推太陽會終其一生照亮星盤的某個象限，因此當它推運越過某個軸點，會讓人意識到生命的全新領域。當二推太陽合相某個軸點，個人的自我認同會開始走向新的方向，個人在世上及關係中的自我表達會逐漸變得成熟。透過二推太陽帶來的新啟蒙，我們會建立更強的自我接受感，並且更加包容自己及他人。

二推太陽與本命行星形成發展性相位

　　當二推太陽與本命行星形成相位，此時是辨認這顆行星的時候，並盡可能將其他原型整合到自己的個性中。當我們認同並接受其他原型力量及不同生存方式，就能帶來自我發展、培養開放的心、同時強化自我。當二推太陽與本命行星形成相位，它會強調認同此原型存在的需要，從而帶來一種更具意識的視野。某些行星本質上與太陽不合，這暗示著我們不想認同這部分的自我，此時我們將面對自我的陰影面向。土星、天王星、海王星及冥王星這些原型，在我們認同它們的過程上較具挑戰性及危險，因此我們通常會產生防衛機制去忽視它們的存在。太陽與這些行星的推運相位，不但印證認同這些能量的需要，同時告訴我們此時是恰當、也是自然接受這些能量成為自己一部分的時候，此時，外在世界的意象及經

歷也可能會夾雜著這股能量。

　　心理分析學派理論衡量自我力量的方式，在於觀察它有多少可供使用的精神能量，當陰影能量被攤在陽光之下，就會增加這股精神能量。思考二推太陽的方式之一，在於它照耀了性格中的黑暗或陰影面向，而這會增強自我。二推太陽象徵透過自我認同、接納及同化不相合的能量而塑造性格，太陽本質上會帶來光芒，因此二推太陽會專注照亮任何與之形成相位的行星，照出其壓抑或隱藏的面向，讓人察覺其中的陰暗面。如果在推運與行運同時接觸了某顆行星，則內在世界與外在經驗及事件之間會相互結合，個人會受到激勵，從內在及外在去認清自我的這個面向。

　　在所有星盤中，水星和金星都會在太陽的限定弧度之內，由於它們彼此之間位置相近及軌道循環的關係，因此，水星、金星和太陽組成行星的三位一體，象徵了意識上的自我發展。水星和金星不會與太陽形成任何困難相位，因此它們共同形成我們意識上的自我認同，同時在推運盤中扮演相當重要的地位。

　　推運盤中的水星、金星與太陽的相位循環相當值得注意，如果水星或金星的黃道經度在太陽之前，那麼此人出生時，水星或金星會比太陽先升起，代表它們在相位循環的上弦階段，正從與太陽的內合相走向外合相，也代表金星與水星正推運移近本命太陽。如果水星或金星的黃道經度在太陽之後，那麼它們在與太陽的外合相及內合相之間，此時太陽會在個人二十八歲之前推運合相水星，並會在四十八歲之前推運合相金星。

　　當太陽推運合相水星，我們學習如何認清自己的思考模式、對自己所知道的事更有信心、知道我們需要學習什麼、也更加有效

率地溝通。當太陽推運合相金星，我們認清了自己的價值觀及價值，更加意識到在關係中需要什麼，這是象徵「結合」的時間，認同個人價值觀及價值，最後也代表一段自愛的時間。這種覺知可能會與我們的外在人際關係同時發生，開展一段全新的創意展現方式，或讓我們重新與創造力建立關係，三十年後，推運太陽會再次與水星或金星形成相位，再一次加強這些議題。

太陽與其他行星的推運相位強調具有覺知的認清，並整合其能量的需要，當我們使用第十二泛音盤相位時，這些主題就會每三十年重複一次，例如：如果推運太陽與某顆行星形成六分相，那麼在大約三十年後，它會再次與這行星形成相位，四分相或半六分相，而該占星主題會再一次被強調。

當太陽推運接觸不同行星時，我們會需要什麼才能夠認清及整合這些能量？首先取決於我們當時的年紀。如果推運太陽在人生初期推運與土星或某顆外行星形成相位，當它出現在家庭體系中，我們尚未有足夠的認知去了解這是自我的一部分，而會認為它來自外界。我們是否能夠有意識地將它整合，得看它在本命盤中如何運作，以及個人意識到此能量的程度。此行星原型會如何被整合或防衛，取決於個人所累積的、關於此行星原型的經驗。太陽的推運強調在此領域中更具覺知、信心，同時我們必須認清與此行星經驗相關的陰暗特質。

時間範圍

當使用二次推運時，無論是入相位或出相位，都使用 1 度的角距容許度，這代表該影響會歷時大約兩年。思考此過程的方式之

一，是思考當二推太陽與某顆行星形成入相位時，把它視爲一段時期，去認知及回應此逐漸被確認的行星原型。當相位越來越緊密，與此行星力量有關的覺知也會越來越強大，而當二推太陽離開此行星時，也越有可能整合這股能量。

當使用二推太陽時，我會使用第十二泛音相位或 30 度的倍數相位，因爲二推太陽每年移動 1 度，暗示了它會陸續與所有行星形成相位，然後在大約 30 度或三十年後，以同樣的順序與這些行星再次形成相位；同一模式將被重複，在一個循環中也可以與這些時期連結。我並不會排除其他相位，例如：半四分相或八分之三相（135 度相位），但我會選擇較常使用第十二泛音相位，因爲它們創造了一個循環性的過程。當我們使用第十二泛音盤時，可以使用以下相位：合相、半六分相、六分相、四分相、三分相、十二分之五相及對分相。雖然這些相位都很重要，但根據它們的影響力排列如下：合相最強，因爲它代表了一個過程的完結與下一過程開始之間的交會點，然後是對分相、四分相、十二分之五相、三分相、六分相與半六分相。這只是一個參考，因爲與之形成相位的行星，以及它在本命盤的影響力和狀況也是非常重要的考量因素；不同的相位可能會帶來不一樣的激烈程度，或是將對自我的整合帶來更多的挑戰。

二推太陽的相位

太陽作爲帶來光芒的行星，會照耀與之形成相位的行星。它光芒萬丈而且強大、投下陰影、露出光線之下的黑暗扭曲，我們會開始了解自己是投下這些陰影的人，也更有能力去理解它們是我們自

己的一部分，而非黑暗、危險的東西。同樣地，行星的陰影會曝露在二推太陽之下，壓抑、隱藏的黑暗面會透過二推太陽與其他行星形成的相位被攤在陽光之下。從靈魂的角度來看，當未知的東西被照亮，它就可以有意義地轉化，靈魂會擁抱未被確認的事物，因此，那些黑暗、神祕的部分，就是靈魂的領域。

二推太陽會深化我們與自性的相遇過程，將發生於我們身上的事件轉換為經驗，賦予我們的世界意義和省思。讓我們思考一下，當二推太陽與以下本命行星形成相位時，可能會讓我們認清什麼。

月亮

我的推運已經來到的階段，讓我更能察覺到自己更深層的感受及靈魂的渴求，也讓我更能準備好去探索更多來自過去、需要被認清的啟示。

- 我該如何以支持本性的方式更有意識地滋養自己？
- 我該如何挑戰家庭要求我違背真實自我去照顧別人的傳統？
- 我是否更加適應屬於我的地方，並從內心最深處感到安全？我該如何讓自己更安於與黑暗感受共處？

水星

在此成長階段，我會更加意識到身處的環境以及進出此空間的方式；我認清了對於學習、與他人連結、用自己的方式溝通想法和

思考的需求。

- 為了能夠專注於那些我深切覺得很重要的想法和構思，我需要學習、思考或研究什麼？
- 在與手足和同儕的關係中，我正在經歷什麼發展變化？
- 我如何更加留心自我表達以及與他人溝通的方式？

金星

當我在生命中前行，我更加察覺到自己的喜惡、珍視的是什麼、欣賞自己和別人哪些地方。

- 我可以如何繼續忠於自己的價值，並欣賞自我深層的內在資源？
- 在他人身上及整個世界，我認為哪些特質具有吸引力？
- 在重要的人我關係中，我如何支持自己的價值觀及自愛？

火星

在生命的這個階段中，我需要更加認清那些支持熱情和理想的目標和方向，此時是更加察覺自我意志、最深刻自我以及其渴望的時刻。

- 我如何才能更加意識到身體的活力和能量、以及努力追求自我目標的能力？
- 我是否將沮喪和憤怒引導至服務自我？我該如何接受自己的憤怒、更包容自己的沮喪、對自己的缺點更有耐心，並理解

這些都只是靈魂的狀態？

- 我可以如何變得更加獨立和自給自足？

木星

我開始更加熟悉我所相信的，並挑戰存在已久的假設及信念，我的信仰與生命過程逐漸變得清楚，這是我運用自我能力並尋找人生目標的適當時間。

- 我可以如何提醒自己要對未來抱持信念，並對人生保持樂觀？
- 追求信念和尋求答案的最佳方法是什麼？
- 我該如何追尋才能更契合自己的心靈？

土星

為了能夠支持人生的目標和理想，我更加意識到自主性以及建構人生的需要；我可以透過建立更堅實的目標和界線去支持此過程。

- 我在哪裡可以變得更加自給自足，並更安於與孤獨共處？我該如何支持靈魂渴望獨處和隱私的衝動？
- 我該如何才能覺知需要做的事情本來就是真實的，並不是因為它被社會接受或符合其規範，而是因為對我的本性來說，它是真實的？
- 我該如何發展更多的專注力和自律能力？

凱龍星

我對於生命的精神領域及身而爲人的憤怒有更多的理解，我更加注意到其中的分歧，也發現更加接受被錯置及邊緣化的感受。對於不被接納、被遺棄的那一面更加敏感，也更願意去擁抱和接受這個部分的自我。

- 我該如何參與靈魂的衝動，去療癒那些感覺微不足道、毫無價值的自我面向？
- 我如何才能更加回應自己的症狀，並與自我療癒之旅密切結合？
- 我該如何更加留心去接受那些感覺被邊緣化、處於體制以外的自我部分？

天王星

我可以認清想要脫離限制模式的衝動，我也意識到需要離開的模式和習慣，如此才能忠於自我；生活中需要支持接受新冒險的想法。

- 我該如何爲自己爭取更多的空間、變得獨立，並自由地去做自己的事？
- 我可以如何比較不在意結果，並更自發地去做選擇？我該如何鼓勵自己去走人煙罕至的路，探索靈魂對自由的渴望？
- 我可以如何支持自己把握機會、冒險和向外尋找機遇？

海王星

　　我對於內心世界及其創造可能更有反應，我意識到人生無常，它充滿了夢想及可能，但也充滿幻想和錯誤的期待；我對於其他的現實和生存方式更加敏感。

- 我如何才能分辨自己的精神需求，並在感受世界中更充滿靈性？
- 我如何才能更加了解自己個性中相互依賴和成癮的一面？
- 哪些儀式可以幫助我更專注於內心世界，更貼近直覺，更覺知夢想，更運用想像力去發揮創意，更清楚自己的感受？

冥王星

　　我更加意識到生與死的相互作用，更接受死亡是生命的一部分，而不是恐懼或需要克服的東西。我知道負面情緒是人類完整性的一部分，我也更加的適應這些情緒以及表達這些情緒的人。我更安於面對人生的陰暗面，也更了解自己內在的深度。

- 我該如何才能更加意識到自己隱藏的動機和情緒，才可以對自己與他人都更加誠實？
- 我該如何才能承認那些不曾被哀悼的失去，以及尚未解決的感受，才可以與這些主題一起尋求解決，並釋放它們？
- 為了使我的人際關係和生活更具意識，我的靈魂需要表達哪些黑暗感受？

　　當二推太陽與這些行星形成相位，它鼓勵我們去認清自我的不同面向，變得更多元、開放、理解，這是我們質疑及認識此個性面

向的時機。

依照星盤中的行星度數，二推太陽會依序與行星形成相位，我將此稱爲行星順序，因爲在第十二泛音盤中，二推太陽會根據此順序與行星形成相位。以下的行星順序會探討一種技巧，在你的星盤中使用第十二泛音相位追溯二推太陽的相位。

行星順序

我使用「行星順序」這個慣用語，是讓你們依最小度數到最大度數的順序列出本命行星，如果行星順序是一個梯子，那麼每一黃道度數就像是梯子中的一級。這練習本身相當有趣，因爲差不多在相同度數的行星會有共同的第十二泛音相位，當你按照度數列出行星的先後順序，就會看出哪些行星正在被行運影響。附錄裡的教學會指導大家如何使用太陽火（Solar Fire）軟體畫出一生的二推太陽相位，以及行星順序工作單。塡好你的工作單，包括月交點、軸點以及所有你會使用的虛點或星體，只要從 0 度往 30 度移動，就可以大概推估一生中二次推運的移動軌跡。

我們會使用這種概念去追蹤星盤中二推太陽的移動路徑，由於二推太陽每年移動大約 1 度，它會在行星梯子上移動一級，於是我們就可以找出當二推太陽與本命盤中某顆行星形成相位時的年齡。三十年後，它會在黃道前進 30 度，並按照以下順序與同一顆行星形成另一次相位。

下弦相位	上弦相位
0° ♂	180° ☍
30° ⊻	210° ⊻
60° ✳	240° ✳
90° □	270° □
120° △	300° △
150° ⊼	330° ⊻

　　以下是卡爾‧榮格的工作單，之所以使用卡爾‧榮格作為例子，是因為他受到太陽符號的強烈吸引 [79]。

---

[79] 他的女兒格雷‧特鮑曼（Gret Baumann）使用的榮格出生時間為7:32 pm，她使用的是LMT時區。但是在這段時間內，包括凱斯維爾（Kesswil）在內的瑞士部分地區，所使用的是為首都伯恩所設立的時區，稱為伯恩平均時間（BMT，Bern Mean Time）或 GMT-29.44。榮格的星盤中天頂落在天蠍座最後1度，但是若使用BMT的話，天頂會移至射手座。多年來，其他占星師也使用過其他的榮格出生時間，但他們大部分都把太陽放在下降點附近。讓人好奇的是，榮格的天頂遊移在天蠍座和射手座之間搖擺不定，就像他聞名於世的研究突顯了關於下降與重生、無意識及認知的心理主題。為了延續這個天頂落在天蠍座29度的傳統，我所使用的是麗茲‧格林（Liz Greene）所提出的榮格本命盤。

圖說：卡爾·榮格，1875 年 7 月 26 日 7:27 pm BMT，瑞士，凱斯維爾 [80]。

　　太陽落在 3♌18，因此在行星順序線上，太陽會落在 3° 跟 4° 之間。注意海王星落在注的此度數——3♉02，因此，它們落在同一度數線上、形成了緊密相位，也就是日海四分相。

　　接著，將所有其他行星放在它們相應的度數上，因為二推太陽每年大約移動 1 度，因此它每年會落在不同度數線上，而當它所在的度數上有其他行星，代表它與此行星形成相位。例如：水星落在太陽之後的第十條線，因此二推太陽會在十歲時與水星形成相位（半六分相）；天王星在第十一條線、月亮則在第十二條線，因此十一歲時，二推太陽會合相天王星，十二歲時則會四分相月亮，在這些年間，二推太陽會突顯月天四分相的主題。在他的自傳《回憶·夢·省思》（*Memories, Dreams, Reflections*）中，榮格寫道：

80　Liz Greene, *The Astrological World of Jung's Liber Novus*, Routledge, London; 2018, p. 164.

「對我來說，十二歲那年是對未來有著重大影響的一年。」

　　然後，直接加上三十歲，就會得出二推太陽下一次與本命天王星形成相位會是四十一歲那年，再下一次是七十一歲。四十一歲那年，二推太陽會在處女座並與天王星形成半六分相；七十一歲那年二推太陽則會在天秤座並與天王星形成六分相。

　　這樣的練習只能**模擬**二推太陽的時間線，在榮格的例子中，落在獅子座的二推太陽會移動得比較慢，三十年後誤差會超過近1度，它當進入處女座與天秤座後，就會每年移動接近1度。然而，因為我們使用1度的容許度，也就是包含了兩年的時間，因此仍然能夠突顯二推太陽的發展階段。這只是一種**大概**的指引，讓我們把注意力集中在二推太陽相位的重要年份。

　　可以輕鬆看出的是二推太陽會在哪一年與其他重要的人生里程碑發生共時性，例如：二推太陽會在第一次與第二次土星回歸時與海王星形成相位；而在凱龍回歸時，二推太陽則會與木星和冥王星形成相位。

　　儘管我們傾向把事件等同於這些時間點，但重要的是去檢視其隱藏的靈魂符號。例如：在他第一次土星回歸時，二推太陽與他的上升點形成十二分之五相，並三分相他的海王星，當時莎賓娜・斯皮勒林（Sabrina Spielrein）進入了他的生命，二人之間醫病關係的界線變得模糊；同時，他被任命為高等醫生，並首次成為父親。在外在層面上，行運土星使他開始承擔起新的生活責任，但是這些推運也揭示了父親及上級這些新的太陽身分已經成熟了，將命運與「對」的選擇一起編織到個性的本體中，他所需要的就是覺知。二十歲時，二推太陽四分相冥王星，並六分相木星，他的父親去世

了；而在八十歲時，二推太陽三分相冥王星並半六分相木星，他的妻子去世了。在每次二推太陽與冥王星形成相位時，榮格都會面對深刻的失落，以及關於應該如何找到生活的意義和理由。要記得敏感的靈魂如何奠定二推太陽的基礎，豐富我們去理解太陽的推運以及其強大原型 —— 這些太陽所代表的自我在人生中所發生的相遇，二推太陽認清自己的生命經驗並賦予其意義。

行星順序在研究行運時也很有用，因為它可以追蹤所有行運行星的度數，藉以了解它會在何時與本命行星的度數形成相位。然而，就二推太陽而言，它強調的是它通過黃道度數的過程，突顯它在相對星座所停留的三十年經歷，而這會再次重複本命行星所強調的主題。

榮格的行星順序工作單				
行星度數	行星軸點	二推太陽與行星形成相位時的年齡		關於推運的評論參閱其日記條目
本命度數		第一次循環	第二次循環	第三次循環
0°～0°59′				
1°～1°59′				
2°～2°59	上升／下降		29	59	下降點的太陽緊密糾纏著榮格對於自我與他人的追尋。
3°～3°59′	海王星／太陽		30	60	海王星與太陽形成正四分相，因此賦予二推太陽在此循環的色彩，描述了自我發展的持續是透過此符號世界的想像與理解。
4°～4°59′				

5°～5°59′	宿命點		32	62	
6°～6°59′					
7°～7°59′					
8°～8°59′					
9°～9°59′					
10°～10°59′	北交點／南交點	7	37	67	67 歲時，二推太陽合相月交點軸線，察覺到物質與精神世界之間的交錯。
11～11°59′					
12°～12°59′					
13°～13°59′	水星	10	40	70	水星六分相月亮（月亮四分相天王星），11 歲時二推太陽合相天王星，並於 12 歲時四分相月亮。這些年間，開始出現具有原創性的想法及感受，支持自性的發展。
14°～14°59′	天王星	11	41	71	
15°～15°59′	月亮	12	42	72	
16°～16°59′					
17°～17°59′	金星	14	44	74	半六分相、六分相、然後 74 歲時形成四分相，發展中的自性參與並珍視他人的價值。
18°～18°59′					
19°～19°59′					
20°～20°59′					
21°～21°59′	火星	18	48	78	48 歲，二推太陽四分相火星，他在波林根（Bollingen）建築了他的塔樓。

22°～22°59′					
23°～23°59′	木星／冥王星	20	50	80	木星與冥王星十二分之五相。20歲時，二推太陽四分相冥王星，冥王星四分相土星並三分相木星。21歲時，二推太陽對分相土星，這是認清何謂失去、苦痛及艱難，並賦予它們意義的時刻。
24°～24°59′	土星	21	51	81	
25°～25°59′					
26°～26°59′	凱龍星	23	53	83	83歲時，二推太陽對分相凱龍星，這是向內省思及療癒的強大時刻。
27°～27°59′					
28°～28°59′					
29°～29°59′	天頂／天底	26	56		
二推太陽轉換星座		27	57		27歲時，二推太陽進入處女座；57歲時，進入天秤座。

第十三章
二次推運月相循環

生命的篇章

　　二推月相循環所描述的是二推太陽與二推月亮 29½ 年的相位循環中形成相位所產生的不同階段。我們都出生於月亮循環之中，此循環始於我們出生前的新月，由於早在我們還在子宮時，此循環就已經埋下了種子，因此它深刻地影響了我們集體與家庭的無意識，我們就像是參與了一個更龐大的體系一樣。出生後的新月則是一個時間標示，它記錄了人生二推月相的首章，那是一個發生在家庭範圍中的獨立旅程，象徵我們展開個體化過程的靈魂符號。

　　在推運月相循環中，二推月亮會在展開下一次循環之前，與二推太陽逐一形成所有可能形成的相位。非常具有共時性的是，二推月相循環與土星循環的時間幾乎一樣長，土星循環會在廿九至三十歲時回歸；二推新月則因人而異，依出生時太陽與月亮的月相關係而不同。明顯的是，第一次土星回歸時，二推太陽與二推月亮也會回到出生盤上相同的相位關係及月相階段；不同的是，它們都走到本命盤位置的下一個星座。在土星回歸及二推月相回歸之下，個性的架構及本質都已經準備好去建立及迎接下一個人生階段。

　　二推月亮與二推太陽的合相展開了第一次二推月相循環。那些在月相循環上弦階段期間出生的人，要等到青春期或之後才會經歷到第一次二推新月，因為種子早已埋在出生前的新月期間。第一次

二推滿月所照亮的事物，是屬於過去祖先、文化或業力的循環，而不是當下的人生。那些在下弦階段出生的人則會在十五歲前經歷到第一次二推新月。關於「上弦」階段的人，要比較久才會經歷第一次二推新月，這件事告訴我們，相較於那些出生之前受到滿月照耀、下弦階段出生的人，來自祖先或業力的過去會更堅固地烙印在上弦階段的人身上。月相循環的上弦階段或前半階段，被認為比下弦階段更加主觀、本能性、反應性。

本命的月相決定了我們會在人生什麼時候經歷二推新月，例如：如果我們出生於新月，就會在廿六歲至 29½ 歲期間第一次經歷二推新月，雖然我們要經過計算才能知道出生後的二推新月的準確時間，但下表顯示了二推新月大概會在什麼年齡發生。

本命月相	第一次新月	第二次新月	第三次新月
新月	26 ¼～30	56～60	86～90
蛾眉月	22½～26 ¼	52½～56	82½～86
上弦月	18 ¾～22½	49～52½	79～82½
凸月	15 ～18 ¾	45～49	75～79
滿月	11 ¼～15	41～45	71～75
漸虧凸月	7 ½～11 ¼	37 ½～41	67 ½～71
下弦月	3 ¾～7 ½	34～37 ½	64～67 ½
下眉月	0～3 ¾	30～34	60～64

由於二推月相循環歷時 29½ 年，因此每個月相階段大約會持續三到四年。由於月亮移動速度的波動，這些月相階段的時間長短也會有所不同，所以應該逐一計算，特別是新月、上弦月、滿月

及下弦月階段。二推月亮每年可以移動 12～15 度並先逐漸加速、然後漸緩，因此，二推月相階段通常會遵循相同的起伏 —— 先增長、然後縮短時間。以下是榮格第一次二推月相循環中每一階段的歷時示範：

二推月相	歷時
新月	3 年 4 個月
蛾眉月	3 年 7 個月
上弦月	4 年
凸月	4 年 1 個月
滿月	3 年 10 個月
漸虧凸月	3 年 7 個月
下弦月	3 年 7 個月
下眉月	3 年 5 個月
總和	**29 年 5 個月**

　　每個完整的循環就像是一本關於生命的書，每個月相階段則可以被視為其中的章節。三次二推月相循環組成了人生三部曲，無論最終是否完成那次循環。

　　當二推太陽和月亮再次回到本命盤中的月相，個人再次回到此月相階段的同時，會感覺到一種熟悉感，這種情況發生於廿九歲到三十歲以及五十八歲到六十歲之間，有助於土星「充分發揮自己的本事」的重要主題。當土星回歸時，人們已經體驗了土星在每一個宮位，以及與每一顆行星形成每一種相位所帶來的經驗；同時，二

推月亮也已經完成了與二推太陽之間的關係循環，這是一種強烈的成熟形象。土星象徵我們開始承接那些支持人生的架構、形式和責任，它就像是人生循環的皮膚和骨骼；二推月相循環則象徵內容和意義，它內化了生命的本質和靈魂。

我們應該要記住，二推月相循環並不是事件主導，而是傾向靈魂主導的一種循環，相較於行運，二推月相循環的關鍵轉振點發生時，它們與外在事件的關聯相對地沒有那麼明顯。重要的是要將循環視爲一體，專注於每個階段如何協助人生目標的發展；而在此月相階段的行運與其他推運，則指出了此特定期間的外在事件及心理成長，每一個循環都建基於過去。

靈魂的階段

反思你的出生月相階段，以及其中的意象如何描述你對生命的本能反應。接下來，找出在你出生之前新月的黃道度數，它會落在你的本命太陽星座或前一個星座。如果它落在本命太陽前一個星座，此特質就會在第一個二推月相循環的其餘階段中增強太陽星座的特色。由於新月種子被埋在前一個星座，因此，此星座特質會滲透到出生週期中，直到出生後第一次二推新月爲止，如同此星座的新月照亮整個出生之前的階段。

出生於太陽和月亮之間某個獨特時刻的你，將在推運月相之中經歷自己獨特的歷程。你的第一回合始於出生後的新月，你可以使用二推月相循環，以這一刻爲起點，繪製出一生的占星階段。這些循環是你的靈魂之旅：一本私人而深刻的日記，是你人生的心靈時

間中一張簡單明瞭的圖表。

二推月相循環的八個階段

　　二推月相循環是一個用來思考個體化進程的獨特時間表，觀察一生中月相循環的推運移動，可以建立一張個人生命發展階段的地圖。二推月相循環不像其他的占星循環，它提供我們人生每一階段的畫面，幫助我們將這些階段放在更宏觀的框架之中，這讓它成爲最強大的占星循環之一。下表總結了這些發展階段，注意每個階段中發生的相位，因爲它們告訴我們在這些階段中，何時是心靈活動最爲明顯的時候，也是此階段中重新定位或發生改變的時刻。

二推月相 月亮在太陽前方相距度數	上弦階段的關鍵主題	相關的相位
新月 0°～44°59′	出現 / 出生 投射 / 開始	合相（0°） 半六分相（30°） 九分相（40°）
蛾眉月 45°～89°59′	擴大 / 掙扎 / 努力 / 掙脫	半四分相（45°） 六分相（60°） 五分相（72°）
上弦月 90°～134°59′	行動 / 表達 / 交會 「行動中的危機」	四分相（90°） 三分相（120°）
凸月 135°～179°59′	成長 / 分析 評估 / 解決	八分之三相（135°） 五分之二相（144°） 十二分之五相（150°）
下弦階段的關鍵主題		

滿月 180°～224°59'	完美／最高點 實現／滿足	對分相（180°） 十二分之五相（210°） 五分之二相（216°）
漸虧凸月 225°～269°59'	示範／散播／分享／ 傳達想法及創意	八分之三相（225°） 三分相（240°）
下弦月 270°～314°59'	重溫／重新定位／整 合 「意識的危機」	四分相（270°） 五分相（288°） 六分相（300°）
下眉月 315°～359°59'	釋放／準備／突變／ 轉化／承諾	半四分相（315°） 九分相（320°） 半六分相（330°）

讓我們逐一觀察這些與發展有關的推運階段。

二推新月

　　二推新月階段始於二推月亮和二推太陽的合相，一直持續到二推月亮比二推太陽超前 45 度，大約會是 3¼ 至 4 年之後，儘管我們可能尚未意識到，但這的確表示生命所投入的事情將踏入新的循環。這是月亮的黑暗時期，隨著人生方向的微妙變化，這是一個主觀並令人困惑的時間點，現在是重新定位的時候，新循環的目標和潛力都已經埋下了種子。太陽力量正釋放新的目的，以新的意象、衝動、想法和計劃讓無意識變得豐富。隨著循環的進行，目標和方向都會變得更加明確，特別是在幾年後之當月亮反射的第一道光出現的時候。

　　有一些地方需要改變，過去循環的影響仍然強大，然而，新的方向已經扎根，並為新的重要人生發展做好準備，而這些發展將在

滿月時達到頂峰，在此三十年的循環中，會有一股新的力量和動力同時運作。二推新月的黃道星座會落在本命太陽星座或下一個星座，同樣的，宮位的位置也一般會落在本命太陽的宮位或下一個宮位。這個新月星座及宮位的位置，暗示了我們在接下來的循環中想要認同什麼，在下一個循環中，月亮將推運走過整圈星盤，賦予我們一直想努力辨識的完整情緒體驗。

二推蛾眉月

二推蛾眉月階段開始於二推月亮比二推太陽領先 45 度，並持續到與二推太陽四分相為止。在兩者半四分相時，太陽代表的新方向和目標所帶來的挑戰，會與過去及有限制的模式產生衝突，這是過去和未來的十字路口，我們必須放棄那些不再有用的東西，但是對於必須改變的新方向，我們可能會覺得它不夠強大或對它缺乏信心。因此，我們會在前進和後退的力量之間掙扎，隨著我們變得越來越少反應、越來越富有覺知，熱烈地漸漸接受新的人生道路，蛾眉月階段的特點是脫離過去，本能地朝向新的方向發展。我們此時可能會經歷人生的重大轉變，並對於為什麼會發生這些變化感到不確定和困惑。

想要往前進與想要留在過去的衝動所造成的掙扎，將主導此一月相階段的樣貌。然而在二推太陽和二推月亮形成六分相時，可能會出現機會，可以開啟新的循環，釋放過去的衝突所帶來的壓力。藉著往新方向邁進，可以有機會去清掃我們的過去。

二推上弦月

此「行動中的危機」階段會從四分相持續到二推月亮，比二推太陽領先 135 度。在此階段期間，新方向的推動力和力量會創造出關鍵轉捩點。這始於四分相充滿動能的相位，它會激發我們對於改變的需求和渴望，我們會被迫爲了新能量付出行動，做出決定去影響新循環的結果。因爲過去的循環已經讓位給新的循環，因此可以進行目前的循環。新循環的推動力透過行動和新的承諾表現出來，而在此時間點上，行動和向前邁進會比往後退縮到過去的衝動更強大。我們可能無法意識到爲什麼我們好像被迫向前邁進，但此時感覺行動和移動都是必要的。

在上弦月的四分相中，我們可能會覺得自己被迫對這些新衝動採取行動，這些活動可能缺乏覺知，然而，當循環來到三分相時，焦點就會出現。在差不多到此階段的尾聲時，生產力會集中在我們的目標和方向上。在此階段，會發生許多移動和改變，讓新的發展機會得以出現，我們因此比較有可能增加此月相循環的成果。

二推凸月

此階段始於八分之三相位，持續到兩顆二推發光體形成對分相爲止。在此階段中，爲了確保和支持該循環的效率和成功，我們會發展出新的技術和工具，生產力、努力工作及毅力都是實現這個目標的關鍵。此時會更加察覺此循環的方向，想要行動的衝動也會進一步被引導至有意識的目標，更加確定人生的方向，也會覺得已經準備好了。在十二分之五相時，我們或許會調整方向，準備迎向滿

月時循環的最高點。

在此時期，人生充滿了意義和目的。在此月相階段，我們對於新的可能性、新的方法和系統會更加開放，這通常會伴隨著心靈的探索，以及在精神上擁抱新的信念和態度。我們會辨識各種障礙和挑戰，這是準備照亮下一個人生階段的必要過程，這也是建構和準備的階段，因為我們會創建一個巨大容器，去承載滿月時的發展。

二推滿月

整個循環此時來到頂峰，滿月照亮整個循環的前半部分，也就是過去十四至十五年的努力所換來的成功與失敗；我們會以客觀而有意識的方式認清目標，也更能夠好好理解我們在此過程中的角色。在得到更明確的目標之後，感覺有必要將其應用於更大的生活領域中，因而開始產生新的過程，此時我們也更加意識到自己有責任並帶著覺知去參與這個過程。

在滿月時期，我們擁有更高的視野——充滿靈感和充實，這會激發出更多的認知，但是這種認知同時也會浮現出前半個循環中的失敗和錯過的機會，這種清晰的視野可以幫助我們更符合自己的真實目標和目的。無論滿月的光芒照亮的是什麼，最好都用一種客觀與抽離的視野去理解它，如果陷入或變成情緒性反應會降低當下的能見度。由於月亮正處於反射最多光線的階段，因此正念和深思都至關重要，在下弦十二分之五相時，我們已準備好同化經驗並進行必要的調整，好讓自己在世界中發光。在循環的頂峰期，需要更加覺察自己正走向怎樣的人生目標和意義，並與之保持互動。

　　二推月亮此時會展開循環的後半部分或下弦部分，它會落在二推太陽的後方，並以相反次序去重複前半循環與太陽形成的相位。關於自我以及想要從所愛的人、夥伴身上得到什麼，此時可以善加平衡兩者之間的關係。

二推漸虧凸月

　　此時需要分享滿月階段那些被認清、理解、體驗和實踐的事物，人們更會接觸他人、更廣泛地參與生活。此階段的任務在於如何整合和散播過去十八到十九年期間（一個月交點循環）艱難而緩慢累積的知識。此時是擴大圈子並與世界互動，回饋那些啓發和轉化我們的事、學習和創造過的東西、以及深刻知道它是真實的一切。

　　我們強烈渴望去展示那些被滿月照亮的事物，在下弦三分相前後將增強這些能力。此時，重要的是在自我信念、完整及真實之下去發展自我信仰和信任，因爲只有在此牢固的基礎之下，才可以將知識分享出去。這是一個溝通、寫作、啓發、公佈、分享的時期——宣傳富創造力的自我，當二推月亮與二推太陽形成下弦四分相，代表此階段的結束。

二推下弦月

　　這個「危機即意識」的階段始於下弦四分相，它是我們確定哪些東西已經過時、不再有價值的關鍵時期；這是我們從經驗中獲得真正的理解和意義，同時努力釋放不再符合目標的時期。這是月相

循環的秋天，我們強烈想要開始隱退，但矛盾的是，我們也擁有更多可以付出和生產的東西，建設外在世界的時間已經過去，此時是進入內心的時候了。

　　無論是什麼事物壓抑意識和認知——儘管這些可能讓人感到安全與安心，但它仍然會想要被覺察甚至排除，當我們努力質疑舊的假設並且超越它時，會產生一種超脫的感覺。不像上弦月階段——那時我們可能本能地採取行動，但此時我們需要有意識的考量，十五年前上弦月所發生的「行動中的危機」，現在或許已經完成、修改、或有意識地達到了頂峰。

　　隨著月亮逐漸來到下弦六分相，將出現機會讓我們釋放不需要的東西。在此階段中，我們會更加貼近無意識，因此，夢想和感受世界也會變得更具生機並充滿意義。在此階段中，來自無意識的意象和徵兆是強力的指引和路牌，這是我們重複檢驗和重新塑造的時候。此階段會以二推月亮與二推太陽形成半四分相作為結束，標示著此月相循環進入最後階段。

二推下眉月

　　隨著月亮慢慢變暗，展開一段內省和退隱的時期。在人生此階段，舊循環已經被清空，使新的意圖和目標有機會得以萌芽，這是我們釋放舊循環，準備進入新循環的時候，意識特質和認知深度能夠幫助我們準備放手。

　　此時的任務是內化從上一個循環中淬煉出的經驗、知識和智慧，過去的發現和經歷已經烙印在心靈上，因此過去的精髓會成為

未來的樣板。我們可能會發現，我們的人生、創造力、事業以及緊密相關的人事都被引導至不同方向，我們似乎正從人生的許多層面向中退出，但是，準備下一個二推循環需要大量的內在能量。這是沉潛之時，未來願景與過去經驗交錯，這不是往外展現的時候，因為精神能量現在正專注於內心世界。

在此階段中，當我們企圖要推開世界之門，但同時遭遇同等力量將我們推回內心世界之中。進入暗月階段表示，無論有多麼不舒服，我們都應該離開那些過時的自我，才能夠在下一個二推月相循環中綻放更完整的自我認同。在這最後階段中，將淬煉出上一個循環中的精華，消化和整合過去經驗，被提煉的精華將滋養新的循環，而心靈能量將轉而向內。因此，我們必須尋找退隱的時間和空間，在此內心世界中，將形成未來的嶄新願景。此階段結束於二推月亮和二推太陽合相之時，並宣告新月相循環的到來。

另一個循環會以上一個循環中已經發展、了解、整合的東西為基礎而展開，就像螺旋一樣，每個二推月相循環都會帶領我們走向更有意識的自我實現，也就是個體化的目標。新的循環會在下一個星座展開，太陽已經在星盤中推運前進了 30 度，而二推月亮則已經推運走完了整個星盤，並且前進了一個星座，當它們再次合相的同時，新的循環也就誕生了。

記錄旅程

在第四章中，我引介以下的曼陀羅去描繪八個二推月相循環階段，你可以用自己的創意方式去標記各階段發生的時間，以及記錄這些階段你記得的事情。我喜歡在曼陀羅上標記年份，而不是日

期，去突顯出一生的季節，而事件只是每個階段的氛圍和推運的象徵，使用曼陀羅如同是向時間的流逝致敬。

我的二推月相循環：第一次循環

你可以在附錄三的協助下，使用太陽火軟體列出二推月相階段的時間點，此報告會詳列你一生的推運階段。我經常鼓勵學生購買一本小筆記，專門用來記下這些人生階段的思考，並為每個階段配上幾段文字。隨著這些階段的發展，你會開始看到心靈終其一生不斷開展的模式，以及意識如何隨著年齡而成長。

以下是榮格從出生到死亡的二推月相階段，我已經將每個階段個別列出，並標示每個階段開始時，二推太陽與二推月亮的位置。

二推月相	日期	年份及季節	二推太陽度數	二推月亮度數
出生～下弦月	1875.07.26		3♌18	15♉32
下眉月	1978.01.01	1878 冬	5♌38	20♊38
第一次二推月相循環				
新月	1881.05.03	1881 春	8♌50	8♌50
娥眉月	1884.12.05	1884 秋	12♌16	27♍16
上弦月	1888.12.03	1888 秋	16♌06	16♏06
凸月	1893.01.05	1893 冬	20♌01	5♑01
滿月	1896.11.03	1896 秋	23♌42	23♒42
漸虧凸月	1900.05.30	1900 春	27♌08	12♈08
下弦月	1903.11.06	1903 秋	0♍27	0♊27
下眉月	1907.04.02	1907 春	3♍44	18♋44
第二次二推月相循環				
新月	1910.10.07	1910 秋	7♍08	7♍08
眉月	1914.08.01	1914 夏	10♍50	25♎50
上弦月	1918.09.06	1918 夏	14♍48	14♐48
凸月	1922.09.03	1922 夏	18♍41	3♒41
滿月	1926.04.23	1926 春	22♍14	22♓14
漸虧凸月	1929.09.03	1929 夏	25♍32	10♉32
下弦月	1933.01.26	1933 冬	28♍50	28♊50
下眉月	1936.07.30	1936 夏	2♎17	17♌17
第三次二推月相循環				

新月	1940.04.25	1940 春	5♎57	5♎57
眉月	1944.04.29	1944 春	9♎54	24♏54
上弦月	1948.06.12	1948 秋	13♎58	13♑58
凸月	1952.04.20	1952 春	17♎47	2♓47
滿月	1955.09.30	1955 秋	21♎11	21♓11
漸虧凸月	1959.01.01	1959 冬	24♎25	9♊25
死亡	1961.06.06		26♎50	14♋38

　　你可以使用附錄中提供的曼陀羅，以富創意的方式去展示每次二推月相循環。這些工作單是爲你而設，你可以用最適合自己的方式去使用──我自己喜歡隨意地在頁面上寫下我的想法。我們可以透過榮格的三次二推月相循環做示範，並思考其一生的個體化過程。而我將集中討論榮格的第二次二推月相循環，該次循環從一九一〇年開始並持續到一九四〇年，我會用以下的二推月相循環曼陀羅工作單去展示。

　　我使用的是榮格成年之後、從三十五到六十四歲的第二次循環，其一生的此時期描述了他如何透過個人的心靈探索以及投入無意識的研究，而擺脫正統學說和已建立的心理分析理論。這段向內之旅讓他得到心理學理論和富創造性的精神洞見，這些都被分享並記載在大量著作之中。關於榮格與潛意識的遭遇，正如他本人所說的，這發生於他與佛洛依德分道揚鑣之後，在這些年間，他形容自己遇到了「這股熔岩流，其火焰的熱力重塑了我的人生，正是這股原始之物迫使我繼續努力去研究它。」[81]，這發生在其第二次

81　C. G. Jung, *Memories, Dreams, Reflections*, translated by Richard and Clara Winston, Pantheon Books, New York, N.Y.: 1963, p.199.

二推月相循環中，他以科學為基礎的心理學目標遭受衝擊，而與此「原始之物」的相遇則召喚了其天職，孕育其畢生事業。他說：

「……我追尋內在意象的那些年，是我畢生最重要的時期，其他的一切都源自於此，一切從那時候開始，而之後的細節再也沒有比此更重要。我的一生堅持努力論述那些爆發自無意識並湧向我的東西，它就像一道神祕水流，對我造成威脅、想將我擊碎。那些東西與素材來自於一個以上的生命，所有之後的一切都只是外在的分類、科學性的闡述、以及將它們整合到生命中，但那是超自然的開始，並且盛載了之後的一切。」（1957）[82]

在第一次二推月相循環的下眉月期間，榮格遇到了佛洛依德，他非常欣賞佛洛依德的心理學研究工作。在無意識相關研究中，佛洛依德更像是大師和長輩的化身，這正好與榮格的天職召喚完全吻合。在第二次二推月相循環新月之前，榮格遇上了其繆思女神及情婦湯妮・沃夫（Toni Wolff），她是他工作的伯格爾賜利精神病院（Burgholzli Psychiatric Hospital）的病人，從此進入了他的生命。新的循環的種子已種下，在三十五歲後第三次木星回歸發生後不久，榮格展開了新的二推月相循環，當時木星同時與天海對分相形成四分相，那是精神及心靈覺醒的重要時刻。

新月階段預告了許多主題，這些主題會在接下來的循環創造自己的路，並打造榮格畢生研究和人生目標的靈性本質；此循環使我們可以退後一步，看到生命重要階段的鋪展。我發現很有趣的是，佛洛依德在榮格第一次二推下眉月期間進入他的生命，並在第二次循環的下眉月相期間離世；第二次循環以榮格離開佛洛依德時

82　Sonu Shamdasani (Ed.), C.G. Jung, *The Red Book Liber Novus, A Readers Edition*, vii.

展開，並以佛洛依德的死亡作爲結束。佛洛依德是榮格自我欲望的強烈體現，並需要得到制度的認可及尊重。

當新的循環展開之際，爲了找到自己的職業之路，榮格與他的心理分析同事分道揚鑣。他在新月階段期間展開對於占星學的終生研究，這是他深入研究的許多象徵符號系統之一，他發表了《無意識心理學》（Psychology of the Unconscious）一書，闡述了他在心理學上的獨立立場，並爲未來數十年的計劃奠定基礎。在第三次二推循環時，榮格修訂了此書，並將它重新命名爲《轉化的符號》（Symbols of Transformation），但它是誕生於第二次二推新月階段期間，而此新月階段會爲這次和下一次循環生產肥沃的種子。在此階段期間，他一直看到一種強烈得令人無法忍受的畫面：一場「可怕的災難」[83]、預言即將來臨的戰爭畫面，也是在此時，他有一種落下的感覺——向下「墜入黑暗的深淵」[84]。當時行運天王星正經過他的上升點，並對分相他的太陽，而這種下墜感加速了心理的崩潰，他形容這是與無意識的對抗。這場對抗也是一場突破，促成接下來許多年榮格找到了自己的理論，這使他辭去了大學教授以及國際精神分析協會會長的職務。當他來到二推蛾眉月，將深耕新循環的種子，現在這些種子會努力在新的土壤中扎根。

在德國對法國宣戰後兩天，榮格進入二推蛾眉月階段，當時榮格在蘇格蘭，他不得不穿過動盪的歐洲回到瑞士，隱喻了他必須付出努力才能回到家、回到自己眞實的本質。諷刺的是，此二推蛾眉階段碰上了第二次世界大戰，這正是他在上一個階段中持續夢見、看見的景象；這些畫面成爲此階段的深刻隱喻，描述與過去鬼

83　CG Jung, *Memories, Dreams, Reflections*, p. 175.

84　CG Jung, *Memories, Dreams, Reflections*, p. 179.

魂的戰鬥。在二推第一象限期間，榮格第一次踏上北非，這是他一直想要去的地方，因爲這些地方與西化的心靈相距甚遠，並再次象徵了本能性和不受拘束的心靈面向吸引他的想像。他同時也出版了《心理類型》（Psychological Types），以他的方式努力想要與佛洛依德和阿德勒的類型學達成和解，但他不知道的是，這將成爲他最受歡迎的理論和書籍之一。在榮格引領自我之路的同時，他也日漸受到歡迎，透過旅行和工作，他在這段時間遇到了許多人，例如：以斯帖‧哈丁（Harding）、赫爾曼‧黑塞（Herman Hesse）和理查德‧威廉（Richard Wilhelm），這些人幫助他的課程獲得國際間的認可。

　　榮格的二推凸月階段充滿了四十七歲時母親離世的陰影，另一個重要事件則是他開始建造並完成波林根的塔樓，它象徵著建立並準備時機的到來，同時也象徵著他所需要的精神庇護所和收容所。這座塔樓成爲榮格研究的象徵，是他在二推滿月階段開始進行的煉金術研究的傑作，滿月階段帶出了占星學的姊妹科學——煉金術，新月階段播下的種子充滿了象徵，它們透過榮格的煉金術研究得以成熟茁壯。許多演講和發表都證明了榮格在二推新月期間的啓蒙，但這些或許都比不上他在此階段接近尾聲時於《金花的秘密》（The Secret of the Golden Flower）所寫的評論，這是跨文化和跨精神領域的符號結合。當二推滿月階段已經成熟時，行運土星已經在第九宮哲學的肥沃之地上深耕兩年，此時正攀上天頂，當時冥王星在第六宮行運並經過他的水金合相，土星和冥王星一起幫助他在滿月階段發展職業的願景。

　　在滿月的果實成熟之後，它們將在下一階段被傳播出去，在二推漸虧凸月階段到來之際，更多榮格的著作開始以德語出版，他也

開始在瑞士舉辦一系列講座，並在德國講學。他的研究作品被彙編，透過寫作和教學傳播，一直持續到二推下弦月階段。他的下弦月階段始於他在科隆和埃森（Essen）的「現代人類的心理學意義」講學，但此時榮格開始感到疲倦了，其影響力和吸引力卻不斷增長，他在英語世界中找到了許多機會去分享從自我內心研究中所累積的心理學理論和見解。

二推下眉月開始時，榮格發現了一條死蛇，牠的嘴巴裡吐出了一條死魚，由於推運探索的是象徵性的內在世界，在下眉月階段開始時看到這個共時性意象，就像是爲此循環畫下最後一筆，其中榮格透過深刻的內在之旅探索了自己的信仰。他將這條蛇概念化爲「異教精神吞噬了這條魚所象徵的基督教精神」的體現 [85]，他的煉金術研究在滿月時展開，對於榮格來說，這條蛇的意象正是煉金術士所尋求的和解象徵。他最後一次的美國之行在這之後的一九三七年底展開，同時也去了印度，當時烏雲籠罩歐洲，此一循環不僅以其年長的前同事佛洛依德的去世作爲終結，並且就在佛洛依德去世前二十天，英、法對德國宣戰，一個時代已經結束了，另一個新時代即將開始。

二推月相循環是內在世界的強大意象，它是關於如何在人類經驗世界中活出靈性的循環。對於榮格而言，以二推月相循環所標示的這三十年不僅只爲了榮耀靈魂的意圖，同時也驚嘆其鋪展方式。因此，榮耀是很重要的，而其中一種方式是記錄下你在每個階段的經歷。接下來是我喜歡使用的曼陀羅，藉以視覺化每個循環的鋪展方式。

85　Barbara Hannah, *Jung His Life and Work*, Michael Joseph, London: 1977, p. 236.

我的二推月相循環：

第二次循環

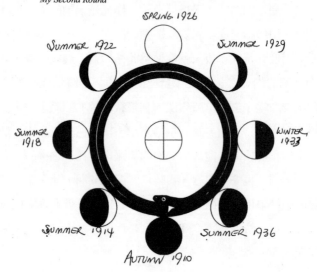

圖說：我的下一次二推新月在 1940 年春季。（圖案由澳洲占星整合學院艾蜜莉 emilie Llewellyn Simons 設計。）

我的二推月相循環：

發展的八階段
第二次循環

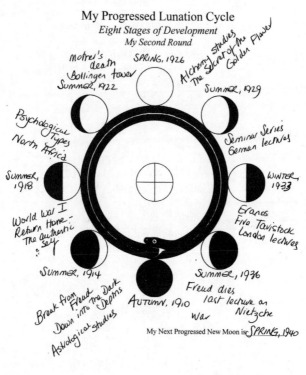

圖說：我的下一次二推新月在 1940 年春季。（圖案由澳洲占星整合學院艾蜜莉 emilie Llewellyn Simons 設計。）

我的二推月相循環 發展的八階段 第二次循環		
新月	1910 秋	與佛洛伊德分道揚鑣 墜入深淵 研究占星學
眉月	1914 夏	第一次世界大戰 歸鄉——回到真實的自我
上弦月	1918 夏	《心理類型》出版 / 北非之旅
凸月	1922 夏	母親過世 / 波林根的塔樓
滿月	1926 春	研究煉金術 《金花的秘密》
漸虧凸月	1929 夏	研討會系列 德國講學
下弦月	1933 冬	愛諾思（Eranos）學術討論小組 倫敦塔維斯托克中心（Tavistock Center）講學
下眉月	1936 夏	佛洛伊德過世 最後討論尼采的講學

第十四章
內在的時間
二次推運的應用

次級時間讓我們有機會試著反思，不以字面意義詮釋星盤。生命事件及經歷標示出人生的不同時間，但當我們想要將生命事件與占星時間配對，就會具體物化了占星符號，而不是讓這些符號去揭示時間，占星學生會因此變得隨便，失去它們所帶來的象徵意義。使用二次推運讓我們再一次以主觀方式檢視即將到來的時間階段，雖然這些時間與時鐘上的實際時間有關，但它們也鼓勵我們更具象徵性、更專注於靈魂目的、更自我省思。這解釋了為什麼我們往往很難清楚說明二次推運，以及為什麼隱喻、意象、想像及故事會更加適合去詮釋它。

在前面三個章節中，我們專注於二推太陽、二推月亮及二推月相循環，它們為我們的心靈提供了豐富的思考素材。當你開始使用二次推運，我會特別強調三個要點，我認為相當有助於理解此一技巧。

1. 追蹤從出生到現在二推月亮經過本命盤不同宮位的路徑，注意二推月亮轉換宮位的時間，特別當它經過你本命盤軸點的時間。思考你人生中的這些時間點所發生的事，用一本專門記錄二次推運時間點的日記本，寫下你的反思及記憶。

2. 完成「行星順序工作單」，找出二推太陽與本命盤行星的相

位，注意它們發生的年份以及何種相位，並思考人生中的這些時間點，它們如何協助發展與二推太陽形成相位的行星原型。

3. 從出生後第一次二推新月開始，嘗試使用二推月相循環，去確定你個人二推月相正處於哪個階段；思考你人生的這些階段，首先回憶這些時間的過程，哪些時期的回憶至今仍然重要，然後反思每一個階段如何帶來發展，如何變成磚石，爲你當下的人生鋪路。將這些反思及觀察記入二次推運時間點的日記本上。

　　以上三點是最重要的，但是，二次推運還有其他次要考量能夠帶來訊息，爲我們揭示更多意義，以下是同樣需要檢視的要點。

內行星的推運：性格的發展

　　水星、金星和火星這三顆內行星與太陽、月亮不同，它們可能會在我們出生之後改變運行方向，並在二推盤中改變其路徑，當這些行星開始逆行或恢復順行時，這些原型能量的表達傾向也會改變。當我們追蹤內行星推運時，重要的是要知道它們方向的改變，以及發生的年齡。此外，注意內行星在二推中何時改變星座及宮位也相當重要，這些星座的改變反映了行星能量擁抱新經驗時所得到的成長；而宮位的改變則告訴我們其現實面貌的轉變，就像是我們心靈之屋的新房間被打開，並等待我們去探索。

改變方向

如果你出生時**水星逆行**，最遲廿四歲、也就是經過水星最長的逆行時期之後，它將在你推運盤中回復順行；而它真正回復順行的時間，依照你出生時所處的逆行循環階段而定。你可以查看星曆表確定水星在你出生之前開始逆行的時間，那是在你出生幾天之前發生的呢？

如果水星在你出生前的十天至十一天之內開始逆行，那麼你出生當天，水星的黃道經度位置在太陽之後，它是暮星，比太陽晚下山，這是整個循環的尾聲，因此在你的二推盤中，你將在人生早期經歷日水的內合相。並且在二推盤中，水星將會從夜間行星變成日間行星，然後比太陽早升起；同時，在四十八至六十年或半個相位循環之後，你將在二推盤中經歷日水的外合相。如果水星在你出生之前大約十至十一天開始逆行，那麼你大概是在內合相左右出生，那是新的相位循環的開始。如果水星在你出生之前多於十至十一天開始逆行，那麼你出生之時，水星在新的相位循環中比太陽早升起。在二次推運中，水星將改變日夜區間，從日間行星變成夜間行星，並在大約三十六至四十八年之後形成外合相。因為水星每次逆行平均歷時廿二天，或在二次推運中歷時廿二年，因此如果你知道它已經在循環中已經前進多久，大概可以推算到它何時會恢復順行。

水星恢復順行那一年相當重要，因為水星的移動方向會幽微地改變一個人溝通、表達、學習、分享想法的方式，或是成為體制的一部分，例如：我們可能會有更多機會向外表現自己的思想及想法。移動及改變都會為表達及溝通帶來新的管道，並且以更符合身

處環境的方式，重塑及重新聚焦我們天生的學習與表達模式。下一個重要時間點是當二推水星恢復順行之後，合相其本命位置時，這暗示了我們會透過文字及語言再次結合自我內在想要溝通、表達的渴望。

　　那些出生時**水星順行**的人，如果水星的度數在太陽之後，依照水星與太陽相距的度數，他們應該會在六十歲之前經歷到二推水星逆行。如果你出生時，剛好是在水星恢復順行不久，可能你將不會在二推盤中經歷到水星逆行。

　　當水星在二推盤中開始逆行，它會逆行廿一到廿四年，本命外顯的水星功能會變得更加深刻、更加專注於內在，並往往表現出一種能力去盛載或緊握某種想法，而不是去表達它們。它會讓我們想得更為深入、更以重要議題為優先、或更有反省、分辨及聆聽能力。水星改變方向的年份，暗示了教育及與人交流的重要年份，所有水星守護的議題，例如：溝通、思想交流、學習、寫作、就學、手足、旅行及交通都將凸顯於二推水星改變方向的年份中。

　　如果出生時**金星逆行**，那麼在四十三歲左右，它將在你的二推盤中恢復順行。二推金星與水星一樣，恢復順行的確實年紀，是依照你出生時它所處的逆行循環階段而定。如果金星在你出生前的廿至廿二天之內開始逆行，金星在黃道上的位置在太陽之後，它是暮星，並在此循環的結束階段中比太陽晚下山。在你的二推盤中，你將在人生最初二十年中的某一年經歷日金的內合相。在你的二推盤中，比太陽晚下山的金星就像是西方女神，但在內合相之後，它會比太陽早升起，成為太陽的東方夥伴。如果金星在你出生前大約廿至廿二天開始逆行，那麼你在日金內合相前後出生，這是新相位循

環的開始。如果金星在你出生前廿至廿二天以上開始逆行，那麼在你出生時，金星在新的相位循環中比太陽早升起。

　　也許內向的、低調的逆行金星將在逐漸轉為順行時開始往外發展，拘謹或重視美感的金星可能會更加傾向將自己的價值與價值觀投射至世俗，並更完全投入於人我關係的領域中。當二推金星恢復順行之後並合相本命位置，往後幾年對於重新肯定自我、重新建立價值及價值觀、鞏固資產將是重要的時期。如果本命金星順行並在二推盤中開始逆行，這段逆行將歷時約四十二年，此人會變得更加低調、保守或內向，其資源可能會從社交或其他關注，變成探索自己的內在創意。金星方向的改變可能呼應一段關係、個人自尊及我們的價值觀及個人價值發生重大改變的關鍵年份，這同時象徵了個人品味、我們珍重欣賞的、以及吸引我們的特質，都將產生不一樣的變化。

　　火星逆行在二推盤中恢復順行，可能呼應侵略本能、競爭心及欲望的改變，我們可能會失去想要壓抑怒火，或不想追求想要事物的傾向，我們也可能會更安於表達自己的競爭衝動、更公開確立自己的意志，更認同自己想得到的事物。這同時也暗示當我們更傾向公開、直接的同時，也建立了一種體驗生命力及能量的新方式。火星在二推盤中展開逆行，這標示了一段時間，期間我們會變得更專注於支持自我的天生意志、儲備足夠體能讓自己得到想要的事物。本命順行但在二推盤中開始逆行的火星，將更有能力去維持能量，更能疏導侵略本能，讓它帶來正面的成果。這些方向的改變往往呼應我們駕馭自我侵略性、怒火及意志的方式，這將標注一段富創意的冒險時期。要記住的是，這是一段幽微的過程，並且將持續一段長時間，一旦火星開始逆行，它將持續逆行五十八至八十一

年，在許多情況下，這也許就是一個人的餘生。

改變星座及訊號

　　內行星推運進入由星座與宮位代表的新領域時，暗示了自性中由該行星所象徵的面向的成熟及成長。這些推運行星同時將與本命盤行星形成相位，我建議大家以前述觀察太陽的方法去處理這些相位。

　　二推水星象徵溝通技巧及學習能力的發展，它代表了獲得資訊、教育、以及思想和理解的成熟。當它第一次在推運中轉換星座，它會進入與本命星座元素不合的星座，新星座的特質幫助我們面對那些設計好的回應方式、既定想法、意見及偏見，我們將暴露於新的思維方式和特質之中，經歷一段非常陡峭的學習曲線。二推水星進入新星座將使我們發展考量他人想法的能力，培養自我能力去聆聽及思考那些過去絕對不會考慮的想法及動機。二推水星與本命行星形成重要相位的那一年，往往同時是教育、學習或學到新技巧的重要年份，此時我們將面對或察覺學習對我們的重要性。水星的推運經常同時帶來學校及興趣的改變，因為它象徵著我們的覺醒，渴望參與那些熱衷的事情；二推水星幫助我們在看待自我時形成新的、更適合的觀點、概念及想法，讓我們更懂得如何去面對世界。

　　二推金星象徵了自我價值及自尊的成長，它是一個內在指引，讓我們察覺個人價值、品味及愉悅是如何發展的。二推金星反映了我們獨特的表達方式如何隨著時間的推移而自然地發展，它代表我們如何持續改善建立關係的模式，以及如何改變受到他人吸

引和我們自身的那些光芒；最終，二推金星關注我們的自愛及欣賞，並且將它們轉換爲個人互動及建立關係的方式。因此，二推金星是在自己的生活及伴侶關係中建立和諧及平衡的象徵符號，也因此它同時描述了逐漸想要建立關係、與他人互動的需要，並且經常指出發展平等關係的重要年份。二推金星同時也是創作本能以及培養、欣賞藝術及美感的持續發展，因此，當金星在二推盤中改變星座時，將打開我們的感官，迎接新的感知及愉悅。我們需要面對挑戰去更加欣賞我們重視的事物、探索創意的新形式、更能夠容忍自己與他人——特別是與好朋友和伴侶之間的差異。當二推金星與行星形成相位，將爲此行星原型帶來新的鑑賞能力及感受。

二推火星象徵我們意志及力量的發展，讓我們確定自己想要的。它描述了我們侵略本能的發展方式、如何管理競爭本能，並協助我們回想如何以更有效率的方式去引導這些本能及衝動，從而成就靈魂。火星與我們的生命力和身體能量有關，它的推運會顯示我們如何以最好的方式運用身體能量及腎上腺素。二推火星與採取適當行動及發展堅定信念的勇氣有關，它幫助我們爲持續忠於自我、在人生中建立個人領土而戰鬥。當它改變星座時，暗示了火星的焦點及動機將變得更尖銳，也將面臨挑戰；面對新的及創意的可能性的這些挑戰將燃起我們的欲望，想要在計劃中變得更加出色熟練，並更能做出更好的判斷。二推火星可以鼓勵或點燃與其形成相位的行星，從心理發展的角度來看，這種啓動方式是爲了鼓勵、宣揚、振作這些行星，讓它可以做出最好的表現。

當在二次推運使用所有行星時，不論是出相位還是入相位，我都建議只使用 1 度的角距容許度，因此，這些內行星將停留於容許度之內一兩年的時間，如果它們正處於停滯期，甚至可能持續幾

年。檢視它們影響星盤哪些部分，確定它們正觸動什麼、讓人意識到什麼，它們象徵個人的成長、成熟及發展。

正如在二次推運的前言中所述，社會行星及外行星在二次推運中的移動微乎其微，這強調了它們在本命盤相位的重要性。一旦它們在二次推運盤中改變方向，那麼在我們餘生中將持續往那方向前進。因此，我認為它們在二次推運盤中改變方向將是重要的觀察點，有助讓我們注意到該行星原型在個人生命定位中的改變。

四個軸點的推運：發展人生的方向

我們有許多不同方法去推運星盤上的軸點，最常見的方法是以太陽或太陽弧正向推運的速度去推進天頂。太陽弧正向推運就是二推太陽與本命太陽之間的差別，將此差異所得出的弧度加在本命天頂上，會得出二推天頂；然後，使用宮位表中二推天頂所在的角度，找出對應的二推上升點度數，這能幫助我們從二推天頂找出對應的二推上升。

二推上升是不斷進化的人格面具原型，它代表我們如何在世上呈現自己、個性持續的成熟過程、以及與他人之間的互動。上升點象徵了我們在世上所建立的形象，作為我們與世上其他人之間的橋樑，因此二推上升強調了自我這種不斷進化的形象，透過我們風格及外貌的改變、投射自己的方式、在世上建立自我形象及氣場的方式，可以讓人察覺到這種進化。二推上升象徵著人格的發展，以及我們有效地投射自己於世上的能力。

一般而言，二推上升點將在星盤第一象限中推進，二推天頂則

會在第四象限中推進。它們平均會在我們三十歲左右來到下一宮的宮首，然後在差不多六十歲時再來到下一宮的宮首，最後大約九十歲時來到下一軸點。但這都得依照宮位的大小、以及上升點座落星座的長短而定，這些推運會將生命循環分成三個階段。

當二推上升點合相第二宮宮首，此時將反映出我們有更強的能力去思考自我價值，更加察覺我們個性的影響力，以及它如何運作、如何被接受，此時，我們有能力同時運用自己的個性及重視的自我特質去建立自尊。當二推上升進入第三宮，我們會更加容易接受自己將成爲什麼樣的人，以及在社會與當地環境中的角色，在人生的這個階段，我們的個性更加能夠支持及反思眞實的自我。上升點推運進入第二宮及第三宮指出我們與世界之間聯繫方式，以及我們看待自我方式的改變。二推上升點同時將與本命盤行星形成相位，這些相位將影響我們在世上投射自己的方式。

隨著我們發現眞實的自我，將同時產生更深刻的改變，例如：自我認同、行爲、外表及風格的改變，當二推上升改變星座時將更爲明顯，就像是個性有更廣闊的空間去延伸、探索及表達。當它第一次改變星座時是最突兀的，因爲它來到了與本質完全不同的星座。然而，正是這種張力爲我們建立了更大的覺知及資源，經常在二推上升第一次改變星座時反映出第二宮宮首，讓自我更加確認此個性。二推上升與本命行星的相位，讓我們更熟悉鞏固個性的原型力量。

二推天頂象徵了我們在世上的角色、公眾形象、名聲以及職業追求的進化，它的主題專注在權威及自主性的發展。當天頂在第十宮推運前進，我們將開始察覺這些議題，然而，當它推運進入第十

一宮，我們更能夠將我們的職業開始帶入社會，當它在第十一宮前進，我們將在更大的社會中散播一己貢獻及成就。當它來到第十二宮，我們更加準備好從公眾生活中引退、內化在世上的工作成就，並與自己的專業面向建立內在關係。當二推天頂與本命盤行星形成相位，個人將在專業及公共形象的發展過程中經歷這些潛在可能。每一個相位都會讓我們面對該原型的權威議題，以及我們應該如何管理它們，藉以支持我們的職業之路。

思考二推天頂第一次改變星座那一年，你的職業傾向的特質及意識如何開始，將變得更加明顯。二推天頂第一次改變星座，通常標記了你在職業路上往前邁進一步，也許是一個變動、學習、遇到某位導師或引導者、某份工作或新的興趣及渴望的出現。

二推上升在第一象限前進的同時，二推下降點也在星盤的第三象限前進；同樣地，當二推天頂在第四象限前進時，二推天底也在第二象限前進。在生命的過程中，四個軸點會推運經過整張星盤，它們所象徵的生命每一個方向會一起向前邁進，並豐富自我在世上的經歷。

準備及展現二次推運

建立查詢時間的二次推運星盤，雖然你可以從本命盤中推運至今天、或你生命中的某個重要日子，但要記住二推盤的運行時間頻率與其他星盤不一樣，它呈現的是本命盤自然的鋪展及結果。記下所有內行星推運的星座位置，它們推運至本命盤的哪個宮位、它們是否改變方向、可能會與內行星形成什麼相位。注意所有軸點以及

它們與本命盤的互動，記錄任何社會行星或外行星方向的改變，如有的話是哪一年的推運。

你可以建立一張雙圈星盤，本命盤在內圈、二推盤放外圈可能會更清楚。當我進行諮商時，會使用一張本命盤，在星盤的外圍以藍色記錄當下月交點、社會行星及外行星的行運，然後用紅色在外圍記錄當下軸點及內行星的二次推運。我會記下所有行星方向的改變以及發生的年份，還有所有我認為重要的二次推運，久而久之，你會找到與自己連結的方法，去呈現二次推運的主題。

以下是榮格的二推盤，我將他的本命盤推運至一九○七年三月二日，那是他第一次遇見佛洛依德的那一天。其一生中有很多值得選擇的時間，但我選擇這一天，因為這次相遇對於建立榮格的

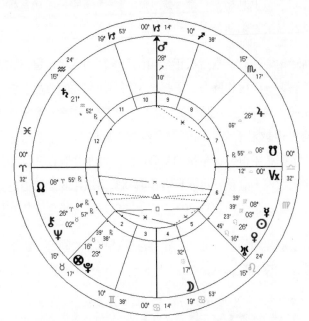

圖說：榮格 1907 年 3 月 2 日當天的二次推運盤。

職涯來說十分重要，因此，我並非選擇此案例去肯定二次推運的技巧，而只是要展現當時的二推盤。以下是他一九○七年三月二日、設定在他出生地正午的二推盤，時間不會改變星盤本身，他的本命盤在第下一頁，跟著一張雙圈星盤去對比二推運與他的本命盤。

　　當榮格一九○七年三月二日第一次與佛洛依德在維也納的家中相遇時，那年他三十一歲，兩位心理分析運動的權威在當日見面。通常伴隨這種注定相遇的是交點或月亮的接觸，我指的交點包括了月交點與軸點，因為這些都是交會的點，皆可稱之為交點[86]。由於所有交點都是運行軌道平面的交會，因此它們都是註定相遇的強大符號。那一天行運月亮合相榮格的本命南交點，行運南交點則合相他的本命上升點。在推運盤中，二推太陽與宿命點合相入相位中，我經常認為宿命點是生命發生重要相遇的地方[87]。

　　同時，要注意二推月亮正合相他第六宮的金星，這主題告訴我它是榮格與一個用相同方式重視、認同工作的人的會面。當二推月亮落在第六宮，在心理層面上會專注於工作領域，因為月亮推運在之前已經越過水星，兩個人已經透過書信開始往來。在某種度上，水星與金星符號在榮格的生命中以一個工作夥伴、同事及合作者的形象顯現，雖然它可能是被投射到佛洛依德身上，但是占星學的二次推運描述了他深刻地感受到這些與自己知識之間的關係。

　　讓我感興趣的是，他初次與佛洛依德相遇的同時，二次天頂共時性地來到摩羯座 0 度、二推上升來到牡羊座 0 度，讓人想到自

86　請參閱布萊恩‧克拉克*From the Moment we Met: The Astrology of Adult Relationships*, Stanley, Australia: 2018或《人際脈絡占星全書》春光出版2019。

87　同上註。

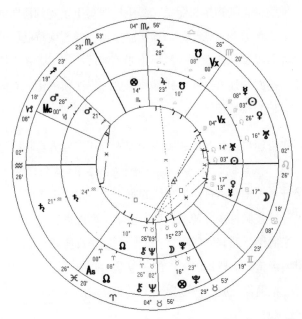

圖說：雙圈星盤。內圈：榮格本命盤；外圈：榮格於 1907 年 3 月 2 日當天的二次推運盤。

然星盤或經常被描述為「世界靈魂」（anima mundi）的星盤，當天頂在摩羯座 0 度，宿命點在下降點，與這張二推盤一樣。當所有二推軸點揭示了一個強大宣示，但它到底是什麼、或它會帶來怎樣的感覺是相當難以言喻的。然而，我們可以有信心的認為此時將開展一段更精通職業的重要階段。

　　本命盤天頂的守護星是火星，本命上升點的守護星則是土星，注意在二推盤中它們換了位置，火星現在守護二推上升，而土星則守護二推天頂。這告訴我榮格透過他具先驅性、開創性的發現，而意識到自我的權威感，使他能夠在人生的下一循環中將這些特質整合至職業中。

　　二推盤中有趣的是凱龍星、海王星與冥王星此刻皆為逆行，二推冥王星三年前開始逆行，二推凱龍星則在他五歲時就已經開始逆行，二推海王星則在他十一歲那年開始逆行。這三顆熟悉精神領域與意識黑暗面的強大行星，此刻變得更加專注與內化，共同挖掘更深入、黑暗的原型領域。

　　二次推運可以結合行運，以強大的方式去放大當時發生的心理面向。當二人會面時，冥王星在雙子座 21 度 44 分停滯，並對分相榮格守護天頂、落在同事宮位的第十一宮火星射手座；木星在巨蟹座，等待幾個月後行運至水星與金星；而同樣在巨蟹座的海王星將在未來幾年行運經過這組合相；天王星摩羯座將在隔年行運對分相水星與金星，這皆指出了工作、專業、同事、競爭、思想交流等等。二次推運從發展的角度出發，幫助描繪出他終生工作及生命的歷練。

第四部

回歸：靈魂的歸鄉

第十五章
永恆回歸
時空的再現

　　永恆再現或一次又一次的回歸，是古埃及、印度的求道者、畢達哥拉斯學派（Pythagorean）以及後來的希臘哲學家思想不可分割的重要主題。在不同的學說關於「回歸」的基礎假設中，它們都認為回歸意指在循環的某個時刻再次發生相似狀況。亞里士多德做了一個很好的總結：「同一種意見在不同人之間流轉，不止一兩次，而往往是無限次。」[88]。十九世紀尼采在其寫作中發展出這種關於永恆再現的假設，特別在《查拉圖斯特拉如是說》（Thus Spoke Zarathustra）中，他將存在視為一次又一次倒轉的沙漏，此概念與其他曾經闡述此主題的作家及詩人相似。

　　許多象徵符號與自然意象，曾被用以描述永恆回歸以及它與重新、重生之間的關聯；例如：埃及人視蜣螂為重生的象徵，圓圈、漩渦及銜尾蛇也是永恆回歸的典範。我們在日月食的沙羅週期循環以及二推月相循環的曼陀羅中也見過銜尾蛇的意象，像龍一般的大蛇吞噬自己的尾巴，體現了宇宙反覆重現的本質，並鞏固了循環的特質。它一方面代表了希臘第一個字母 alpha、開始或頭部，以及希臘最後的字母 omega、結尾或尾巴，但它們同時都在同一交點上。時間之結代表時鐘的時間在無盡循環中的角色，當一條繩子的兩端打結後被拉長成直線，這條線就成為了一個圓圈，此結同

---

[88]　亞里士多德（Aristotle）：Meteorologica I. iii.

時是此無盡循環的開始與終結。銜尾蛇象徵了一個神聖之圓的開始
與結束，頭和尾為一體，它標示了時間同時開始與結束的交點。在
占星學上，這強大概念是合相的基礎，因為合相是循環回歸並再次
展開的相位。

　　合相時，重生的永恆循環中將出現創造物，生命在結束的過程
中更新，在大蛇吞噬自己尾巴的交點處，生命以新的形式繼續下
去。死亡與重生、創造與中止、開始與結束、頭與尾皆標示了永恆
回歸、永無止盡的再生循環。

　　太陽是永恆回歸的恆久形象之一，每天早晨它從夜晚的旅程中
重新出現；黎明時刻標示著每日的某一點：創造新的光芒、吞噬
黑暗，就像大蛇吞噬了自己的尾巴。太陽具有每日回歸與每年回
歸，這對人類經驗來說幾乎是本能，當太陽每日回歸時，它從地平
線開始照亮新一天，每年太陽越過天球赤道、逐漸增加光亮，為生
命帶來新的季節──春天，也是每年時間循環的交點。

　　同樣地，回歸是人類經驗的自然產物，雖然我們可能不熟悉
永恆回歸的哲學或概念，但在本能上都了解它，它深植於人類靈
魂之中。占星師透過各種星盤和技巧去解釋永恆回歸的意涵，例
如：太陽回到春／秋分的零度（牡羊座、天秤座）或夏／冬至
（巨蟹座、摩羯座）的四季入境盤，或是太陽回到本命盤同一準確
位置時的太陽回歸盤。生日時許多外國人所說的：「Many Happy
Return」[89]（快樂回歸）的祝賀是在每年生日太陽回歸時，太陽回
歸盤慶祝此一階段。

89　這句話出於英國散文家、戲劇家、政治家和出版商約瑟夫・艾迪生（Joseph
　　Addison）；他提出此古羅馬人使用的生日賀詞。

太陽在軌道上的回歸，更新了我們個人的年度循環。Return
這字也有雙重意義，它也可以指投資上的收益或斬獲；生日的祝賀
「快樂回歸」，讓我們知道又是生命的另一年，但它同時可能是一
種隱喻：投資在自己身上的最大資產「自性」，生日是更新這份投
資的時刻。這樣一來，太陽回歸盤便成為一種很棒的工具，讓人們
回到真實的自我，就像星盤中所有行星都在為太陽和英雄目標服務
一樣，它每年提醒我們與靈魂之間那更宏大的契約——也就是我們
的本命盤。

神話上的回歸

在希臘神話中，回歸是英雄試煉的其中一環，詳述偉大的
荷馬史詩《奧德賽》中，故事講述奧德賽從特洛伊出發想要
回到故鄉伊薩卡（Ithaca）。Nostoi 是古希臘語中的 return 一
詞，意為歸鄉；複數 Nostos 意指一系列史詩故事，講述阿伽
門農（Agamemnon）、梅內勞斯（Menelaus）、狄奧米德斯
（Diomedes）和阿賈克斯（Ajax）等等希臘英雄從特洛伊回家的故
事。這些回歸象徵著歸鄉，回到他們的最初之地，但現在英雄以完
整的經驗、理解、征服、挑戰和智慧回歸。

Nostoi 是一趟回家的旅程，也許是一個我們從未知道的家，但
它對我們靈魂而言卻是真實的。在回歸之時，我們會被心靈的直覺
拉向未來，但同時又會被感受拉回過去。我們被推、被拉扯、被戳
刺，回到了當初出發的地方，但現在我們更有意識地見證、理解和
了解這地方。

英文的懷舊或念舊 nostalgia 這個字，來自古希臘文 nostoi 和 algos，意為痛苦或磨難[90]，因此，緬懷過往也就是「回歸的痛苦」。緬懷過往一般意指與回歸有關的感傷，但它同時也暗示著永遠回不去的悲傷，以及無法回到如過去一般的痛苦。回歸的失望是那些未實現的過往期望所遺留下的痛苦回聲，因此，回歸的意象在人類心靈中是一個強大概念，此過程要求我們更加意識到當下，才可以有意識地回到過去之地。Nostoi 暗示了回歸或歸鄉本身就是一段史詩般的旅程。

從占星學的角度來看，神話上的回歸可以被當成行星回歸的隱喻，行星就像英雄們一樣代表了回歸原型本質，此真實本質支持我們與生俱來的權利。研究英雄和女英雄神話性回歸，讓我們從占星學的角度去放大太陽回歸的過程。

原型性的回歸

「回家」是英雄傳奇的重要部分，在神話和儀式中，回家都代表著結局，也代表著展開新的認知循環，那是我們跨過了某個門檻並進入新的領域時，整個創新體驗的最高潮。約瑟夫‧坎貝爾（Joseph Campbell）是一位在研究英雄旅程原型階段上備受推崇的專家，他放大了各種關於生命儀式的循環，例如：分離、開始和回歸。雖然其他人也描述過這些生命儀式，坎貝爾卻構建了一種形式，可以應用在大多數神話英雄的故事中，並象徵性的運用於行星的回歸。回歸劃下了閾限階段的結束，並展開新的階段，在閾限階段中，當固定的參考點被暫停，那將是讓人遇見神的好機會。在心

90　這個詞創造於十七世紀，用於描述在國外戰鬥的瑞士傭兵的焦慮和痛苦。

理學上，這是人們可以察覺到自己與心靈之間存在著更深刻連結的時機，因為此時所走過的風景皆是神的棲息之地。

從過去而來以及延伸到未來的道路將在回歸之時交錯，就像賈納斯（Janus）一張臉瞧向過去、另一張臉期盼未來一樣，往前看的心靈受到往回看的另一面影響及塑造。回歸是過渡時期、一個閾限階段，它介於這兩種存在之間；它是一個結束，但就像所有結束一樣，它已經種下了從過去循環萃取而出的未來種子。像所有開始一樣，它是主觀、未知、期待、充滿希望也充滿恐懼。

家是我們開始時的內在船錨，因此，它也是我們回歸之地，才能好好修補，讓自己可以再次開始。在約瑟夫・坎貝爾的理論中，英雄的回歸會帶來祝福和責任，因為英雄從他的神祕冒險中歸來，並帶回了改善同胞生活的能力。回歸代表著一個循環的完成，伴隨著過去的經驗所帶來的成熟。當回歸涉及行星時，它就像是原型性的歸鄉，重新喚醒該本命行星原型的真實目的和潛能，珍貴的循環將意識、覺知及意義帶給行星，而行星將這些帶入新循環當中，因此，回歸是兩個循環及兩種存在方式之間的橋樑。

占星學中的回歸

思考星盤如何持續自我更新的方法之一，是透過行星回歸與交點回歸，每一次回歸都為行星原型帶來經驗和覺察，從而深化、擴張我們對這此部分自性的認知。行星回歸發生在它們在黃道上跑完一圈、回到整個黃道循環的結束之時，此刻同時包含了 alpha 和 omega，是結束也是開始，是完成階段也是期待的時期。在回歸的

十字路口，過去與未來在此刻交會。在占星學上，我們可以通過兩種截然不同的方式來思考回歸：首先，我們可以使用行星回到其本命位置的準確時刻去建立一張星盤，從而思考行星回歸的意涵；每張回歸盤都是對新循環的致敬，並指出了下一個循環的狀況。它誕生在交叉路口上，當舊的循環完成了，並同時發生新的循環，回歸星盤榮耀了重生的這一刻。在本質上，它捕捉了永恆回歸的意像，象徵著透過本命星盤持續的再生模式而更新的生命。回歸星盤就像是下一個行星循環的預告，因為我們可以從中看到行星原型如何為了下一週期而振作、重生得到活力。儘管此技巧基本上可以應用於所有行星，但這種回歸盤主要應用於內行星，其中最常見的是太陽。

其次，我們可以將行星回歸視為歸鄉之旅：回到自我某個真實面向中。當我們回顧上一個循環並進入下一個循環時，可以隨著時間的推移重新審視該行星的象徵，因為每種行星原型都有自己的時間表，因此這對於制定前瞻計劃和日程安排會特別有用。所有行星的回歸都能夠如此帶來幫助，但是，為我們劃出時間範圍、讓我們與自我真實的社交、道德、天職及情緒面向重新產生連結的是社會行星：木星和土星、月交點和二推月亮的工作。每一種回歸都標示了人生路上的里程碑和過渡。

行星回歸也是非常個人的，它刻劃了我們成長過程中的十字路口，突顯生命週期中的初始階段。當榮耀每一個行星循環時，我們已經遇過這些循環了，但是我們仍然值得回顧這些循環，因為它們的回歸是人生之旅的重要時間標記。當我們想像它們的回歸時，請保持創意：

太陽：真實自性的回歸及更新。

月亮：感受性自性的回歸及更新。

水星、金星及火星：連結、價值及參與的回歸及更新。

木星：希望的回歸及更新。

土星：自主性、限制及自決的回歸及更新。

月交點：目標的回歸及更新。

二推月亮：歸屬感的回歸及更新。

凱龍星：我們真實人性的回歸及更新。

天王星：靈魂故事的回歸及更新。

　　在描繪生命循環的初始階段中，社會行星的角色特別重要，例如：木星每十二年回歸一次，慶祝新發展階段的開始，每一次木星回歸都讓我們開始進入生命更遼闊的視野。土星回歸則標示著三個截然不同的生命循環，它的回歸讓我們開始進入生命中的責任與成熟的新領域；第一次回歸發生於廿九歲，代表作為一個個體在世上取得自己位置時的成熟、自我負責和權威；第二次發生於五十八到五十九歲的回歸，則刻劃了從外在世界轉往內在世界，請回顧第六章所討論的木星循環與土星循環：

木星的 12 年循環	回歸時的年齡	人生階段
第一次循環　0～12	出生一刻	童年
第二次循環　12～24	12	青年
第三次循環　24～36	23～24	成年
第四次循環　36～48	35～36	盛年
第五次循環　48～60	47～48	中年
第六次循環　60～72	59～60	長者
第七次循環　72～84	71～72	老年
	83～84	

土星的 29 年多循環	回歸時的年紀	人生階段
第一次循環　0～29	出生	青年
第二次循環　29～58、59	29～30	成年
第三次循環　59～88	58～59	老年
	88～89	

　　凱龍星在我們五十歲時回歸，暗示我們回到自我真實、靈性的一面，而這些是因為必須適應那些不適合我們、以及來自父母、文化和社會的規範而受到的壓抑。木星、土星和凱龍星的回歸標示著人生的門檻，並指出重要的過渡時期。

　　我們也可以從集體的角度去觀察行星回歸，例如：在二○一○年，我們經歷了海王星回到它被發現時的位置。在一八四六年九月廿三日，已經躲避天文學家一段時間的海王星首次被發現，海王星

在這一天進入了我們的意識，當時它在水瓶座 25 度的黃道位置。當海王星在二○一○年再次來到這個度數，人類共同經歷了一整個海王星循環，從理論上（不一定在體驗上），人類現在可以更加意識到海王星的原型特質。有趣的是，這個同時被稱爲「大地撼動者」的海洋之神原型，從被發現那一刻開始就一直以多種不同方式呈現。而在此行星回歸中，我們記得從上一個海王星循環中理解了什麼，從而思考接下來的一百六十五年該如何前進。

　　占星學上，有一種技巧叫做**回歸盤**，它是使用行星回到本命盤位置那一刻所建立的星盤。回歸盤預告了下一個行星循環，專注於回歸行星的本質，並概括它下一個循環的主要能量。行星準確回到出生盤位置那一刻所建立的星盤，就像是一張概述下一個循環的地圖。太陽每年都會回歸，因此我們可以每年建立一張太陽回歸盤；月亮每 27.3 天回歸一次，因此我們可以用這時間去建立月亮回歸盤，每年將會有十三張月亮回歸盤；水星和金星也會每年回歸一次；火星則每兩年回歸本命盤位置一次。對於水星、金星和火星來說，如果在發生首次回歸之後逆行，也可能將發生連續三次的回歸。

　　最被廣泛使用的回歸圖是太陽回歸盤，是使用太陽每年回到本命盤位置那一刻所建立的星盤。此星盤象徵了太陽的更新，它每年的生日，因此可以用作探索來年演出哪種能量的工具。

太陽回歸：太陽的返鄉

　　太陽回歸是一個古老的概念，公元四世紀的費爾米庫斯．馬特

爾努斯（Firmicus Maternus）證明了這一點。古典占星中，有一種技巧名為「小限法」（profections），此技巧使用的是年度循環。中世紀的阿拉伯占星師也使用太陽回歸，儘管方式與我們今天所使用的不一樣。十七世紀時，威廉‧禮尼（William Lily）在其著作《基督教占星學》（Christian Astrology）、以及約翰‧加德伯里（John Gadbury）都提到了此技巧。但是，真正大篇幅討論太陽回歸技巧的是讓‧巴蒂斯特‧莫林‧德‧弗朗肯（Jean Baptiste Morin de Villefranche）在其著作《法國占星術》（Astrologica Gallica）中的論述。二十世紀，法國占星師亞歷山大‧伏爾甘（Alexander Volguine）使用莫林的理論作為基礎，發展出自己的太陽回歸系統。在二十世紀的占星學中，太陽回歸成為更受歡迎的時間計算技巧，例如：在《今日的占星術》（Today's Astrology,1941）中，克萊門特‧海（Clement Hay）的文章〈商業占星學〉（Business Astrology）使用了一種商業太陽回歸盤的技巧；在二十世紀後期，恆星與回歸黃道占星師都再一次開始廣泛地實驗此技巧，隨著太陽回歸在二十世紀後期再次流行，人們也提出了不同的系統論述。

　　由於太陽既代表了自我的生命力和光芒，因此它是重要之神，也是需要去榮耀的原型。隨著太陽結束其循環，生日慶祝活動將太陽回歸與出生靈魂的更新進行儀式化。每年的太陽回歸盤都會發生在出生時間的廿四小時之內，太陽回到出生位置那一刻的時間通常每年大約增加六小時，因為每年額外增加的四分之一天大約是這六小時。此星盤體現了我們回到自我的身分認同及目標，太陽回歸是自我發展的啟蒙，此星盤確定了來年需要注意的重要領域，每張太陽回歸盤的有效日期，都是從此次生日開始直到下一次生日為止。

　　太陽回歸作為太陽能量的更新，正好隱喻著英雄回歸，就像是每年我們的獨特性和目標的重生一樣，它不僅描繪了這一年的潛力，同時重述了靈魂的企圖、人生經歷背後更深層的動機、以及個體化過程的開展。生日、或者說太陽每年回歸的慶祝活動，是我們社會還在慶祝的少數儀式之一，也是榮耀及認知靈魂更新的重要儀式。

建立太陽回歸盤

　　如前所述，我們使用太陽回到其本命位置的那一刻去建立太陽回歸盤，為了得出太陽回歸盤的軸點和宮位，我們需要一個相對準確的出生時間，如果出生時間不準確，每一年的太陽回歸的計算依據也會不準確。由於天頂每四分鐘移動一度，因此，本命盤的天頂每一小時移動約 15 度或半個星座，錯誤的出生時間將在接下來相對的太陽回歸盤中加重此錯誤。另一方面，這種精確度可能有助於進行生時校正，或在我們考慮精確的出生時間時會相當有用。

　　當建立太陽回歸盤時，有兩個要點需要考慮，這兩個細節會影響太陽回歸盤的軸點。我們需要考慮這兩個可能會改變太陽回歸盤動態的特徵：歲差，以及當我們計算某一年的太陽回歸時，應該使用哪個城市位置？

計算太陽回歸的時間：歲差

　　當我們把歲差納入考量時，必須知道太陽回歸當時**實際**的黃道度數，此時黃道上的分和秒並不是我們出生時太陽的確實位置，

其歲差速度為每年 50.26 秒，大約每七十二年產生 1 度的歲差。換句話說，如果我們出生時太陽落在牡羊座 0 度，當我們七十二歲，同時將歲差納入考量，**實際**的太陽回歸位置就會變成雙魚座 29 度，太陽在這些年間後退了一度。今天我們所說的回歸黃道中的牡羊座 0 度，如果回到我們出生的七十二年前，其實是牡羊座 1 度，這是回歸黃道與恆星黃道之間的差別。

大多數西方占星師都使用回歸黃道，這是一種可以移動的黃道帶，它並不與恆星綁在一起，因此當我們計算太陽回歸的歲差之後，會造成回歸時間的分歧，進而影響軸點的位置。我認為解決方式是在太陽回歸盤中不要考慮歲差，因為我們在計算行運或其他技巧時也沒有計算歲差，如此與我們使用的其他技巧保持一致。當我們使用回歸黃道的位置時，我們並不是在描述太陽的確實位置，而是保持其象徵性和隱喻性。由於我們習慣使用回歸黃道的基礎去描繪本命盤，因此請保持一致，不要將不同的隱喻混在一起。

此方法由恆星占星師詹姆斯・埃舍曼（James Eshelman）所推廣，他著作關於太陽回歸技巧的文章，作為恆星占星師，他支持在占星時使用恆星黃道。儘管他認為當人們七十二歲時太陽回歸可能會出現一天的誤差（因為每七十二年會出現 1 度歲差），但是他也認為這依照人們如何解讀「錯誤」而定。回歸黃道度數的基礎是移動的概念，因此我不一定會認為這是一個錯誤。他在《解讀太陽回歸》（Interpreting Solar Returns）一書中表達了這個想法 [91]。

91　James Eshelman, *Interpreting Solar Returns*, ACS Publications, San Diego, CA: 1986.

太陽回歸的位置

在太陽回歸盤的地點設定上，主要有**三種可能性**，首先是**出生地**，如果我們仍然生活在出生地附近，這一定是我們建立星盤的位置。

如果想要學習太陽回歸盤內的循環本質，我建議你使用出生地去建立所有的太陽回歸盤，如果我們認同所有星盤都是衍生自出生盤，那麼，使用出生地建立星盤將是可行且務實的。以出生地去計算所有太陽回歸盤，能夠描述行星循環如何在這些星盤中發展，並說明太陽和軸點每年如何移動，當我們要研究太陽回歸盤的持續循環時，這些是最好用的星盤。我建議使用出生地去建立自出生以來每一年的太陽回歸盤，這是設定太陽回歸盤位置時的首要考量，因為我們生活經驗的本質都是從出生盤而來的，因此，我們可以把出生地視為太陽回歸盤的**潛力**，以及支持該經驗的潛在動機和能量。

如果我們已經遷居到其他城市，那麼我們在建立太陽回歸盤時可以有另一種選項。不同於出生地，第二種可能性是**居住地或現居地**；如果此人已搬遷到別的城市，在建立單獨某一年的太陽回歸盤時，我會選擇此處。換句話說，如果我只是觀察單一太陽回歸盤，並且正在搜索這一年的詳細訊息，這個地點的太陽回歸盤會相當有用；但是，對於仍在學習此技巧的學生來說，我仍然建議使用出生地去建立太陽回歸盤。

如果我在研究許多太陽回歸盤彼此之間的關係時，我會回頭使用出生地去建立星盤；但是，我發現當我們僅觀察某一張太陽回歸盤，並將它視為獨立星盤時，那麼現居地的太陽回歸盤會相當有

效。現居地的太陽回歸盤顯示了潛力的體現，那些呈現當下經驗和環境的生命領域反映出更深層的發展過程，因此，同時使用本命盤與現居地的太陽回歸盤會相當有幫助。出生盤有助於強調發展主題和更深層的議題，而現居地的太陽回歸盤可以讓我們深入了解這些將在哪裡呈現，同時使用現居地的太陽回歸盤配合行運及推運將會非常有幫助。

第三種選擇是以**慶祝生日的地點**去建立星盤，表示我們生日那天所在地決定了太陽回歸盤，這可能是有效的；但如果我們特意安排去某地以加強這張太陽回歸盤，那就一定不會有效。有些占星師認為你可以透過改變太陽回歸的位置去改變你來年的人生展望，我不太贊成透過改變所在位置去操控太陽回歸，因為這種態度是假設占星符號的佈局可以決定結果。但是，如果我們生日時正在某特定地方進行朝聖之旅，那麼這張星盤應該會有效。它可以被視為太陽回歸盤的次選（用來輔助以出生地或現居地所建立的太陽回歸盤），藉以研究兩張星盤之間的差異——這就像是生日當天的微遷居。雷·梅里曼（Ray Merriman）在其著作《太陽回歸》（Solar Return）中贊成使用你度過生日的地點，並且有意識地用來幫助建立星盤 92。

不管是作為獨立星盤還是與行運和推運放在一起觀察，太陽回歸盤都是一張相當有價值的星盤。外行星的位置是該年有效的行運，而太陽回歸的本質是要考慮來年的狀況，是我們英雄性的自我也許會面對的目標、挑戰、興趣和成就。太陽回歸盤可以單獨觀察，也可以與本命盤放在一起比對，當我們將它與本命盤進行比對

---

92 Ray Merriman, *The Solar Return Book of Prediction*, Seek It Publications, Birmingham, MI: 1977.

時，是以此人的發展爲依據去檢視這一年。這是較可取的選項，因爲它可以展示出生時便已經明顯表現的模式的持續性。當我們將它與本命盤進行比對時，太陽回歸盤可以被視爲某些本命盤模式在上面鋪展的年度舞台，或是將它視爲重要的思考因素。太陽回歸盤應該放在本命盤外面，這樣我們可以很明顯地看到太陽回歸盤的行星來到了本命盤的哪些宮位，你可以使用不同顏色去突顯本命行星和太陽回歸盤行星之間的區別。關於使用太陽回歸盤的軸點（包括宿命點），去比對太陽回歸盤行星與本命盤的行星和宮位，在接下來的兩章中，我們將檢視太陽回歸盤的一些理解技巧。

第十六章
快樂回歸

重生與更新

　　每一次太陽回歸都象徵著重生與更新，由於太陽是中心，同時被固定在出生時的位置上，因此它與其他行星的相位循環皆被嵌入每張太陽回歸盤中，這種安排創造了在某個年齡回來重複的本命模式。為了熟悉這些模式，我建議使用你的出生地去建立此生所有的太陽回歸盤，這樣的做法可以保持位置的連續性，也讓我們可以研究軸點模式及行星配置。在本書的附錄中說明了如何建立一生的太陽回歸盤，在每張連續的星盤中，你可以觀察到在連續的太陽回歸盤之間軸點與行星循環的移動。當太陽回歸盤的位置設定一致時，與軸點和宮位有關的模式將顯而易見，這解釋了為什麼我建議使用出生地去計算太陽回歸盤，藉以展開你的研究。

　　改變太陽回歸盤的建立位置，將改變正在發展的年度模式，生命中的重大遷移會重新建構我們已經習慣的日常和習慣，並改變那些可能變得僵化乏味的模式。因此，當我們回想某次遷居或搬家產生了怎樣的調整時，使用現居地建立的太陽回歸盤會揭示很多的資訊。但是首先，讓我們以出生地建立的連續太陽回歸盤來熟悉這個工具。

　　太陽回歸盤等同於一個恆星年的公轉或 365¼ 天，由於每年增加額外的四分之一日，因此每年太陽會在出生時間六個小時之後才

回到本命位置。更準確地說，是每年大約五小時四十二分鐘多，但會在出生時間廿四小時之內。當太陽回歸盤設定在相同位置、在天頂前進的同時，它也會順時針旋轉，就像命運之輪一樣，天頂會移動接近三個星座，讓星盤旋轉約四分一圈黃道帶，並在相同模式的星座停留約九到十一年。由於太陽回歸盤是以太陽回歸準確那一刻計算，因此我們需要一個合理確實的出生時間，以確定星盤軸點及宮位的精準性。

太陽回歸盤中的軸點模式

當我們使用回歸黃道的太陽回歸盤時，太陽與本命太陽會落在同一度、分及秒的黃道經度。儘管太陽固定在此黃道經度，但由於天頂／天底軸線會在黃道經度上前進，因此它與子午線（天頂／天底軸線）的關係每年都會改變。這種變化每年都會發生，在中緯度地區經常出現 87～93 度之間的波動；而在距離赤道較遠的緯度中，這差距可以達到 80～90 度或更大範圍。隨著時間的流逝，天頂會沿著黃道度數回溯，每四年大約倒退 6～18 度。天頂以上的移動意味著每年太陽可能會順時針來到下一象限之中。

以下案例描述了榮格生命最初八年中本命天頂的移動，注意天頂每四年在一個星座中移動：從天蠍座 29 分 53 秒、天蠍座 13 分 18 秒到 3 分 18 秒，隨著時間的流逝，天頂會沿著同一屬性的度數往後退，為那屬性帶來好處，然後才往回移動到下一屬性的星座。

	本命天頂	天頂的前進	太陽的象限	評語
出生	29♏53		♂下降點～第三 / 第二象限	由於他出生於 48°N，因此天頂會在較寬的位置間波動。注意天頂如何隨著時間慢慢在固定星座的度數中往後退，它之後會在開創星座完成一系列移動，最後進入變動星座。 注意它如何經過四個象限 —— 在那些合相軸點的年份中，它落在兩個象限之間。
1 歲	20♒53	81°	第一象限	
2 歲	23♉10	92°	第四象限	
3 歲	13♌03	80°	第三象限	
4 歲	13♏18	90°	第三象限	
5 歲	7♒09	84°	♂天底～第一 / 第二象限	
6 歲	8♉42	91°	第四象限	
7 歲	1♌20	82°	♂天頂～第四象限	
8 歲	3♏18	92°	第三象限	

　　到三十三歲時，這些軸點再次回到它們的本命位置，在相差幾度之間，再次展開旅程。在某些情況下，這種天頂回歸會發生在第廿九次太陽回歸時，例如：榮格的例子中就是這樣。在他廿九歲時，太陽回歸天頂為射手座 1 度 32 分，與其出生盤中天蠍座 29 度 53 分的本命天頂相差 2 度；他的本命上升點是水瓶座 2 度 26 分，在廿九歲時，太陽回歸盤的上升點是水瓶座 4 度 49 分。

　　雖然第一次土星回歸發生在廿九歲，但三十三歲很常被神化為一個重要的年齡。記得檢查你的太陽回歸盤順序，看看在你幾歲時這些軸點回到本命位置，以下四張星盤示範了太陽回歸盤的軸點與本命盤的軸點，會在幾歲的時候產生重疊。

	瑪麗蓮夢露 1926年6月1日 9.30 am 34N03 / 118W15	戴安娜·史賓莎 威爾斯王妃 1961年7月1日 7:45 pm. 52N50 / 0E30	查理斯王子 威爾斯王子 1948年11月14日 9.14 pm 51N 30 / 1W05	小約翰·甘迺迪 1960年11月25日 0.22 am 38N54 / 77W02
本命天頂	6♉01	23♎03	13♈18	9♊18
29 歲太陽 回歸天頂	6♉03	21♎12	23♈18	20♊19
33 歲太陽 回歸天頂	25♈59	11♎07	15♈12	7♊16
本命上升	13♌05	18♐24	5♌25	11♍58
29 歲太陽 回歸上升	13♌07	17♐01	12♌00	21♍30
33 歲太陽 回歸上升	5♌11	9♐48	6♌39	10♍13

　　要注意的是，在瑪麗蓮夢露的案例中，軸點在她廿九歲時正好準確地回到本命位置；同樣地，戴安娜王妃的軸點也是在廿九歲時較接近本命位置而不是三十三歲。小約翰·甘迺迪和查爾斯王子的軸點則在三十三歲時較接近本命位置。此回歸會在廿九或三十三年後再次於太陽回歸盤中重複，將這些年齡在生命循環的發展過程中連結在一起。

上升點

　　太陽回歸盤的上升點位置衍生自天頂位置，因此，它密切地與天頂的位置產生關係。從象徵意義上來說，子午線或是天職及家族

命運，賦予並塑造我們的個性及人我關係的視野。每個天頂依照緯度的不同，都會衍生出獨特的上升點並與之共舞，因此，每年的年度太陽回歸上升點皆處於與天頂的特殊關係中，產生新的組合，同時突顯來年的上升星座。

在太陽回歸中，上升點除了與天頂一樣會在廿九或三十三歲時回歸並重複其本命位置之外，並沒有明顯的週期。由於天頂每年都會移動，因此天頂與上升點之間的軸點關係也會同時改變，特別當星盤位置的緯度遠離赤道時，因為出生地的緯度會影響天頂和上升點之間的關係。當其緯度位於遠離赤道的北方或南方時，在非等宮制的象限大小也會因而被改變，從而每年強調不同的象限。

如果使用以象限為根據的宮位系統，請注意短與長上升星座的現象，在它們與天頂的關係中，某些星座會比其他星座上升得較快或較慢，而以某種方式去塑造星盤的象限，每年的太陽回歸盤都會以自己獨特的方式塑造。在移居的太陽回歸盤中，特別是當緯度發生很大變化時，這將改變在出生地緯度中所經歷過的天頂／上升點關係。北半球與南半球的短和長上升星座會顛倒，因此，當遷居地點跨越半個地球時，本命盤天頂與上升之間的軸點關係會發生巨大的變化。

長上升星座會比一般星座的二小時上升得慢些，而短上升星座則比一般星座上升得快。當天頂是巨蟹座或摩羯座 0 度時，上升點將會是天秤座或牡羊座 0 度，但是，當巨蟹座或摩羯座這兩個二至點星座落在上升點時，它們的上升速度會不平均。

	南半球	北半球
長上升星座	♑♒♓ ♈♉♊	♋♌♍ ♎♏♐
短上升星座	♋♌♍ ♎♏♐	♑♒♓ ♈♉♊

　　由於某些星座會比平均速度上升得較快或較慢，因而改變天頂與上升點之間的關係，因此某些星座可能不會落在任何宮首上，而另一些星座則可能重複落在連續兩個宮首上，這種截奪與重複星座的特質現象，突顯了此年這些星座特質與太陽回歸宮位之間的關係。截奪的星座象徵了在未來一年中，該議題可能無法輕易的在該宮位的環境中被接觸到；重複的星座則說明這兩個宮位的事務可能會在未來一年變得糾纏不清或難以分割。但當我們使用等宮制或全星座宮位制時，這種情況將不會發生。

　　由於緯度和宮位系統的差異，可能會對太陽每年回歸所形成的下一個模式帶來差異，模式一直都在，但可能會在某些年份出現分歧，這本身是一個有趣的現象。思考一下這些模式，並感覺太陽作為太陽回歸盤的工匠所創造的節奏和進程，會帶來很多幫助。

當太陽回來時

　　太陽在連續的太陽回歸之間依循著自我獨特的道路，每年強調某個象限，其路徑會先後經過角宮、續宮然後降宮。太陽在超過廿九或三十三年的太陽回歸之間，將逐一佔據每一個宮位。在設定同一地點的太陽回歸盤中，太陽會先在角宮停留九至十一年，然後在

續宮停留同樣的時間，接著在降宮停留下一個九至十一年。由於宮位的大小不一，如果太陽非常接近宮首或落在截奪星座的軸線之中，這種循環將不會那麼精準。儘管如此，這仍是太陽在連續的太陽回歸中的慣常模式。

明顯地，當模式發生改變，從降宮變成角宮、角宮變成續宮、或從續宮變成降宮，這象徵了我們在那年投射自我認同的方式會發生本質上的變化。太陽作為太陽回歸的關鍵，其宮位代表了我們來年將最認同的領域；當太陽在角宮時，這是自我發展、身分認同以及建立信心和自尊的重要年份，強調角宮的這九至十一年暗示了個人會認同想法概念、開創性計畫、進行冒險、和開發新的興趣等主題。當太陽開始在年度回歸中強調續宮，個人可能會認知到安頓下來、觀察事物直至它完成為止、穩定他們的生活、並更加專注於已經展開的計畫上的重要性。當太陽的循環來到降宮，可能會有更多的創新和變化，個人可能會更傾向於改變自己的生活方式，並重新開發自己的身分。

每年太陽都在星盤的不同象限中，它從第一象限到第四象限、再到第三象限，然後到第二象限，下一年又再回到第一象限。每一年，星盤的其中一個象限或許會得到更高的關注。水星和金星總是靠近太陽，因此它們的位置可能也會強調同一象限。當太陽、水星和金星同時處於同一象限時，此區域將是來年被強調的領域，我們可以用這種方式去反思太陽回歸盤的象限主題：

象限 / 宮位	太陽專注的領域
第 1 象限 第一、二、三宮	這些宮位代表了自我發展和自我認同的基本主題：我們的個性、珍視的事物、以及溝通方式。此象限專注於個體、獨立性和自我覺察，因此，太陽的光芒在來年將照耀在自我推動、智謀和樂觀的心態上。
第 2 象限 第四、五、六宮	更深刻的個人安全感、自我照顧、自我表達和創造上的努力，將在這些宮位中塑造，此象限側重於發展依附和儀式，因此，來年所認同的個人需要將是榮耀自己的私生活、發展安全感、變得更自律、探索想像力及好玩的自己。
第 3 象限 第七、八、九宮	這些宮位探討我們與「他人」之間的發展關係，包括：同儕、對等關係與伴侶關係，我們在親密關係中的面向，以及我們在世上不同的存在方式。在此象限中，我們將面對人際關係，無論是對伴侶還是我們自身的另一面向或特質、某種外來文化、某種教育經驗或信仰。來年我們會透過他人發現自己陌生的那一面。
第 4 象限 第十、十一、十二宮	透過我們的事業、社會和內在生活，我們在世上的經驗會在此三個宮位中塑造。在此象限中，重點在於透過工作、社群活動、靈性及人文價值所經歷的社交面向，因此，這一年，我們會展開新的方式去增強自己在職場及社群中的角色。

外行星與太陽的行運

在太陽回歸盤中，外行星行運與太陽的互動變得相當重要，因為這些重要的行運會在其行運過程中嵌入太陽回歸盤中。由於外行星在黃道的移動相當緩慢，因此這些與太陽相關的行運會繼續在後

續星盤中成為太陽的相位。

　　想像一下行運天王星合相太陽的重要相位，在我們只使用 5 度的角距容許度之下，當天王星和太陽在 5 度之內合相時，此行運初次出現在太陽回歸盤當中。因為天王星那一年會移動大約 4 度；因此，於下一年的太陽回歸盤中，天王星仍然會靠近太陽，而在這一年中，它們會彼此相距 1 度或 2 度。之後一年，這兩顆行星仍然以 3 度或 4 度的距離在一起，因此，連續三年的太陽回歸盤都會有天王星相當接近太陽的合相。

　　海王星每年只移動 2 度，這讓海王星與太陽的行運互動歷時更長。當我們使用 5 度的角距容許度時，海王星與太陽的行運會出現在連續六張太陽回歸盤之中。冥王星的行運可能會更為明顯，但這取決於它在黃道上的速度。在這六年的生命中，行運海王星或冥王星與太陽的行運會在這些太陽回歸盤中運作，當我們只使用 1 度的角距容許度，仍然可能會歷時十八個月至兩年。當太陽回歸盤中的太陽與這些行運產生互動，這告訴我們這些行運的作用和影響，會在這些年間以不同程度的力道發生，透過太陽佔據的宮位，太陽回歸盤能夠指出那一年該行運影響的重要領域。

　　讓我們以小約翰・甘迺迪（John Kennedy, Jr）為例子，看看與太陽互動的行運如何在太陽回歸盤中表現。小約翰誕生於一九六〇年十一月廿五日的華盛頓特區，於一九九九年七月十六日去世之前，他的太陽回歸盤展示了冥王星與太陽的互動，已經在這些太陽回歸盤中重複出現了五年。

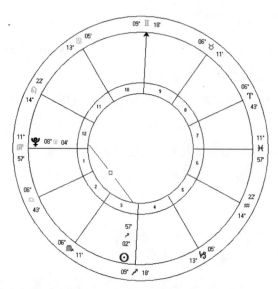

圖說：小約翰‧甘迺迪，1960 年 11 月 25 日，華盛頓特區。

　　於小約翰‧甘迺迪的本命盤中，冥王星落在處女座 8 度 4 分合相處女座 11 度 57 分的上升點，並四分相射手座 2 度 57 分的太陽。此占星主題反映了其人生經歷：他在三歲生日前三天失去了父親。這是一個令人難以忽視的象徵符號，因爲從生命的早期，他的生日與父親的去世紀念日便交織在一起，強調了太陽回歸盤中的強大意象。在一九六三年十一月廿五日，他的父親約翰‧甘迺迪（S. Kennedy, Sr.）於阿靈頓下葬，當日稍晚，儘管他的母親賈姬（Jackie）因爲發生這樣的動盪事件而必須與來訪的國家元首互動，但她仍然爲兒子安排了三歲生日會，在三歲生日當天，小男孩向父親敬禮告別的照片，成爲了非常著名的畫面。

　　小約翰‧甘迺迪（John Kennedy, Jr.）於一九六三年十一月廿五日下午五點五十四分舉行父親葬禮當天經歷了太陽回歸，因此，其

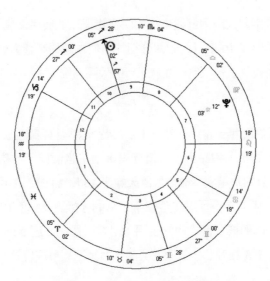

圖說：1962 年 11 月 25 日 12:05:42 pm 的太陽回歸，華盛頓特區。

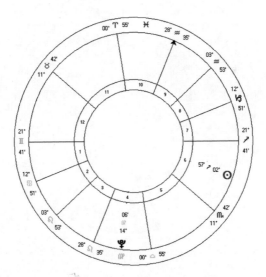

圖說：1963 年 11 月 25 日 5:54:28 pm 的太陽回歸，華盛頓特區。

一九六二年的太陽回歸盤中，太陽合相天頂並與處女座 12 度 3 分的冥王星形成 10 度以內的四分相，這個主題的影響力會持續到他父親被刺殺及下葬，他一九六三年的太陽回歸盤中，冥王星落在第四宮。

　　一九九三年，當小約翰三十三歲時，太陽回歸盤差不多回到了其出生盤的相同軸點上，星盤守護星水星也回歸了，落在天蠍座 13 度 34 分的水星與本命盤位置天蠍座 13 度 14 分產生重疊，並回到了第三宮；冥王星現在落在第三宮的天蠍座 25 度 43 分，並與角宮的太陽形成七度之內的合相；落在天蠍座 8 度 32 分的凱龍星在此星盤中正在升起，並因此與其本命冥王星形成行運互動。

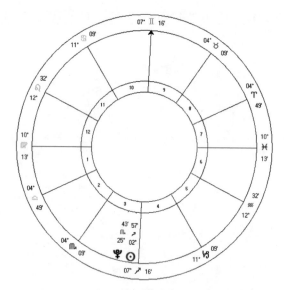

圖說：1993 年 11 月 25 日 0:13:20 am 的太陽回歸盤，華盛頓特區。

在接下來的幾年中，冥王星將繼續與太陽合相；在接下來五年的太陽回歸中，以下這些合相的其中三個會落在角宮之中：

年份	太陽在 2♐57 冥王星在：	宮位	象限	注意
1994	28♏10	1	1	上升點在 22♏07：冥王星與太陽在角宮與上升點合相。
1995	0♐35	10	3	天頂落在 5♐21：冥王星與太陽在角宮與天頂合相。
1996	2♐59	6	2	
1997	5♐22	4	2	天底落在 2♐28：冥王星與太陽在角宮和天底合相。
1998	7♐43	1	1	天頂落獅子座，上升點落天蠍座，因此，日冥合相同時守護兩個軸點。

在每一張星盤中，行運冥王星從天蠍座 28 度 10 分 移動到射手座 7 度 43 分，期間合相射手座 2 度 57 分的本命太陽。每張星盤的冥王星都合相太陽，在一九九四年太陽回歸盤中，冥王星在角宮並守護上升點；一九九五年，太陽與冥王星都在角宮；而一九九七年太陽回歸盤，太陽及冥王星再度來到角宮，只是這一次來到天底；在一九九八年的星盤中，冥王星和太陽守護上升點和天頂。在過去的五年中，這些合相落在角宮是一個強烈訊號，指出日冥主題的回歸並在他的生命中重複。

這些太陽回歸盤告訴我們，日冥主題在這五年期間一直產生效力，並觸及其生命的每個象限。由於太陽回歸盤中的太陽模式一直

在改變，因此每一年的太陽回歸盤中，太陽與冥王星都會在不同象限中順時針前進，在這四年期間，日冥行運的壓力會逐年專注在某一特定象限中。

太陽回歸盤中的行星模式

在每年的太陽回歸盤中，太陽的黃道位置由其出生位置確定，因此，太陽回歸盤中的每顆行星都會落在與太陽的互動循環中的獨特位置，太陽在星盤中與每顆行星的循環關係，會在一生的太陽回歸盤中創造出一種發展模式。每年太陽回歸盤都會形成一種穩定而可預測的行星模式，這會揭示出每顆行星原型如何隨著時間而日趨成熟，以及在我們所檢視的這一年中，此行星原型的特殊共鳴和權威。為了鑑賞太陽回歸盤在時間中的持續性，我們必須了解每顆行星循環與太陽的關係，讓我們能夠根據行星模式去評估考量。首先，我們先描述每顆行星循環與太陽之間的關係中的重點，然後再將這些循環放在太陽回歸盤當中。

月亮、水星和金星的相位循環形成了回歸循環，這些都嵌入了太陽回歸盤中，當行星回到其本命位置時，將強調此行星的本命原型特質，並突顯那些重要的年份。

月亮

在每一年的太陽回歸盤中，月亮都會按照某種元素順序前進，它的前進速度可能會出現波動，通常在 125～145 度之間。在連續幾年的太陽回歸盤中，月亮會停留在同一元素兩到三年才進入

下一元素，不過它偶爾也會在某種元素中僅停留一年。月亮歷時八到十一年才能依序走完所有元素，然後才會重新展開此元素模式週期。當我們計算同一地點每年的太陽回歸盤時，月亮同時會在星盤中逆時針前進八到十一年。

當太陽在每年的太陽回歸盤中固定於本命位置時，月亮則每年以每十九年的模式尋找自己的位置。日月相位循環歷時十九年，因此在太陽回歸盤中，月亮只有十九個位置，儘管在整個週期中會出現不同的角距差。例如：榮格的本命月亮落在金牛座 15 度 32 分，十九歲時太陽回歸盤月亮回到金牛座 9 度 26 分，三十八歲時回到金牛座 9 度 35 分，五十七歲時是金牛座 14 度 8 分，七十六歲時又回到了金牛座 14 度 40 分。自出生以來，月亮每隔十九年就會回到他的第三宮，而在這些年齡中間的之後年份，仍然會持續這種十九年的模式。這種根植於太陽回歸盤的十九年月亮模式，與月交點及日月食的十八至十九年模式同步。

由於默冬週期，因此每十九年月亮與太陽的週期性關係就會重複一樣的月相階段，由於太陽的日期和度數都是固定的，而且只有大約十九個可能發生的月亮位置，因此會重複出現一系列的月相。如果該月相階段相當接近下一月相階段的開始，那麼此順序可能會略有改變，每年皆因太陽回歸的月相階段而賦予色彩。以下是榮格最初十九年的太陽回歸盤的月相階段，這些階段構成了其一生太陽回歸盤的月相順序模式。

太陽回歸	月亮	黃道上前進的度數	元素順序	月相階段 太陽在 3♌18
出生	15♉32		土	下弦月
1 歲	8♎04	143°	風	蛾眉月
2 歲	13♒50	126°	風	滿月
3 歲	19♊34	126°	風	下眉月
4 歲	7♏18	138°	水	上弦月
5 歲	27♓51	141°	水	漸虧凸月
6 歲	3♌24	126°	火	新月
7 歲	8♐56	126°	火	上弦月
8 歲	29♈26	140°	火	漸虧凸月
9 歲	17♍40	134°	土	新月
10 歲	23♑33	126°	土	凸月
11 歲	29♉00	125°	土	下弦月
12 歲	21♎11	142°	風	蛾眉月
13 歲	7♓10	136°	水	滿月
14 歲	13♋15	126°	水	下眉月
15 歲	19♏09	126°	水	上弦月
16 歲	13♈10	144°	火	漸虧凸月
17 歲	26♌48	134°	火	新月
18 歲	2♑46	126°	土	凸月
19 歲	9♉26	127°	土	下弦月
平均前進幅度		132°		

水星

　　從地球觀察，水星一直都接近太陽，相距不會超過 28 度，因此在每次太陽回歸中，水星的黃道位置皆因此受限，它只可能落於三個星座中，除非太陽在某個星座的第 1 度或最後 1 度，那麼水星則只可能落在兩個星座中。這些可能的星座之一將與太陽同一星座，但其餘兩個可能落入的星座在元素上與此星座不相容。注意太陽回歸盤中的水星所落入的元素，與本命水星在心理上疏離或矛盾的年份，因為這些年份可能是展現新的學習和交流模式的時間點。

　　水星與太陽的循環是三十三年；因此，它在太陽回歸盤中每三十三年會重複一次，突顯三十三和六十六歲是水星回到自己本能模式的時候。對於許多這個年齡的人來說，這是太陽回歸盤軸點可能會重疊本命盤的時間，例如以下榮格的太陽回歸表格所示，水星在他三十三歲和六十六歲時重疊其出生位置，這將延續其人生的其他年份每三十三年重複一次的模式。

太陽回歸的年齡	水星	太陽回歸的年齡	水星	太陽回歸的年齡	水星
出生	13♋46	33 歲	13♋35	66 歲	13♋39
1 歲	22♋09	34 歲	23♋45	67 歲	25♋32
2 歲	10♌04	35 歲	11♌41	68 歲	13♌15

　　由於水星與太陽之間每年會發生三次相位循環，因此，水星也有可能在其他年齡的太陽回歸盤中回到本命水星附近位置，例如十三、二十、四十六和五十三歲時。然而，在稍後幾年中，這種模式

不一定會在這些黃道度數中重複出現，重要的是要注意水星移近其出生位置的太陽回歸年份，因為這說明了那一年的原型會與天生對學習和表達的態度雷同。以下是榮格的太陽回歸水星接近其出生位置的其他年齡，以及這個間隔順序在何時重複。

太陽回歸的年齡	水星	太陽回歸的年齡	水星	太陽回歸的年齡	水星
出生	13⊙46	33 歲	13⊙35	66 歲	13⊙39
13 歲	14⊙37	26 歲	16⊙15	39 歲	18⊙52R
20 歲	13⊙54	40 歲	15⊙38	60 歲	18⊙38
46 歲	13⊙58				
53 歲	14⊙21				

　　在每次相位循環中，水星每年會逆行三次，每次歷時約廿一至廿四天或大約三週；水星平均有百分之十八到二十的時間都在逆行，這個比例也會在太陽回歸盤中重複。一般而言，每六年水星會在太陽回歸盤中逆行一次，有時會連續逆行兩年，而在每個系列的太陽回歸盤中都會出現些微差異。當水星在太陽回歸盤中逆行時，此原型被強調的那一年，是完成計畫或重新開始的年份。對於本命水星逆行的人來說，這些年份意義重大，因為他們能夠比較自然的去計劃、預算、獲取資訊、接受工作和進行改變。以下是榮格一生的太陽回歸中出現水星逆行的十七個位置，其太陽回歸盤中發生水星逆行的機會佔了百分之二十。注意每三十三年重複一次的週期，例如五歲時發生的逆行，會在三十八歲和七十一歲時在同一度

數重複出現；六歲時的逆行位置，則會在三十九歲時重複，以此類推。

太陽回歸的年齡	水星	太陽回歸的年齡	水星	太陽回歸的年齡	水星
5 歲	19♌37R	38 歲	17♌04R	71 歲	14♌18R
6 歲	20♋54R	39 歲	18♋52R		
18 歲	23♌05R	51 歲	21♌00R	84 歲	18♌38R
19 歲	24♋49R	52 歲	22♋17R	85 歲	20♋03R
25 歲	12♌32R	58 歲	9♌28R		
32 歲	29♋23R	65 歲	26♋29R		
45 歲	4♌23R	78 歲	1♌16R		

金星

　　從地球觀察，金星也是相當靠近太陽，兩者距離永遠不會超過 48 度，這限制了它在每張太陽回歸盤中的黃道位置。在每張太陽回歸盤中，金星有可能出現在四或五個星座中。金星與太陽的循環周期歷時八年，因此，它在太陽回歸盤中的位置會每八年重複一次，強調八、十六、廿四、三十二、四十、四十八、五十六、六十四、七十二、八十和八十八歲這些年齡，其中一些歲數已然重要，因為它們也同時發生了其他一般性的行星模式。例如以下榮格太陽回歸表格所示，當他四十歲時，金星會重複出現八歲太陽回歸時的位置。其他中間的年份中也會出現這種八年的序列，每年的差異大概是 1～2 度。

從出生到 8 歲之間的太陽回歸	金星	從 40 到 48 歲之間的太陽回歸	金星
出生	17♋30	40 歲	20♋25
1 歲	15♋55℞	41 歲	3♋14
2 歲	24♌58	42 歲	27♌47
3 歲	0♋15	43 歲	2♋51
4 歲	18♍25	44 歲	16♍26
5 歲	6♌37	45 歲	9♌37
6 歲	18♊14	46 歲	19♊23
7 歲	11♍44	47 歲	13♍52
8 歲	18♋04	48 歲	21♋01

　　如果你的本命盤金星順行，並且不靠近任何一個停滯點，那麼你一生中一般會有八個一致的太陽回歸金星位置。在此八年的週期中，金星一般會逆行一年，每八年重複一次，每年回溯 2～3 度。如果本命金星逆行或靠近停滯點，則此模式可能不那麼精確，但仍會每八年重複一次其逆行位置。在這每八年一次的太陽回歸模式中，金星可能在其中一個序列中改變方向或星座，如果這樣，那麼將會凸顯這一年，並描述了個人價值觀和人際關係模式的改變。

　　例如：在榮格四十一歲時的太陽回歸序列中，金星不再逆行，在他一歲時的太陽回歸序列中，金星第一次發生逆行，每八年重複一次，每次角距差異為 2～3 度；四十一歲時，此序列的金星是順行的，而在他的餘生中，太陽回歸盤的金星都不再逆行。

在榮格一生的太陽回歸盤中，只出現過五次金星逆行，只佔其中的百分之六。

太陽回歸的年齡	金星
1 歲	15♋55R
9 歲	12♋59R
17 歲	10♋14R
25 歲	7♋42R
33 歲	5♋21R
41 歲	3♋14 金星在此序列中不再逆行

火星

火星在太陽回歸盤中的模式不一定都一致，但一般來說，火星會在黃道帶的一個元素待上三或四次，然後才前進到下一元素，次序為火、土、風、水。在某些年份，這種次序可能會出現一些差異，當火星在太陽回歸中逆行的前一年與後年，會擾亂這種元素模式的秩序。火星並不常逆行，因此當火星在太陽回歸盤中逆行時，是需要注意的重要時間。當火星快要對分相太陽時，也就是當它與太陽形成八分之三相與十二分之五相時，便會開始逆行。

火星與太陽的循環週期是三十二年，因此，如果本命火星沒有逆行，太陽回歸盤的火星便會在三十二歲時來到本命太陽的容許角距之內。榮格正是這種狀況，因為火星在三十二歲那年的太陽回歸盤中逆行了，逆行的火星沒有回到位於射手座的本命位置，有趣的

是，這是榮格遇到佛洛依德的那一年。榮格與佛洛依德一樣，本命火星在第十一宮，兩人之間的較勁和競爭促使了二人最終斷絕聯繫。火星的模式因為逆行而在他三十二歲時斷裂，因而強調了這一年，這彷彿成為榮格改變人生方向的一年或轉捩點。正是他與佛洛依德的競爭和分歧，最終促使他以自己的方式成長並獲取成就。[93]

以下這些年份展示了火星如何在元素中重複出現，強調了這些年間的某種特質。

太陽回歸的年齡	火星	元素
32 歲	8♑04R	
33 歲	11♌51	火
34 歲	2♈00	
35 歲	23♌49	
36 歲	7♉40	土
38 歲	5♍51	
39 歲	28♉19	
40 歲	14♊43	風

木星

木星在黃道上的移動是一致的，它每年逆行一次，每次歷時四個月。當木星順行時，以九個月的時間在黃道上前進 40 度或多一些，然後接下來的四個月逆行退回 10 度。每年木星都會在黃道上

93　請參閱布萊恩・克拉克：*The Sibling Constellation*, pp. 64～89.

移動 30 度，因此每次太陽回歸它都會前進一個星座。木星的循環歷時十二年，它會在連續十二次的太陽回歸中順序進入每一個星座，在太陽回歸中以順時針方向每年前進兩個宮位。一般來說，在這十二年的太陽回歸序列中，其中三次或四次是逆行的。

土星

土星每年會在太陽回歸盤中順時針前進兩到三個宮位，我們可以預期它會在星盤中沿著象限前進，每一年的太陽回歸盤前進 12～13 度，在一個星座停留兩至三次的太陽回歸，然後才進入下個星座。如果太陽回歸盤中的土星逆行，它會在之後的太陽回歸盤中維持逆行，重要的是要在連續的太陽回歸中，找出土星改變方向的那一年。

凱龍星

根據凱龍星的星座，它在黃道上的速度也不一樣，它在兩年之內穿越天秤座，而穿過牡羊座則需要接近八年，因此只會有兩年的太陽回歸盤中凱龍星在天秤座，但會有七或八次的太陽回歸盤凱龍星會落在牡羊座。凱龍星每年都會逆行，而且它與外行星一樣，會在接連幾年的太陽回歸盤中保持逆行，因此，重要的是要注意凱龍星在太陽回歸中改變方向的年份。它與外行星相似的是，在太陽回歸盤中其宮位比星座位置重要，因為每個人來年的凱龍星座都是一樣的。

天王星、海王星和冥王星

天王星每年移動 4～5 度、海王星是 2 度、冥王星現在則平均每年僅緩慢地移動 2 度。這些緩慢的移動，導致它們在太陽回歸盤中保持相同的運轉，就如同在固定經度的太陽一樣，因此，它們通常會順時針方向前進約三個宮位，如同強調星盤的象限。

這三顆外行星像太陽一樣，其模式的重點是角宮，然後是續宮與降宮。然而，正如上述討論所提到的，每個案例都需要檢查清楚，如果某顆外行星行運正在影響太陽，那麼該相位會在接連的太陽回歸盤中重複出現，藉以強調該行運。由於外行星每年都會在黃道差不多位置開始逆行與順行，因此它們會在太陽回歸盤中長久的持續逆行。注意外行星改變方向那一年與前一年之間的比較，因為這一年標示著此外行星的經驗和重點的改變。

太陽回歸中關於行星循環的摘要

由於資訊太多，以下總結太陽回歸循環的要點：

天頂

天頂每年約前進三個星座，三十三歲時，太陽回歸盤會回到本命盤的軸點，但是有些人可能會提早在廿九歲時發生。

月交點

　　每次太陽回歸，月交點會在黃道上逆行前進大約 18～20 度。

太陽

　　在連續的太陽回歸中，太陽會順時針方向移動約三個宮位，每年強調一個象限。平均而言，太陽會在角宮停留九到十一年，然後在續宮停留九到十一年。

月亮

　　月亮每年會向前移動約 125～145 度，並依序隨元素前進，它平均在一個元素停留二到三次的太陽回歸，完成一輪元素需時八到十一年。太陽回歸的月亮一共有十九個位置，因此十九歲時，太陽回歸的月亮會開始重複始於本命月最初十九年的順序。同時，月亮會逆時針每年在太陽回歸盤中前進〇到三個宮位。

水星

　　水星會持續在太陽的廿八度以內，並在三十三歲時返回其本命盤位置，不過它也會在十三、二十、四十六和五十三歲時接近其本命盤位置，它通常每六次太陽回歸就逆行一次。

金星

金星會一直在太陽 48 度以內。由於金星與太陽之間的互動模式，在太陽回歸中它只會出現在某八個位置，每八年依次序重複一次。金星通常會在這八年中逆行一年，每八年重複一次。

火星

火星通常會在黃道上沿著元素前進，在某元素停留三到四次太陽回歸，然後才前進到下一元素。當火星在太陽回歸中逆行時，會改變這種情況。

木星

木星每年大約移動一個黃道星座，每次太陽回歸會順時針方向移動約兩個宮位。

土星

土星每年平均移動約 12 度，並且在每年的太陽回歸盤中順時針移動約二到三個宮位。

凱龍星

凱龍性的移動取決於它所在的星座：它在天秤座移動最快，在牡羊座移動最慢，在每年的太陽回歸盤中按順時針方向前進。

天王星

在每年的太陽回歸盤中於黃道上前進約 4 度，並順時針移動約三個宮位。這狀況每年都會有所不同，但在大約十四年間，天王星將會經過星盤中每一個宮位。

海王星

每次太陽回歸，海王星都會前進約 2 度，並順時針移動大約三個宮位。

冥王星

冥王星在黃道的移動速度並不規則，在廿一世紀初期，它每年在黃道前進約 2 度，順時針方向前進大概三個宮位，但這可能會發生變化。

一旦熟悉了太陽回歸的模式後，我們就可以動用更多的右腦，去思考和想像這些模式可能年復一年的提出哪些建議或揭示了什麼。

第十七章
即將發生什麼？
透過太陽回歸思考來年

想要有效地使用太陽回歸技巧，你必須熟悉那些嵌在每年太陽回歸盤中的行星循環。太陽回歸盤的重點是太陽，每顆行星都在每年與太陽的相位循環中強調這一點，記錄該行星的主題將如何服務、支持或挑戰那些持續發展中的自我認同和個體性。在研究這些循環時，你可以區分和排列這些回歸盤中出現的模式，由於太陽回歸盤代表了從一個生日到下一個生日所經過的時間，每張星盤都會有它的最佳使用日期，因此，我們必須將星盤放在年齡和生命發展階段的背景之下，了解它描述了來年個人生活的重要氛圍、主題和領域。從某種意義上說，太陽回歸是人生某一年的本命盤輔助星盤，讓我們快速瞥見在這段時間中那些支持和挑戰自我發展的原型模式。作為一張輔助星盤，太陽回歸盤可以在劃分的時期中，像一張本命盤一般被加以闡述。

太陽回歸盤是一種相當有用的、能描述人生情節的工具，研究個人一生中的這些回歸可以得到相當多資訊，特別是當我們思考生命早年、當隱藏在行為和精神狀態之下的心理動力，在孩子的心中留下印象時。人生最初幾年的太陽回歸可以揭示某些其他面向，讓我們了解家庭氛圍、早期環境、影響和經歷，早期的太陽回歸盤是個人性格形成時期的快照。我建議你在剛開始研究時以出生地為根據去建立一生的太陽回歸盤，但是每張星盤也可以為了特定某一年

而單獨作研究，藉以描繪出相關的面向。當只使用一張太陽回歸盤時，設定遷居之地的太陽回歸盤將非常有用。

以本命盤為背景去使用太陽回歸盤極具揭示性，因為它描述了來年所強調的本命盤主題，這種觀點更容易理解、也更為全面。查看前一年和後一年的太陽回歸盤，將當下的太陽回歸盤放在「重複發生的循環」背景之下去思考也是非常有用的方法。在考慮太陽回歸盤時，思考哪些地方讓這張星盤變得獨一無二，在進行任何分析之前，注意自己對這張星盤的形狀、行星在宮位的分佈、有沒有角宮行星等等的感覺。通常對於一張星盤的「感覺」及其潛在含義而言，第一印象相當有幫助。

請注意當下的行星氛圍，因為每張太陽回歸盤都在當年外行星彼此之間的關係中。由於外行星所在的黃道位置及相位會持續很長時間，因此每個人的太陽回歸盤都反映了這些狀況，例如：每個人二○○八到二○二三年太陽回歸盤的冥王星都在摩羯座；二○二五年太陽回歸盤的天王星出現在雙子座；某些人二○二五年太陽回歸的海王星在牡羊座。某些年份，外行星的相位會停留在有效的角距之中，因此，大多數人的太陽回歸盤中也會有這些行星佈局，例如：二○二四到二○二五年木星將與土星四分相，於是在這段時間中，許多人的太陽回歸盤也會捕捉到這個主題；而同一時間，土星與冥王星形成半四分相，因此太陽回歸也會反映此一主題。當個人行星或軸點與這些相位產生互動時，代表個人將受到挑戰，需要在這一年與此行星動力產生更個人層面的關係互動。

如何描述星盤是相當個人的事，而最有效的方法是根據個人經驗和直覺，打造出屬於自己的方式。分析本命盤的經驗將會塑造我

們處理太陽回歸的方式，但是，當你開始思考太陽回歸盤時，我發現有些指引相當有效，因此我鼓勵你在發展自己的分析方式時不妨檢視一下它們。以下是關於如何開始研究一張太陽回歸盤的思考方法，由於星盤是代表時光中的某一刻，而這一刻指的是某一年，所以太陽回歸盤的符號會更加直接，也更容易理解。因為它們只是一年而不是一生的體現和意象，我們需要知道這些模式，特別是與這一年進行的對話。

運用太陽回歸

每張太陽回歸盤都會呼應本命盤所承諾的主題，並打造終其一生的發展模式，因此，我發現雖然可以單獨解讀太陽回歸盤，但是當與本命盤一起使用時，太陽回歸盤會變得更加生動。有時候，某時的模式會重複本命盤的主題，或是那一年的軸點與行星位置會挑

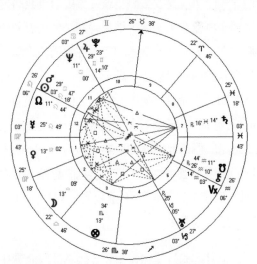

圖說：榮格的太陽回歸盤，1906 年 7 月 27 日 7:43:51am CET，瑞士，凱斯維爾。

戰本命盤的配置，每一次太陽回歸都是人生織布的布料之一。以下
是我們在這些年度星盤中尋找意義和目標時所需要考慮的意象，
當我們檢視這些重點時，我將評論榮格在一九〇六年的太陽回歸
盤，此太陽回歸年是他與佛洛依德相遇的那一年，正如我們在二次
推運盤中所討論過的，這是其生命的一次重大相遇和轉捩點。

上升點

　　太陽回歸盤的上升點象徵著來年自我的哪些特徵將逐漸浮
現，以及生活中哪些狀況會變得更明顯、更為明確，就像是那一年
穿某件衣服可能會更舒適，儘管它可能並不是你性格的一部分。每
年的太陽回歸盤上升點，都將辨識未來一年我們將專注或經歷重生
的人格特質，它與本命盤的上升點一樣是個性的引擎，為那一年傳
輸生命力和能量。如果太陽回歸的上升星座與本命上升星座不相
容，那麼我們這一年可能需要去調整或妥協投射自我的方式；如果
上升點的元素與本命盤產生衝突，則重要的是要去思考如何最佳運
用我們的生命力與活力。當不熟悉的元素在我們的太陽回歸盤中升
起時，它會透過我們的能量層級、是否安好、以及走進世界的方式
而被意識到。例如，本命盤火象上升點，習慣於自發而堅強地步入
人生，當太陽回歸盤的上升點落入土元素時，他可能會感到較多的
束縛和挑戰；這是一個需要考慮的重點，因為這一年的土象上升點
有著完全不同的**處事方法**。然而，這一年也將焦點、方向、承諾和
目標這些主題的價值放在最前面，讓我們能夠投入自己眼前的事
情，而不是倉促地奔向未來。

　　在星盤中正在升起的行星相當重要，因為這種能量在未來十二

個月內需要得到認同並與之建立關係，在即將到來的階段需要關注和指引此種原型，如果這顆行星沒有好好融入個性，或是它是一顆外行星，那麼這一年將暗示著與這一部分的自我之間的衝突。上升星座以及它附近的行星，有助於說明這一年在我們面前的那些有用且具有挑戰性的能量，這些將是投射至環境中的特質，強調了我們吸引他人回應的特徵。上升守護星代表一種可以用來啟動個性引擎的驅動力，如果這顆行星沒有被善加發展或感到不舒適，則它的存在可能阻礙推動和指引自我的能力；另一方面，這一年也將提供更整合這種原型能量、使之更具建設性的機會。

這張太陽回歸盤的上升點落入本命盤的哪一宮？在接下來的十二個月中個人可能會突然看見這一宮。內有太陽回歸盤上升點的這一宮，會將背後議題及關注帶到眼前，由本命盤這一宮所代表的人們，例如：兄弟姊妹（第三宮）、父母（第四宮）、子女（第五宮）、同事（第六宮）、對等的人及伴侶（第七宮）、朋友（第十一宮）等等可能扮演更重要的角色，更容易被看見，或與這些人培養更具意識的關係。

上升點是太陽回歸盤中最明顯、最容易被看見的部分，上升星座或上升點附近的行星所象徵的事件或人們，通常會在太陽回歸之後不久便顯現出來。上升點代表出生，而太陽回歸盤的上升點顯示了這一年前後的主要狀況和氛圍。記錄每年太陽回歸發生的當地時間，注意太陽回歸發生時間前後的狀況、情緒、經驗及事件會相當有趣，這同時也是這一年中所鋪展的情結跡象。

在榮格一九〇六年的太陽回歸盤中，處女座 3 度 43 分的上升點落在其本命盤的第七宮，與落在處女座 4 度 52 分的本命宿命點

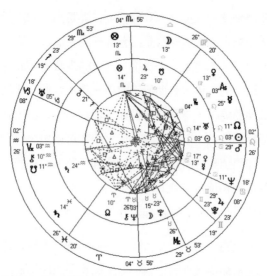

圖說：榮格的雙圈星盤：內圈為本命盤，外圈為 1906 年的太陽回歸盤。

合相。這就像是一個鏡像倒影，呼應了太陽回歸盤中水瓶座 3 度
14 分的宿命點與本命水瓶座 2 度 26 分上升點的合相。這是當影響
我們一生的重要相遇發生時我經常會注意到的重複主題[94]，太陽回
歸上升點落在本命盤第七宮，隨著這個生命領域如今來到眼前，將
突顯重要的他人及夥伴。

天頂

　　太陽回歸的天頂告訴我們來年的終點線在哪裡：要實現什麼重
要的目標？事業上需要小心注意哪些考量？要怎樣做才能擴展人生
的道路？子午線就像是星盤的脊柱，它所建構的能力決定了我們是
否能夠透過專注和務實，而在世上取得成功和自我實現。天頂代表

94　請參閱布萊恩・克拉克（Brian Clark）：From the Moment we Met.

了自我世界的外在狀況，它同時喚起了我們的自主能力、影響力和自我成熟這些與世界相關的發展，因此天頂也象徵著我們與權威之間的關係。在早年的太陽回歸中、通常在青春期之前，天頂象徵著父母和社會權威的規則、期望、方向和目標；而在成年的太陽回歸中，它代表內在權威及卓越的奮鬥，同時也體現我們外在環境中某個強大而具控制力的人物。此軸線同時也象徵著家庭氛圍，因此當星盤強調天頂時，要注意家庭階級的移轉。年度的天頂告訴我們考量事業選擇與機遇的需要，如果太陽回歸的天頂被合軸星或強力相位強調，則職業將是這一年的重要主題。

天頂與上升點一樣，重要的是要比對本命盤並記錄太陽回歸天頂的元素。在兩者天頂星座元素不相合的年份，可能會有一些新元素挑戰著你，讓你的職業方向變得更多元化。太陽回歸天頂落在本命盤哪一宮？在這一年裡，本命盤的這一宮可能會在你的人生方向和職業目標上扮演重要作用。如果有本命行星靠近太陽回歸盤天頂的度數，則思考如何透過事業目標或在公共領域運用此一原型是非常重要的事。

位於太陽回歸天頂附近的行星，代表了這一年有哪些東西會引起公眾關注，這些行星試圖透過職業目標尋求表現，想要在這一年中追求成就並得到認可，包括土星在內的外行星與天頂的合相都告訴我們，對於個人在世上的方向來說，這將是重要的一年。對於年輕人而言，這可能是透過他們的教育和學業呈現，而對於成年人而言，則意味著事業的機會和改變。與天頂合相的行星，在未來一年需要運用於職業領域，因此，它也需要我們有意識地關注它。

如果本命盤天頂經歷重要行運或推運，則我們可以用此發展為

背景去運用太陽回歸天頂。太陽回歸盤將爲本命盤的行運或正向推運已經暗示之事增添觀點和細節，例如：太陽回歸盤的天頂星座會放大某種特質，而行星將暗示此年浮現的重要能量。

在榮格一九〇六年的太陽回歸盤中，天頂落在金牛座 26 度 38 分並合相金牛座 23 度 30 分的本命冥王星和金牛座 29 度 53 分的天底，這告訴我們這一年他的職業主題將影響他深層的自我，以及他在其上所建立的人生基石。

合軸星

如果某顆行星在太陽回歸盤中落在軸點，則來年將強調其本質，在特別的人生方向中專注其原型本質。我們可以把合軸星想像成需要我們注意、更加意識到其本質以及影響生活的紅旗，在太陽回歸盤中，當我們思考當年的氛圍或「感覺」時，最重要的是合軸星。落在軸點的外行星會立即產生影響，因爲它代表了自我熟悉的界線以外的事物，並且正在影響此生命領域，這可能讓人感覺似乎即將失控、不知所措或受到啓發的經歷。合軸的外行星告訴我們需要放下預設和控制機制，只要跟著它走就可以了，一些全新的、來自我們周邊意識之外的事物可能會出現在這一年。當外行星來到軸點，其影響將迴盪多年，換句話說，今年可能只是體驗此一新面向的起點或開始而已。

當社會行星木星或土星合軸時，將提高社會和教育意識的發展，強調想要超越家庭和社會限制的推動力。當內行星合軸時，則說明了這一年將與自我產生更多個人層面的碰撞，例如：合軸的月亮暗示著此生命領域需要更多情緒上的安全感。月亮通常會透過想

要安頓、改變或翻新房子、或感覺和衝動、或者體重改變或病症的這些身體變化去呈現，月亮的所有呈現都是為了得到安全感和滋養的個人努力。當內行星在某一年的太陽回歸盤中合軸，考慮其本質以及它在這一年中的含義。

　　行星合軸特定軸點，告訴我們這一年此能量將匯集於何處，要去分辨每一個軸點，並且個別描述天底及下降點，而不是只將它們看成是天頂與上升點的反面。天底行星會在內在安全感的最底層專注於此原型本質，並透過原生家庭、家或居住環境的改變來呈現。天底是我們的基石，是早期適應力與家庭模式的試金石，因此，當行星、特別是外行星合軸天底時，揭露出我們對原生家庭的感覺並且產生改變，或者我們經歷家庭方式的轉變。對於年輕人來說，這描述了目前在家庭圈內的關係本質、安全感、以及我們如何離家並在外找到盟友；而對於成年人來說，太陽回歸的天底描述我們所選擇的家庭，以及如何重複或意識到童年的模式——至今仍然影響我們作為父母的方式。天底的行星告訴我們需要務實並熟悉這些能量，以便在來年感到更加專注和務實。當行星落在星盤的子午線，私下的自我與公眾的自我需求都需要被承認、區分及榮耀。當行星落在此軸線時，強調我們對於隱私、寧靜的需求，以及想要在世上實現自我、獲得成功的衝動之間取得平衡，並且需要同時關注家庭與職業的領域，此時的功課便是如何平衡天秤的這兩面。

　　下降點的行星將在人際關係的舞台上專注其原型特質，暗示了平等關係領域的發展，不論是個人關係或職業關係。心理學上，我們會在自己身上越來越意識到這種行星能量，下降點的行星暗示了逐漸意識到人際關係的模式，以及我們如何在成年的人際關係中，無意識地讓這些模式不斷重複。太陽回歸盤中落在地平線上的

行星告訴我們，自我與他人的主題在這一年變得很重要，該行星的
本質為我們提供了關於如何體現這個主題的線索。

行星行運與本命太陽的互動

　　由於每年的太陽回歸盤是作為焦點的太陽回到本命盤位置的時
刻，因此，重要行運與太陽的互動同樣也會在太陽回歸中上演。因
為太陽回歸的太陽宮位每年都會改變，強調不同象限的經驗，因為
此領域正是引導意識、自我認同面對挑戰並發展的地方，當太陽與
行星行運產生互動，太陽與行運行星所在的宮位，有助於分辨該行
運將專注在哪個人生領域之中。

　　太陽回歸盤提供我們對於外行星行運與本命太陽互動的另一
層洞見，太陽回歸會區分某一年的行運中重要轉化過程發生的領
域。太陽及行運行星所在的宮位提供線索，告訴我們哪些是需要考
量的重要領域；當此相位在下一次太陽回歸中再次出現，它們的宮
位將會改變，並專注於新生命領域的過渡。在檢視太陽回歸行運外
行星與太陽的相位時，請根據行運中所發生的動態過程作為背景去
進行考量分析。

月亮

　　月亮匯集了個人的瑣碎經歷，並將這些感覺、暗示、感知、
夢境和印象編織到我們的記憶中，它代表感覺性的記憶，是將環
境、特別是關於家族領域的感受經驗加諸於個人的機制。

　　從表面上看，太陽回歸的月亮最可能呈現於個人與情感防衛及

安全感中，例如：家居、家庭、生活條件、住處等等。它強調了情感關係的變化，特別是家庭關係和個人親密關係的依附，並透過感覺、情緒和滿足感。它與二推月亮一樣，反映並記錄了個人這一年情感的發展與成熟。

　　我們已經注意到月亮在太陽回歸盤中重複而規律的循環週期，它在宮位及元素之間的移動表達了它每年的進度，而它十九年的模式則證明其循環的重複發生。注意個人的年紀，以及上一次月亮同樣來到此區域時的年紀，例如，如果這個人是三十九歲，則太陽回歸月亮在十九年前（即廿歲）與再十九年前（即一歲）時都會在此區域。這讓你可以立即聯想這一年與過去那些年之間的情緒發展，你可以將此線索與記連結在一起，它們可能會影響你這一年的感受。每當論及太陽回歸月亮時，記得以此十九年模式作爲思考背景。至於月相，除非相當靠近宮首，否則也會如此重複，月交點也會一樣相當接近它們的本命位置。

　　月亮同時透過太陽回歸盤跟隨元素的順序，因此，重要的是注意那一年太陽回歸月亮的元素，此元素是否與本命月亮的元素兼容？如果不兼容，這可能暗示這一年更需要覺察情緒上的變化，並了解你尋求安全感和庇護的方式未必那麼有用。對比上一年的太陽回歸盤，月亮的元素改變了嗎？如果元素的順序改變了，代表這一年可能會有新的情緒發展，重要的是要記得月亮累積經驗，因此，它從一張太陽回歸盤到下一張回歸盤之間的移動相當重要。注意月亮的星座位置，以提升那一年月亮經驗的特質。

　　月亮的宮位顯示了這一年的情感風景，在太陽回歸盤中，月亮的宮位可能指出與以下主題有關的生命領域：

- 我們對印象、夢境及感受做出回應的領域。
- 我們發現另一個情感寶庫的領域。
- 我們情感上更加投入的領域。
- 讓我們更加意識到自己態度、本能、感受、動機及回應的領域。

我們確認慣性行為與情緒模式的領域。

月亮的相位描述了那一年的情感氣候，在外行星與月亮形成相位的那些年份，特別是合相、對分相或四分相時，將是慣性的日常與情緒安全感受到挑戰的年份。比對太陽回歸的月亮與本命月亮，太陽回歸月亮落入本命盤哪個宮位？有沒有與本命行星形成相位？如果有的話，重要的是要知道這方面的個性可能會在來年承受情感上的考驗及改變。

在榮格一九〇六年的太陽回歸中，月亮在天秤座 13 度 9 分，與土星形成十二分之五相位、與天王星形成寬鬆的四分相、與海王星四分相，它落在本命盤的第八宮並合相南交點。由於太陽回歸月亮在風元素星座，因此與本命的土象月亮並不兼容，同時與本命月亮形成十二分之五相位，它也與第六宮的本命水金合相形成四分相。雖然這些主題說明那一年的月亮經歷複雜而具挑戰性，但它與本命盤產生了共鳴，因為太陽回歸月亮合相本命南交點，過去遺留下來的感受已準備好被釋放。而它與第六宮水金合相形成的四分相，可能暗示著在工作、健康和個人安康方面重新調整心態，或者很直接的與同事有關。十九年前的榮格只有十二歲，這是他求學經歷的重要一年，因為當時他在學校裡被推倒而待在家裡幾個月，如果能夠有機會與他討論這段記憶應該很有趣。

月相

　　由於太陽在每年的太陽回歸盤中都固定在相同的黃道位置，而月亮則會在十九年期間停留在十九個位置，因此，月亮的月相階段也遵循著一個十九年的模式。月相階段象徵著當年的整體情緒，並暗示個人在那一年的主要心境和取向，每個階段都說明了那一年整體氣候的不同氛圍。我們可以在太陽回歸中有效地運用月相循環去描述當年的整體觀點，並探求這一年的動機、目標和價值。而在思考上，月相循環考量的是那一年所需要的決心：也就是那一整年所察覺的較大生命議題。

　　當我們對比太陽回歸的月相階段與二推月亮循環而思考，會發現很多訊息。每個二推月相階段會持續三至四年，因此，每年的太陽回歸月相階段都會與當時的二推月相階段不同，以下是以年度太陽回歸為前提去探索月相階段。

太陽回歸 月相階段	那一年的主要氣候
新月	這是一年的開始嗎？你是否意識或感覺人生方向產生細微轉變？新月建議你跟著直覺走，相信本能，並自發地回應已經出現的機會。
蛾眉月	這是做調整的一年嗎？你是否需要認清過去的態度和價值已經不再適用？這一年是否需要努力去改變那些仍然束縛你的過去模式？蛾眉月建議你驅除現在還在糾纏著你的過去幽靈。

上弦月	這是改變和冒險的一年嗎？儘管你的目標尚不明確，但你是否還是感覺需要採取行動？你是否感到焦躁不安，渴望衝動行事？上弦月階段暗示了這是行動和改變的一年，儘管你可能尚未看到終點線，或者你的計畫可能還不夠深思熟慮，但這是需要相信自我本能和直覺的一年。
凸月	這是計劃並專注在目前工作的一年嗎？在你正在投入的過程中，你是否需要更加克制、更加忠誠？你是否感覺需要更多的準備和學習？凸月階段建議我們做好準備，積累需要的資訊、技巧和工具，以確保計劃能夠成功。
滿月	這是實現和反思的一年嗎？你是否感覺需要更經常去了解自己，知道並思考自己真正的本性？滿月階段是你一直努力邁進的最高峰，同時也更清楚地反映出你是誰、正往哪裡去。
漸虧凸月	今年是讓自己向前邁進、散播創意、並對於自我信念更具信心的一年嗎？你是否感到自己需要在社交上更主動或施加更多影響力？漸虧凸月是貢獻你的才華以及堅持努力成果的時候，這將是極富創造力的一年，你可以在這一年向身邊的人和環境施展更多影響力。
下弦月	這是你需要重新檢視自我價值觀的一年嗎？重新評估你的目標？重新處理你的生活方式？相較於外面的世界，你是否更想要專注於內心世界？對於這一年的你來說，盤點人生正在發生的事情，並重新檢視生命的定位是重要的事嗎？下弦月是重新定位和提出質疑的時候，是反省、自我評估也是盤整的一年。
下眉月	這是完結的一年嗎？你是否覺得是時候放棄不再有用的東西？你是否感到需要隱退去探索自我更深層的面向？這是作夢和展望之時嗎？下眉月階段引起生命某些依附的結束，同時讓我們知道必須尋找更好的時間去孕育新的潛能，使它能夠在新的循環中萌芽。這是我們透過夢想和印象遇見心靈更深處的時候。

榮格一九〇六年的太陽回歸月相階段是蛾眉月，而他的二推月相循環是下弦月的最後幾度，這兩個月相都讓人感覺那一年是過渡期，並說明了過去的主題正在浮現，準備要挑戰和塑造未來之路。

行星和月交點

太陽回歸盤中的每顆行星都需要個別考量 —— 它的星座及宮位、相位、循環以及其他重要考量，例如：逆行、被截奪、守護等等。重要的是要知道社會行星與外行星的星座對於個人層面來說並不重要，因為每個人的太陽回歸盤中這些行星都會在差不多的位置，它們代表的是當年的集體能量。同樣地，外行星之間的所有主要相位都將是當年的風景之一，並發生在每一張太陽回歸盤之中。真正需要注意的是每顆行星的宮位，因為這體現了原型經驗，並指出在那一年這些能量可能會專注於何處。我們有太多內容需要考慮，而我首先考量的是合軸星或形成了很多相位的行星。

我建議按照以下方式，將太陽回歸盤行星與本命盤進行比對：

- 太陽回歸盤的行星落入本命盤哪個宮位？這宮位可能顯示了在這領域中可能會發生與該行星有關的議題。
- 比較每一顆太陽回歸盤的內行星與它們在本命盤裡的元素，它們是兼容還是不兼容？如果是不兼容的元素，則當年這股能量的功能可能會面臨更多挑戰。我只比較內行星，因為基本上社會行星與外行星的星座在當年的每一張太陽回歸盤中都一樣。

- 太陽回歸盤行星是否與本命盤行星形成任何強大的相位？在這裡我只考量比較強的相位，如果是這樣，要知道這些能量可能在當年需要彼此合作才能有效運作。特別要注意太陽回歸盤的行星有沒有落在本命盤的軸點上，因爲這將突顯該行星需要處理的原型性質。

在考慮每種行星能量時，處理來年每顆行星的需求將會很有幫助。一旦你已經檢視了太陽回歸盤的行星本質，以及它如何影響本命盤，你便可以探索它在來年的角色。內行星本質上比較屬於個人層面，因此它們需要被單獨思考。

太陽 來年我需要認同、意識、注意什麼？

月亮 我需要在哪裡尋找我的庇護所及滋養能量？我可以如何在我所依附的人身上獲得更大的安全感？

水星 這一年我需要溝通與學習些什麼？

金星 哪些重要事物對我來說是需要去珍惜及欣賞的？在接下來的一年，我需要更加去察覺哪些建立關係的模式？

火星 這一年我需要探索和追求什麼？我在哪裡可以變得更加獨立、更勇於冒險？

有趣的是榮格一九〇六年的太陽回歸月交點與本命天王星形成相位，北交點合相第七宮的天王星，這指出這一年他會更常與那些在社會上獨立且平等之人交往，而南交點則會讓他去運用自我意識中的資源。太陽回歸火星合相太陽同時合相本命盤的下降點，讓他專注於獨立及他人的主題，但是這也可能暗示在與其他人的互動

中，可能會浮現爭執、衝突和競爭。

相位及圖形相位

　　首先考慮在太陽回歸盤中的相位要用多少角距容許度，這通常比本命盤小，記得找出太陽回歸中最緊密的相位，並確定其中哪一個相位最為重要。在開始分析太陽回歸盤時，我會建議你使用比本命盤分析中更緊密的角距，例如：

合相	6 度	對分相	6 度
四分相	5 度	三分相	4 度
六分相	3 度	十二分之五相	3 度

　　太陽回歸盤中的主要圖形相位，是年度星盤中的明顯特徵，描述來年的重要發展。考量其行星本質，它們落入的宮位以及守護的宮位，並運用描述本命盤圖形相位的相同步驟，但是要記得這些相位只會在來年運作。如果其中有兩顆或更多外行星，則當年差不多每一個人都在他們的太陽回歸中，皆會有相同行星形成相同的相位；當它們與內行星形成相位時，說明個人會在自我層面上處理這些集體能量。記得在描述太陽回歸盤時，首先考量主要的圖形相位。

星盤的形狀

　　星盤的形狀就像是一張視覺上的快照，它拍下了個人的能量在未來一年將如何表達、引導或擴散，因此，要注意行星能量的形狀

和分佈。如果大部分行星都在地平線以上，則這一年將受到外在世界及其事件的影響；相反地，如果大部分行星都在地平線以下，則這一年可能會更爲主觀、更內省、更傾向於內在世界而非外界。如果大多數行星能量都集中在東半球，則個人可能想更獨立地行動，憑自己做選擇並採取行動；如果大多數行星都在星盤的西半球，則代表了相反的觀點：他的選擇和行動會與他人相繫，當年的經驗可能會與他人糾纏在一起。

星盤的視覺形狀是一種動態線索，讓我們想像行星能量在未來一年可能會如何散佈和表達。我們使用馬克・埃德蒙・瓊斯（Marc Edmund Jones）在其著作《星座詮釋指南》（The Guide to Horoscope Interpretation，1941）中描述的七種星盤形狀，這可以讓我們觀察這一年我們將如何經歷自己的能量。如果星盤形狀不清楚，最好不要勉強將它歸類於其中一種星盤形狀。再次強調，這只是一種思考方式，而不是必然的星盤描述：

當行星圍繞著星盤平均分佈時，我們稱之爲**散落型**（The Splash），通常每顆行星會佔據一個宮位，因此會出現兩個空宮。在這一年中，可能會有廣闊的視野及許多各種不同的經歷、不同的興趣以及關於許多事物的潛在能力。個人需要謹慎行事，讓他不會因爲在沒有明確目標或承諾時就到處橫衝直撞，而分散了自己的資源。

集團型（The Bundle）將所有行星概括在一個三分相範圍之內，因此強調這三分之一的星盤，其餘三分之二的部分則沒有任何行星。在某些情況下，這強調星盤某個象限，並且通常在集團型星盤中會出現一組星群，這一年的能量將專注且集中，在此保證

之下，個人會感到自己強大而緊張。在這一年中，可能有機會從艱難的開始，或透過運用手上的原始資源而讓某些事情得以成功。但要注意的是，察覺可能會產生潛在的執著、只看到私利或眼界狹窄。

火車頭型（The Locomotive）與集團型相反，因為在這類型星盤中只有三分之一部分沒有行星。瓊斯以順時針方向，將在最前面領導的行星稱之為「引領行星」，描述此顆行星會展開精神能量並鼓勵移動，並激發其他行星的能量。在這一年，個人可能會變得自動自覺，並且一旦開始之後就會成為一股驅動力，而能量一旦開始啟動，就會出現一股驅動力和力量。注意這顆「引領行星」，它會指出可能會激發驅力和意志力的事物。

在**碗型**（the Bowl）中，所有行星會落在 180 度或半個星盤之內，將行星能量集中於星盤的某一個或兩個半球，這一年可能會感到更克制和專注，個人經驗某些面向時，可能會感到空虛或缺乏活力。這一年會出現對比，人們去維持和包容經驗的能力會與那些被遺漏、未被包括、以及難以處理的事物互相對立。需要注意的是，理解這一年中個人可能需要去接受自我兩種截然不同的面向之間的分歧，或是自我與他人之間的分離感。

提桶型（the Bucket）是集團型或碗型的形狀，但其中一顆行星或一組緊密合相的行星落在星盤的另一邊並與其他行星相對。星盤另一邊的行星或「把手」就像是代言人，或者它是其他行星所代表的洶湧能量的釋放者。在這一年中，這顆單一行星可能會成為驅動力、成為表達的引導或工具，或成為其他能量的靈感來源。同樣地，這種強烈關注所帶來的壓力可能會削弱此行星的能量，而可能

會在壓力之下崩潰。想要投射這種能量可能很困難，因為可能會產生焦躁不安，重要的是要知道這顆行星（或星群）在這一年中於自我表達中所扮演的角色。

蹺蹺板型（The Seesaw）有兩顆或以上的行星落在星盤其他行星的對面，各據星盤一方，最典型的是有兩組虛的四分相將這兩組行星分開。星盤中有兩組對稱的星組形成對分相，這一年可能會較不明確，想要取得平衡、並且讓人生中對立的部分和解可能才是當務之急。最掛心的是如何在兩種對立的觀點或信念之間游移，有時候這可能會產生某種矛盾感或不確定性，但當有建設性地運用它時，往往會讓人在採取行動之前先考量兩邊觀點。在這一年中，主題可能會與解決衝突與和解有關。

擴散型（The Splay）是最難識別的模式，它的特點是三腳架的樣子：似乎有三個角固定了星盤，這類型的星盤不像散落型一樣平均，它的「輻條」可以落實散落的能量。這一年的特徵可能是能夠駕馭迥然相異的能量並讓它落實，在這一年需要集中並引導能量，讓個人不會感到困惑或被誤導。

儘管榮格一九〇六年的太陽回歸盤沒有清楚明顯的形狀，但其中大部分行星都落在東半球，再度重申了獨立行動的主題。

元素和模式

太陽回歸盤與本命盤的詮釋相似，同樣要注意元素和模式的平衡，元素或模式的不平衡或缺乏，都將是重要的考量條件。缺乏的元素經常被投射到我們周遭環境的人事中，並賦予生命中這些人事

當時我們感覺缺乏的特質。它們可能會持續很久，要求我們與它產生關聯，如果不是經由我們自己，就是透過他人，這種消失的功能通常出現在我們的伴侶、老闆、父母、孩子或其他重要的人際關係中。注意這一年中要注意哪個元素，並注意它可能會以多種方式表現。

逆行星

　　逆行星的本質是主觀和反思，它們本能地行動，回應環境中似乎正在發生的事情。行星逆行的現象與太陽回歸盤是兩位一體，由於每顆行星與太陽之間均處於一種明確的關係中，因此每年的逆行在塑造自我認同、自我力量的形成，以及自我發現方面都扮演了重要的角色。當行星落在與太陽對面的星盤部分時，它會更加反映出它在意識中的角色；當它逆行時，會反抗與此行星有關的習俗和傳統，逆行星也會變得更加強烈，更加主觀。

　　注意逆行星的循環及其頻率，例如，在太陽回歸中，水星通常每六年就會逆行一次，金星每八年一次，火星是偶發的，但可能會連續發生。而社會行星和外行星則會在連續發生於數次的太陽回歸中，因此，對於社會行星和外行星而言，重要的是要確認它們在哪一年改變運行方向。

　　逆行星的頻率有助於我們確認其重要性，例如，水星逆行的年份很重要，因爲它每六年才發生一次。在這一年中，將改變溝通、學習和處理資訊的方式，這暗示著水星的功能會發生變化，並可能對這些模式產生更深入的洞見。金星逆行的年度將爲建立關係的方式帶來不同的觀點或看法，也許是強烈檢視個人的價值觀；當

內行星逆行時，由此行星所代表的個人議題將變得更激烈。

在榮格一九○六年的太陽回歸盤中有三顆逆行星：土星、凱龍星和天王星。土星是唯一在本命盤逆行的行星，凱龍星和天王星自出生之後就開始逆行。在太陽回歸的順序中，天王星首先於一八九六年逆行，當時榮格廿一歲；而凱龍星則在一八九九年廿四歲時開始逆行；土星在一九○九年三十四歲時的太陽回歸中回復順行。

截奪星座

如果太陽回歸盤出現截奪的軸線，我們會知道這一年有哪些特質將受到阻礙或難以接觸，此宮位軸線代表了出現阻礙的領域。注意被攔截的能量會在哪裡尋求表達，但也可能感覺被壓抑或拒絕。記錄這些截奪星座的守護星，以及它們在星盤中的位置，它們會如何協助展現這些能量？在辨識來年需要注意及更需要意識專注的領域時，太陽回歸盤中的截奪是重點考量。同樣地，確認重複星座出現的兩個宮位軸線也很重要，由於連續兩宮宮首落在同一星座上，留意這些可能產生混亂或糾纏的領域。在這一年中，想要清楚區分這些相同宮首星座的宮位議題是一件困難的事。

在榮格一九○六年的太陽回歸中，雙子座在第十宮被截奪，而射手座在第四宮被截奪，也許榮格的職業想法將在當年受到檢視。處女座重複出現在第一宮和第二宮首，雙魚座則在第七宮和第八宮首，再次突顯自我與他人的軸線，同時強調與他人分享資源的主題。

思考太陽回歸的重點

為了再次思考我們該如何開始解讀或感受太陽回歸盤，讓我們回顧行星，以了解它們在未來一年中可能扮演的角色。要記住，占星學的行星配置是有時效性的，太陽回歸盤中的行星所體現的樣貌可能與本命盤不一樣，我們可以從循環的觀點去思考太陽回歸盤中的行星，並且與本命盤做比對。

當考慮了這些想法之後，讓我們像解讀本命盤一樣去反思行星能量，只不過在這裡它們像是那一年的短暫符號。

太陽是這張年度星盤的核心，從太陽的角度來看，這一年的重點在於更了解自我，認清支持意識發展的事物，並強調逐漸展現的個體所面對的挑戰。太陽是我們的生命力和精力，它象徵了一整年的活力、精力、動能和熱情，因此，這是一個很好的參考，讓我們知道該如何控制自己的步調、打起精神、並認識及認可真實的自我。

在所有星盤中，**月亮**都是最基本的角色，它是衡量情緒上的安全感、內心感受、以及歸屬與幸福感的參考，因此在任何一年中，處理月亮的需求都是至關重要的。月亮會顯示未來一年中哪些是滋養自我時需要保持警惕的領域，需要從哪些地方去關心我們的內在生活和情感，在情感上需要如何調整自己的步調，以及圍繞家居的情感和家庭環境，並且要關注我們來年的居家環境及生活狀況。

水星永遠不會離太陽太遠，但是它的相位每年都會改變，帶來

新浮現的想法、溝通方式、以及重要的動機和計劃，因此我們會觀察太陽回歸盤中的水星，去幫助描述這一年所需要溝通的事物、需要被支持的想法、以及重要的思考方式。水星建立聯繫，也代表與同儕、朋友和兄弟姊妹之間的思想交流和互動。

　　金星象徵著我們的價值、以及天生的風格和價值觀，因此，它指出我們會在哪裡進行投資，這不單是指金錢、也包括情感上的投資。它同時是這一年間關係發展和成長的關鍵，因此它的相位可能會提醒我們去注意重要關係，以及珍視事物的改變或意外。

　　火星是我們的內在戰士，它在太陽回歸盤中的位置指出我們需要在哪個生命領域中堅持自我意圖、採取行動、為自己挺身而出、並專注和引導自己的能量。我們在這一年中應該如何激勵自己？我們需要在哪裡專注並致力於手上的工作？

　　木星指出擴大範圍，因此它暗示我們可以在哪裡開發機會、踏出舒適圈並擴展我們的可能性。這個原型反映出家庭模式以外的學習，因此，它與教育、旅行、跨文化體驗和探索有關。木星代表了我們的真實信念，而在這一年間，它指出我們可以學習和發展的事物，從而更了解自己，並對我們所生活的世界充滿信心和樂觀態度。

　　凱龍星可能暗示在這一年我們感覺偏離核心或身處邊緣的領域，它專注在我們需要在哪裡更接受及擁抱自己的弱點。它作為療癒之旅的引導，指出這一年我們會更常受傷和得到療癒的領域。

　　土星的任務與提供合適的限制和界線有關，讓我們控制和確保重要及具有意義的事物。這一年的土星會反映出我們必須認知什

麼、必須在哪裡專注努力、需要在哪裡表現勤奮、認真和可靠。土星在傳統上往往等同於試煉，然而在太陽回歸中，我們可能會將它視爲衡量何者爲重、在某些領域中展示權威、日趨成熟並承擔責任。邊界並不是障礙，土星原型辨出需要尊重的事物，以及我們需要負責的領域。

每一顆外行星在太陽回歸中都移動緩慢，象徵我們逐漸尊重、整合這些能量至生命中的方式。我們慢慢地更察覺比自我更大的能量，因此，每年我們都會有新的機會去吸收這些行星原型。

天王星代表我們個體化的過程，象徵改變、挑戰、意外和突然的轉變，這些主題提醒我們要變得更加獨立。天王星就像是一種精神力量，呼喚我們這一年要踏上個體化和探索的道路。

海王星是啓發我們的靈性及振奮精神的繆斯女神，但它同時也決定了這一年中不確定、懷疑和模糊的程度，因此，透過宮位和相位，它有助於使我們適應這一年出現模糊不清和混亂的領域，但同時也協助我們尋找具有創意的管道，以緩解我們因爲不安全感所帶來的緊張。

冥王星挖開地面尋找寶藏，冥王星及其相位象徵了哪些事物可能正在腐敗，需要我們放手，有哪些事情是必須經歷哀悼的過程，以及我們會在哪裡直接面對眞相，特別是那些我們不想面對的眞相。它是轉化的原型，如果我們可以在必要時讓出控制權，則此原型這一年將會成爲我們最強大的盟友之一。

在確定接下來的形勢，以及來年的情緒和心理狀況時，除了行運與二次推運之外，太陽回歸盤是非常有用的附加技巧。它本身已

經可以是一張重要的星盤，當我們以整體人生作為觀察背景時，它可以指出個人一生的成熟和發展過程。在太陽回歸盤中更新自我循環的行星，提醒人們去讚嘆和敬畏宇宙秩序，同時也提醒我們每年都要慶祝我們的太陽英雄／英雌的重生，每年在這特殊的日子更新我們對自我發展的承諾。

你將需要發展自己的方式去解讀太陽回歸盤，但是，在你展開探索之前，可能會需要使用一張清單，以幫助你得到一些想法與感受：對於這一年而言，此張星盤代表什麼，以及它可能正在告訴你的事情。附錄中有一些指引可以幫助你開始這個過程，它們總結了本書中已經討論過的內容。

太陽回歸快樂。

第五部

時間點的計算

第十八章
占星學中的時間點計算
運用循環、階段及回歸

　　行星循環帶領星盤經歷時間的推進，它們是計算占星學時間的核心，因此，想要熟練地計算占星學的時間，重要的是掌握占星循環及其對星盤的影響。計算占星學時間點的第一步，必須流暢地掌握行星的節奏和循環，區別它們在天空中的不同進程。

　　占星學中有很多技巧可以運用在星盤的時間計算中，占星學的傳統遺留下各種計算時間的技術，並提出時間之神將如何在人類經驗中自我演繹。每種技巧依照分析的時間段或問題的本質，可能有各種不同的目的，但並非所有技巧都可以同時使用，也不是所有技巧都會得出相同的結果，久而久之，你會找到適合自己風格，以及能夠支撐自我信念的方法。因此，儘管許多其他的方法和占星學派也有時間計算的方法，但以下清單將幫助你反思本書討論過的技巧和過程。我建議你結合自己喜歡的技巧，並確定你認為在什麼情況之下能夠將這些技巧的功能最大化，然後隨著時間的推移，關於如何、以及何時運用這些技巧，你將發展出一套自己的看法。

循環、階段和回歸的清單

　　以下是一些思考方向，讓你開始找到自己的思考方式去運用時

間計算的技巧，我會先從行運開始，因爲它是我所認爲最佳的占星學隱喻，能夠流暢地處理轉變的複雜性。每顆行星都有自己的模式，並訴說自己的時間，因此，我們要熟知每個行星循環的時間點，考量其字面、情緒、心理及精神在當下所帶來的影響。

行運

　　思考你正檢視的這段期間的特質，以及這段時間可能出現的問題。在此期間的行運指出什麼影響？以這段時間爲背景，以及在整段人生的前提之下，你如何看待這些符號？對於這些行運的象徵而言，反映個人正經歷什麼實質上的轉變？你認爲這些人被要求著什麼主題？

　　回顧你分析行運的方式，評估以下重點並將它們納入你的解盤中。找出自己的方法去分辨出每個行運的優先順序，並發展技巧去記錄及綜合這些資訊：

☑　按優先順序列出行運，這些移動較慢的行星，特別是當它們與內行星或軸點形成行運相位時，優先界定這些歷時較久的階段。

☑　在檢視某個行運時，請記住此行運行星的性質及性格、與行運行星產生相位的行星本質與特性、以及它所行運的宮位樣貌：

✓　這顆**行運**行星在本命盤中的本質爲何？它在本命盤中守護哪一宮？它的能量會在個人的生命中如何表達？

　✓ 被行運影響的行星性格爲何？它是否已經很好地整合至整張星盤的格局中？這顆行星是否是主要圖形相位的行星之一？如果是的話，在此圖形相位中，有沒有與其他行星同時發生其他行運？這顆被行運影響的行星守護哪些宮位？

　✓ 思考**行運行星落在哪個宮位**？此行運星所在的宮位由哪顆行星守護？此行星在此星盤中的特徵是什麼？

☑　注意任何轉換宮位的主要行星。

　✓ 凱龍星、天王星、海王星和冥王星在星盤中移動緩慢，因此，它們越過新宮首的時刻，或許是個人心境經歷轉變的重要階段。思考外行星行運進入某個宮位的方式之一，是將每一宮當成是整個人生循環的次循環。凱龍星和天王星可能在一生中行運走完整張星盤，而海王星和冥王星則可能只會走完二分之一張星盤。

　✓ 木星和土星會在星盤中建立一種循環模式，因此，他們行運經過不同宮位的歷程，可被視爲此循環模式的一部分。注意它們改變宮位的時刻，以及這會如何成爲整個發展週期的一部分。

☑　注意月交點行運，以及即將發生的日月食及其模式。

　✓ 要記住月交點行運及日月食都是週期性的，注意月交點或日月食與本命盤行星所形成的任何重要合相或對分相

☑　列出重要的行運時間，注意你所使用的角距容許度，以及你如何將占星符號與個人經驗和過程建立連結？記住這些都是**占**

星學的時間點，個人和心理上的時間點可能大不相同。

☑　該行運主要敘述什麼？你如何體驗個人對於這些行運的處理和回應？

☑　對於重要行運，對此本命盤及其行運，你會建議採取什麼策略？你是否認為自己需要為此人獻策，還是應該為他推薦其他的占星師？如果是如此的話，思考你是如何做出這種評估？

在開始運用占星學的時間計算時，不妨先安於由行星行運所反映的轉變概念。我們學會了如何透過行運行星的符號去觀察表面的事件，但同時我們也可以與行星行運當下的情感、心理和精神氛圍建立連結。一旦你有信心去運用行運能量，便可以考慮運用二次推運，對於當下的行運來說，二次推運是相當有用的資源及支援。

二次推運

你應該如何設想二次推運的技巧，才能更有信心、更安心地使用它的呢？你如何根據你所檢視的當時心情去思考推運主題？這些象徵符號是比較內在、外在還是兩者兼具呢？此技巧是支持、協助還是讓你更加理解行運的影響呢？行運與推運是相互合作，還是你個別的看待、體驗它們？

複習你對二次推運的理解以及使用它的自在程度，如果你只使用其中的某部分，請根據你自己的理解去評估它們，此推運有否幫助你去理解個人如何自然地發展或成熟？請檢視以下要點：

☑　把你正在使用的二推行星與本命盤進行比對。

✓ 哪些重要推運是特別明顯的？記下這些推運。你是否能夠用故事、神話、隱喻或圖像而不是文字，以最好的方式去表達這些行運？

☑ 檢視二推月亮，並思考你如何使用此符號，你如何理解它在計算時間上的用法或價值？又或者你是否理解？專注在二推月亮上：

✓ 注意二推月亮何時改變星座或宮位，在你所檢視的時間段中，你覺得它們是重要的嗎？

✓ 當下時段中，有沒有相位也許在處理星盤其他主題時產生了重要影響？

✓ 以二推月相循環來說，個人正處於哪個人生階段？它連結了人生哪個時期？

☑ 檢視二推太陽，以及它與二推月亮之間的關係。目前的二推月相循環正處於哪個階段？在描述當下人生階段的意義時，它是重要或有用的嗎？

☑ 自出生以來，有沒有行星在二推盤中改變方向？如果有，是發生在哪一年？你認為它有任何重要性嗎？它與此刻有任何關係嗎？

☑ 檢視其他行星，特別是內行星，它們的相位、星座、宮位或移動方向，有沒有任何特別之處可以為此人生時段增添或擴大意義？

透過這本書，我們思考了行星循環在占星時間計算中的重要

性，每個行運和推運皆被框在一個較大的循環週期中，如同這些原型的循環週期是一個更大的畫面，而我們的經歷在其中得以發展。因此，重要的是清楚每個行運的較大循環週期，以便將當下事件和經驗放在相關的背景中。

循環週期

　　反思每一個行星循環：你如何在星盤的框架中設想每個循環週期？你如何以意義、重要性、時機、影響力和發展去逐一排列它們的優先排序？當我們運用行星循環時，都會有一個開始、中間和結束，每個循環的結束都是行星回歸以及下一次循環的開始，因此，每個占星循環都體現了古人對於回歸、重生和更新的觀念。當你運用占星循環時間點的知識，你便可以在同一週期中回溯較早的時間點，或是連結稍後的時刻，也就是何時同一相位將再次發生。在思考這種可能性時，你將如何落實思考和理解循環本質的方式？

　　將循環視為一個原型過程，運用你對於行星原型的理解，幫助你去評估這些心理模式為何會重複出現。在既定的循環及其原型過程中，可能會重複哪些模式？當你從當下的循環出發，檢視其上一個循環或之前的階段時，你可以如何從中幫助個人對於所討論的時間點有更多的了解？他們是否曾經體驗過這些感覺、模式、焦慮或情緒？在什麼時候？你認為在此模式背後是哪種原型力量？在這段時期內，此循環是否暗示著重返舊地，或是透露了被壓抑的事物正慢慢浮現？

　　就生命循環而言，個人是否正處於人生的重要轉變階段，例

如：青春期、中年、凱龍回歸、第二次土星回歸等等？以下的清單可能有助於思考循環的強大性：

☑　注意是否有重要的世代行運，例如：木星回歸、土星對分相、天王星四分相等等，如果有的話，考慮當下的生命階段，以及這些可能對個人帶來哪些影響。注意任何即將開始的循環，例如：十二歲、廿四歲、三十六歲時的木星循環，或廿九到三十歲、五十八到五十九歲的土星循環等等。要從世代行運中區分與個人有關的行運，它們有時候可能會同時發生，是否有一些個人循環，例如：社會行星或外行星行運正觸動太陽、月亮或上升點，例如：木星合相太陽或土星與上升合相？在檢視某一個行運時，要把當下階段與上一循環的相似階段，或同一循環的上一個關鍵時間點建立連結。

每一顆行星都會有不同的技巧和時間點：

✓ **木星**：約六年或十二年前。

✓ **土星**：約七到八年、十五年或廿九到三十年前。

✓ **天王星**：約廿一或四十二年前（或是透過它每七年經過一個星座的循環）。

✓ **海王星**：約四十一年前（或是它每十四年經過一個星座）。

✓ **二推月亮**：約七、十四或廿八年前。

✓ **月交點**：約九或十九年前。

✓ **凱龍星或冥王星**：查看個人循環，因為這兩顆行星的軌道
離心率的緣故，它們發生四分相及對分相的時間非常不規
律。

我們的人生被各種的開始打斷，這些開始為我們迎來了新的發
展和成長階段，儘管這些對於人類的生命循環來說再自然不過，但
它們同時也非常個人化。每顆行星的轉變，都可以根據它們在星盤
中的原型佈局去考量，因為我們在這些人生階段中前進的態度和方
式，都是由我們的脾氣和性格所驅動。儘管每個人的生命歷程看起
來都很相似，但對於每個人來說它都是獨一無二的，因此，了解和
榮耀生命循環的階段，對占星學的時間計算來說至關重要。

階段

在考慮一個人的生命階段時，我們通常會注意生命循環本來就
會出現的轉變，例如出生、建立伴侶關係、死亡，或者會留意生命
循環的自然發展階段，例如：童年、青春期等等。人生階段在占
星學的時間計算中是重要的部分，因為它們是占星學自然循環的
本質。評估星盤中對於某個生命階段是否存在潛在的敏感性，例
如：月亮的相位可能描述了對於防衛、安全感、家、遷居的天生
傾向；落在上升點的行星可能描述了面對轉變或展開新計劃時的反
應。在星盤中，有沒有強調任何行星原型呢？如果有的話，它們會
如何在這些轉變中實現？考量個人星盤以及它們展開新階段、改變
或過渡的傾向，從中培養一種思考人生階段的方式。

占星學幫助我們思考生命循環中的個人發展，它同時讓我們思
考個人誕生的世代氛圍，以及這個世代的精神及意圖。個人正經

歷哪個人生階段，在個人的生命背景中，此過渡期整體的本質為何？此時強調了哪些世代相位？請思考以下要點：

☑ 這個人幾歲？他們正處於人生的哪個階段？這在占星學的生命循環中是特別重要的一年嗎？

☑ 這個人正經歷哪個重要階段？這階段期間會在生理、情緒、心理及精神方面產生什麼改變？

☑ 每個人都與他那世代人共享同一個時間階段，對於這個人的世代來說，是否存在著獨特的占星佈局，例如：土冥合相（一九四七、一九八二和二〇二〇年）、土海合相（一九五二到一九五三和一九八九年）、天冥合相（一九六五到一九六六年）或天海合相（一九九三年）？

☑ 針對此人正在經歷的生命循環階段，你是否也有一些相關經驗？如果你沒經歷過，那麼你是否記得你父母或祖父母在此階段的經驗？對於如何度過此階段，你是否有任何反思或建議？

　　正如我們所探討的，回歸是人類蛻變的原型經驗，具原型特質的這些經驗是每個行星主題的一部分，在每次行星回歸的深刻本質中讓我們更加熟悉。而當我們計算占星學的時間點時，其展開生命新循環的過程也十分珍貴重要。每一個即將發生的行星回歸，都是我們需要認知的儀式性階段。

回歸

　　行星回歸標示了此原型能量展開新的循環，並顯示生命循環的重要啓程，因此，重要的是要考慮所有行星回歸，以及此能量的全新循環對個人來說意味著什麼，你也可以思考一下此時還可以運用哪些技巧，例如：回歸盤。

☑　個人是否正經歷任何行星回歸，包括內行星回歸？在此刻，你會如何設想這個回歸？你是否爲這此內行星回歸建立星盤？

☑　今年有沒有行星即將回到其出生盤位置？這可能標示了生命循環重要的新開始，要以生命整體去注意行星回歸，內行星回歸顯示個人的開始、里程碑或初次接觸新事物。可爲以下行星回歸建立星盤：

✓ **月交點**　年齡：18～19、37～38、55～56、74～75。

✓ **二推月亮**　年齡：27～28、54～55、81～82。

✓ **木星**　　年齡：12、24、36、47～48、59～60、71～72、83～84。

✓ **土星**　　年齡：29～30、58～60、87～88。

✓ **凱龍星**　年齡：49～51。

　　太陽回歸是一個非常特別的占星學時間計算技巧，它可以用來研究人們一生的週期，因爲它可以作爲單一星盤來預覽來年狀況或考慮生命中某個特別的一年。每張星盤都標示著太陽回歸的紀念，並召喚我們去慶祝並榮耀，再次爲人生許下承諾。一旦你認爲

自己掌握了行運及時間的循環，太陽回歸盤將成爲你計時技巧中的
重要助力。

太陽回歸

在發展運用太陽回歸盤的自我方法中，由於時間和位置的關
係，因此你首先需要對於回歸盤中某些變數去發展屬於你個人的見
解，例如：你會使用出生地還是遷居地去建立星盤？

太陽回歸盤的行星可能與在本命盤中的風格非常不同，因爲我
們是以那一年爲背景而不是從一生的觀點去看。我們可以如處理本
命盤一樣的方式去思考行星能量，但是，它們在太陽回歸盤中更爲
短暫，只是屬於那一年的象徵符號而已。從太陽回歸的年度循環出
發去思考行星也很重要，在展開探索之際，你可能需要一張清單去
幫助你針對這張代表來年的星盤，總結一些想法和感受：

☑　**上升點**

在檢視太陽回歸盤的上升點時，注意其星座的元素和特質，以
及這一年有沒有行星與它形成相位，將它與本命盤的上升點進行比
對。

✓ 太陽回歸盤的上升點如何支持或挑戰本命盤的上升點？這一
　年的上升點突顯了哪些主題？你如何將這些特質整合至這一
　年的展望及活動中？

✓ 在這一年的地平線上升了什麼？這一年的上升點落入本命盤
　的哪一宮？這一宮所指示的主題可能會在這一年浮現並來到

面前，也許來自這領域的模式和議題會出現並挑戰你，或者它們更被整合至你的人生觀中。

✓ 有沒有任何本命行星合相太陽回歸盤的上升點？合相上升／下降軸線的本命行星，對於尋找今年的定位和立足點非常重要。關於這一年該如何前進，這些行星的建議爲何？你需要注意在你（上升）和他人（下降的）身上浮現的能量爲何？

☑ **天頂**

注意天頂的星座、元素、特質以及任何與天頂形成相位的行星，你今年有什麼目標？這一年的天頂守護星是哪一顆？此原型在你的本命盤及太陽回歸盤中分別落在怎樣的環境中？

✓ 太陽回歸天頂如何支持或挑戰本命天頂？它可以在這年達成目標的過程中發揮效用嗎？對於此太陽回歸盤天頂來說，有哪些目標、意圖和計畫是適合的？你可以如何將這些特質整合到這一年的目的和目標之中？你今年的目標是什麼？

✓ 在隱喻上，哪些主題在今年爬上子午線的最高點？哪個本命宮位來到了天頂？對於實現及努力落實目標來說，這可能象徵著變得重要的環境或領域，或許是來年需要發展和改進的領域。

✓ 是否有任何本命行星合相太陽回歸盤的天頂？對於如何尋找這一年內在生活與外在需要之間的平衡，這些行星有沒有任何建議？有沒有哪些能量可能會影響你的內在防衛（天底）與外在目標及目的（天頂），這是你需要去注意的？

☑ **合軸星**

　　合軸星應該最優先考量，因爲它們象徵了這一年的主導主題，它需要你的注意。逐一檢視每個軸點：主宰天底的行星來年將在家、原生家庭、自我關懷以及歸屬地的需求等領域中尋求我們注意；下降點的行星將在人際關係、平等和自我反思方面吸引我們的目光；天頂的行星暗示著對外在世界的事業、目標和行動的關注；而上升點則會透過我們的個性、欲望和行動要求我們留意。合軸行星是今年的指引和引導，辨別出來年哪個軸點會受到此能量強調，並在此處尊崇這股能量和驅力。

　　✓ 在太陽回歸盤中，有沒有行星來到軸點？如果有的話，它們可能代表什麼？它們在本命盤中座落的位置如何，而它們在太陽回歸中是否得到什麼支持呢？

☑ **月亮**

　　要記住月亮循環的元素變化：今年太陽回歸盤的月亮元素與去年一樣？還是改變了？反思其十九年的模式：十九年前，在情感上發生過什麼事？

　　✓ 注意月亮的元素循環。

　　✓ 月亮落在什麼星座？與本命月亮相容嗎？其星座元素與本命月亮的星座元素合得來嗎？這可能暗示了這一年情緒上的哪些狀況？安全感相關的議題和疑慮、防衛和情緒等主題，在這一年將被添上哪些不一樣的色彩？

　　✓ 它落在哪一宮？這一年的防衛及安全感的重點在哪？

✓ 它形成了哪些相位？為這一年的居家及情感防衛帶來了怎樣的變化？這一年月亮有哪些重要相位？此行星能量將如何重塑並有助於帶來新的情感表達方式、安全感和一般的防衛？月亮有哪些二次推運相位？它們會在這一年間如何支持或挑戰個人的防衛系統？

☑ **月相階段**

月相階段可以代表這一年的整體情緒、心境和傾向，太陽回歸盤中的月相階段暗示了今年的副主題，它是我們思考這一年整體情緒和能量的重要方式，在這段時間中，這種方式將有助於你的整體人生。

✓ 這一年的太陽回歸盤是哪個月相階段，象徵了怎樣的情緒？它與二推月相循環有何不同？

☑ **與本命太陽形成的行運**

本命盤的太陽是否經歷任何重要行運？行運外行星與本命太陽的互動反映了持續進行的行運，並且將在一些太陽回歸中持續發揮效力，如果是這樣的話，太陽回歸星盤將會強調這些主題。注意本命太陽及行運行星所在的宮位，因為這些都暗示了此行運在這一年間可能強調的領域。太陽所在的領域可能是這一年我們需要認同的地方，讓我們可以提升信心、生命力和忠誠度。同樣要注意的是行運外行星與本命太陽的互動，將在連續數年的太陽回歸盤中生效，這種行運的漫長暗示了當外行星行運觸動太陽時所代表的巨大過程，並將喚醒我們，讓我們擁有一個更加真實的自我。注意星盤重要部分的其他行運，以及它們將在太陽回歸盤中可能會以哪種方

式被確認和放大。

　　你有哪些行運觸動到本命太陽呢？運用太陽回歸去幫助自己在這一年去分辨它們，用日記記錄這一年哪些方式可能有助於維持身體健康及生命力，哪些生命領域可以提升信心，你可以如何開始去確定哪些是有幫助的，哪些是沒用的？你可以如何幫助自己去認知及支持自己富創造力的自我表述？

☑　**行星**

　　逐一研究每顆行星，注意它們在太陽回歸中的循環，並留意那一年有沒有重複哪個重要循環。檢視行星的相位，並確定這一年有沒有重要的行星主題被表述，那顆行星在本命盤落在什麼位置？注意有沒有行星即將回到本命盤的位置。

✓　**水星**

　　在這一年的太陽回歸盤中，水星落在哪個宮位及星座，有沒有形成任何主要相位？有沒有任何本命行星與太陽回歸盤水星形成了強力的重要相位，還是水星將在這一年回到其本命盤位置？觀察太陽回歸盤水星落在本命盤的位置及其功能，你會如何思考它所帶來的主題？這一年有哪些活動、課程或訓練等等將有助於發展出水星模式？

✓　**金星**

　　注意其宮位、星座及其主要相位，有沒有任何本命行星與太陽回歸盤金星形成了強力的重要相位？今年是否是八的倍數，是金星回到其本命位置的年份嗎？你可以如何結合太陽回歸盤金星與它在

本命盤的位置及功能？列出具支持性的活動和課程，幫助你在這一年發展出更多的自尊及價值觀。

✓ 火星

注意其宮位、星座及其主要相位，有沒有任何本命行星與太陽回歸盤火星形成強力的重要相位？太陽回歸火星的主題與本命火星有何不同？有哪些行動、活動和計劃可以在來年幫助你更懂得推動自己、更具創業精神並懂得獨立行動？

✓ 木星

你今年有怎樣的木星行運？它將在太陽回歸的這段時間經過你本命盤的哪些宮位？它與太陽回歸木星比較起來有何不一樣？木星象徵這一年的社會機運、對自己更深的了解、你的信仰、以及想要去探索及教育自己的衝動。反思這過程將如何在你的太陽回歸盤及本命木星的行運中呈現。

✓ 土星

你今年有怎樣的土星行運？它會在太陽回歸的這段時間經過你本命盤的哪些宮位？將形成什麼相位？它與太陽回歸土星比較之下有何不一樣？土星描述了你在這一年變得更加自主、更掌握人生的能力，以及當你想要涵蓋和完成這些目標時，它會提供所需的責任和界線。太陽回歸有助於專注於這一年的目標和結構，行運則會以生命的完整性和循環為前提象徵成熟的階段。

✓ 凱龍星

注意它的宮位、星座以及主要相位。你個人凱龍星的循環目前

正處於哪個階段，它又如何確認你的太陽回歸凱龍星、或如何與它產生衝突呢？來年行運凱龍星與本命凱龍星的關係為何？觀察它在太陽回歸盤中的宮位及相位，並反思它們對於這一年的療癒之旅是否重要。專注於它在太陽回歸盤的宮位，想像自我有哪些被剝奪、不被容許的層面可能會逐漸浮現。

✓ 天王星

注意它在太陽回歸盤中落在哪一宮，形成了哪些主要相位，以及它在太陽回歸這一年將與你的本命盤行星形成哪些相位，注意太陽回歸盤中的天王星主題會如何同時反映在行運中。天王星幫我們喚醒自我新的可能性、產生新的機遇並且展開新的冒險——太陽回歸盤中的天王星如何表達出這些主題？

✓ 海王星

注意它在太陽回歸盤中落入的宮位和主要相位，以及它在太陽回歸這一年將與本命盤行星形成了哪些相位，注意太陽回歸盤中的海王星主題會如何同時反映於行運中。海王星幫助我們想像新的方式去活出及理解自我、啓發創意、支持我們的靈性——太陽回歸盤中的海王星如何表達出這些主題？

✓ 冥王星

注意它在太陽回歸盤中落入的宮位及主要相位，以及它在太陽回歸這一年將與你的本命盤行星形成哪些相位，注意太陽回歸盤中的冥王星主題會如何同時反映於行運中。冥王星讓我們面對更深層自我、看清自己的眞相而移除過去的障礙，它支持我們發展出更深層的整合性以及自性中的靈魂面向——太陽回歸盤中的冥王星如何

表達出這些主題？

☑ **圖形相位**

　　在描述太陽回歸盤時，首先考量主要圖形相位。確定太陽回歸盤中的主要行星相位，以此增強來年的行星表述。注意盤中有沒有任何的行星組合同時出現在本命盤，因爲這將增強本命盤的相位，並暗示此一本命盤主題將在這一年突顯出來。哪些行星被包含在此主要圖形相位中？這些行星在本命盤中有形成相位嗎？在太陽回歸盤中如此重要的圖形相位，它描述什麼主題？

☑ **星盤形狀**

　　觀察整張星盤，它的形狀如何？行星能量最專注於何處：地平線上或第一象限等等。在你想要檢視的年份中，哪個半球或領域會因爲這張星盤的形狀而被強調？你的能量在這一年會如何被引導和傳播？使用意象和比喻去表達太陽回歸盤的形狀，以及你對它的第一印象。

☑ **逆行星**

　　注意太陽回歸盤中有沒有內行星逆行，特別是如果它們在本命盤中是順行，同時注意水星與金星的逆行模式。當觀察連續幾年的太陽回歸盤時，注意有沒有外行星會在某一年改變方向，或有沒有逆行星將擾亂太陽回歸盤中的元素順序或模式。

☑ **截奪星座**

　　注意太陽回歸盤中有沒有被截奪的星座軸線，因爲這顯示了這一年它可能阻礙了節奏或流動，注意太陽回歸盤中任何被截奪的行

星，同時注意這組截奪星座在本命盤中落在哪個宮位。

☑　**元素和模式的平衡**

　　太陽回歸盤與本命盤分析一樣，元素的平衡與否是重要的考量，注意在太陽回歸盤中有沒有缺乏或強調哪個元素或模式，其元素組成是否支持本命盤的元素構成，還是彼此產生衝突？這一年將帶入哪些新的元素或模式？它們會出現在哪些領域中？

結語
時間之圓

　　我們已經走了一個完整的圓，在英文中，當我們說：「我們走了一個完整的圓。」（we have come full circle）代表在經歷了一連串的事件和改變之後，我們回到了相似的起點，雖然來到了結局，但同時也再次展開了旅程。每一次返鄉都會帶著意識的成果，然後我們就可以運用它們，以理解我們所回到的地方。我們一起從思考時間出發，去展開這段旅程，然後一路探討了行運、二次推運與行星回歸，我們如何運用這些幫助我們更具覺知地參與時間的概念，去開始運用占星學中的不同階段呢？

　　「完整之圓」這個表述包含了永恆回歸的概念，這概念支撐了我們隨著時間的流逝而展開的占星學。當我們使用行星循環，將時間的概念從線性思維中解放時，便可以看穿時間，看見其週期性重複發生的模式、事件、主題和原型，每個行星循環都根據其原型和占星學上的關聯，將過渡期的資訊、經驗和智慧共時化。我們可以使用循環中重複發生的同一點，將時間往前及往後去思考當下的狀況。將時間的循環性應用於占星符號上，讓占星師可以在時鐘上的時間之中移動，將不同的事件及經歷與當下的狀況作連結，在練習過之後，我們學會如何解讀和辨別占星學循環中固有的原型主題，以建立我們的信心和能力。

　　隨著時間的流逝，我們逐漸習慣於衰老和永恆的自相矛盾，我們的肉體可能會衰老，但靈魂卻是永恆的，時間通過衰老體現，但靈魂不滅。占星學同時揭示了過渡和永恆的時間，它邀請我們去思考時機，不僅是即將發生什麼事，更是從靈魂的角度去思考。占星學的時間是宇宙的時間：它是象徵性、永恆、神祕的。

附錄

附錄 1：占星學中的生命循環

注意這些都只是大概的時間點，可能由於行星速度及逆行階段而因人而異。

嬰兒期

月亮回歸	27.3 日
水星回歸	11～13 個月
金星回歸	10～14 個月
太陽回歸	1 歲
火星回歸	22 個月（17～23. 5 個月）

童年早期

木星對分相	6 歲
二推月亮上弦四分相	7 歲
土星上弦四分相	7.5 歲

潛伏期

月交點對分相	9 歲

青春期早期

第一次木星回歸	12 歲

二推月亮對分相　　　　14 歲

天王星上弦六分相　　　14 歲

青春期中期

第一次土星對分相　　　15 歲

第二次木星對分相　　　18 歲

第一次月交點回歸　　　19 歲

青春期晚期

二推月亮下弦四分相　　20.5 歲

海王星半四分相　　　　20.5 歲

天王星四分相　　　　　21 歲

土星下弦四分相　　　　22 歲

土星回歸之前

第二次木星回歸　　　　24 歲

二推月亮回歸　　　　　27.3 歲

第二次月交點對分相　　28 歲

海王星上弦六分相　　　28 歲

天王星上弦三分相　　　28 歲

土星回歸之後

第一次土星回歸	29.5 歲
二推月相循環回歸	29.5 歲
第三次木星對分相	30 歲
二推月亮四分相	34 歲

中年

第三次木星回歸	36 歲
第二次土星四分相	37 歲
第二次月交點回歸	37 歲
冥王星上弦四分相	36～40 歲

（注意：只包括冥王星在處女座及天秤座的世代，其他世代的人不會這麼早就經歷此相位）

天王星對分相	39～42 歲
第二次二推月亮對分相	41 歲
海王星上弦四分相	41 歲
第四次木星對分相	42 歲
第二次土星對分相	45 歲
第四次木星回歸	48 歲（通常會是 47 歲）

五十多歲

凱龍星回歸	50 歲
第二次土星下弦四分相	51～52 歲
第五次木星對分相	53 歲
第二次二推月亮回歸	55 歲
天王星下弦三分相	55 歲
第三次月交點回歸	56 歲
海王星上弦三分相	56 歲
第二次土星回歸	59 歲

長者

第五次木星回歸	60 歲（通常會是 59 歲）
天王星下弦四分相	61～63 歲
第三次土星上弦四分相	66 歲
第六次木星對分相	66 歲
第三次二推月亮對分相	69 歲

老年

第六次木星回歸	72 歲（通常是 71 歲）

第四次月交點回歸　　　74 歲

第三次土星下弦四分相　81 歲

第三次二推月亮回歸　　82 歲

第七次木星回歸　　　　83 歲

天王星回歸　　　　　　84 歲

附錄 2：日月食

日食有數種不同種類：

1. **日偏食**發生於月亮無法完全遮蓋太陽之圓時。

2. **日全食**發生於月亮完全遮蔽太陽之圓，並在地球局部表面上投下陰影路徑或本影時。

3. **日環食**也是全食的一種，然而，月亮因為離開地球太遠，而無法完全遮蓋太陽，因此，變黑的月亮周遭會圍繞一圈光環。

4. **全環食**意指在路徑上某部分地區的人會看到全食，其餘的則只看到環食。

每年最少會有兩次日食，最多五次，日食的條件包括：

1. **發生於新月**（太陽合相月亮）。

2. **太陽與月亮必須在月交點軸線一定距離範圍之內。**

如果太陽／月亮在月交點軸線 15 度 21 分之內，則一定會發生日食，日食的類型隨著與月交點軸線的距離而有所不同：

- 距離月交點軸線 0 度～9 度 55 分：日全食。
- 距離月交點軸線 9 度 55 分～11 度 15 分＝日偏食或日全食。
- 距離月交點軸線 11 度 15 分～15 度 21 分＝日偏食。

- 距離月交點軸線 15 度 21 分～18 度 31 分，可能會發生日偏食。

月食永遠會在日食發生前一次或後一次的滿月發生，但並非每年都會發生月食，月食的發生條件包括：

1. 發生於滿月（太陽對分月亮）。

2. 太陽與月亮必須在月交點軸線一定範圍之內。

如果太陽與月亮在月交點軸線 9 度 30 分的範圍之內，則會發生月食。月食的類型如下：

- 距離月交點軸線 0 度～3 度 45 分：月全食。
- 距離月交點軸線 3 度 45 分～6 度：月偏食或月全食。
- 距離月交點軸線 6 度～9 度 30 分：月偏食。
- 距離月交點軸線 9 度 30 分～12 度 15 分：可能會發生月偏食。

記住：

1. 日月食發生於月交點附近，而且由於它們有特定的模式及循環，因此是可以被預測的。

2. 有兩個非常重要的週期值得注意，它們都是歷時 18～19 年，並強調了生命循環中每 18～19 年的日月食模式。

   A. **沙羅週期**告訴我們日月食會每 18 年又 10～11 日重覆同一組沙羅週期序列。

   B. **默冬週期**告訴我們新月有其 19 年的模式，在此模式中，

日月食會在同一占星度數上重覆發生，日月食有百分之七十五的機會在此這週期中重覆。

附錄 3：使用太陽火軟體計算一生的二推太陽、月亮及月相循環

3.1 使用太陽火計算二推月亮

3.1.1 二推月亮的一般循環：

計算你的二推月亮回歸及對分相：

1. 打開你的星盤。

2. 打開上方選單，點選 Dynamic，點擊 Transits & Progressions，同時檢查是否已經在 Dynamic Radix Chart 一欄點選了自己的星盤。

3. 在 Period of Report 中的 Start Date 一欄，選擇 birth date（出生日期），period 一欄填上 83 years（這樣才能建立三次循環的對分相和回歸）。

4. 在 Location，點選 Natal。

5. 在 Event Selection，只點選 Progs to Radix 一項。

6. 在 Point Selection 一欄，點擊 Progs，這樣會打開一個稱為 Progressing Points 的視窗，點選 Moon 的檔案——點擊 edit 確保你只選了月亮，再點選 save 與 select，然後點擊 Radix，再一次點選 Moon 這檔案。

7. 在 Aspect Selection 一項，點擊 Progs，這樣會打開一個稱爲 Progressing Points 的視窗，點選名爲 Harm02 的檔案（這檔案裡面應該只包括了合相與對分相）。

8. 然後，點擊 Saved Selections，會出現 Saved Dynamic Selections 視窗，鍵入 Progressed Moon Opposition and Return，點擊 OK，這設定就會被存檔下來，讓你之後再次建立報告時可以選用。

9. 最後，點擊 view，就會產生你的一份二推月亮對分相及回歸的動態事件報告。

3.1.2 二推月亮的個人循環：

計算你的二推月亮入境不同星座及宮位的時間：

1. 打開你的星盤。

2. 打開上方選單，點選 Dynamic，點擊 Transits & Progressions，同時檢查是否已經在 Dynamic Radix Chart 一欄點選了自己的星盤。

3. 在 Period of Report 中 Start Date 一欄，選擇 birth date（出生日期），period 一欄填上 83 years（三次循環）。

4. 在 Location，點選 Natal。

5. 在 Event Selection，點選三個項目：Progs to Radix, House Ingress 與 Sign Ingress。

6. 在 Point Selection 一欄，點擊 Progs，這樣會打開一個稱爲

Progressing Points 的視窗，點選名爲 Moon 的檔案——點擊 edit 確保你只選了月亮，再點選 save 與 select；然後點擊 Radix，點選 None 這檔案，點擊 Edit，確保這檔案裡面選擇沒有任何行星或點，再點選 save 與 select。

7. 在 Aspect Selection 一項，點擊 Progs，這樣會打開一個稱爲 Progressing Points 的視窗，點選 None 這檔案——這檔案裡面應該沒有任何相位。

8. 然後，點擊 Saved Selections，會出現 Saved Dynamic Selections 視窗，鍵入 Progressed Moon through the Houses and Signs，點擊 OK，這設定就會被存檔下來，讓你之後再次建立報告時可以選用。

9. 最後，點擊 view，就會產生你的一份二推月亮入境不同宮位及星座的動態事件報告，注意二推月亮在某一宮位中轉換星座的時間點。

3.2 使用太陽火計算二推太陽

3.2.1 一生中的二推太陽相位

計算你一生中的二推太陽相位，以及它推運進入不同星座及宮位的時間點

1. 打開你的星盤。

2. 打開上方選單，點選 Dynamic，點擊 Transits & Progressions，同時檢查是否已經在 Dynamic Radix Chart 一

欄點選了自己的星盤。

3. 在 Period of Report 中 Start Date 一欄，選擇 birth date（出生日期），period 一欄填上 90 years

4. 在 Location，點選 Natal。

5. 在 Event Selection，點選三個項目：Progs to Radix, House Ingress 跟 Sign Ingress。

6. 在 Point Selection 一欄，點擊 Progs，這樣會打開一個稱為 Progressing Points 的視窗，點選名為 Sun 的檔案——點擊 edit 確保你只選了太陽，再點選 save 與 select；然後點擊 Radix，點選 Plans&Ch 這檔案，點擊 Edit，確保這檔案裡面選擇了你要的行星、軸點及其他的點，再點選 save 與 select。

7. 在 Aspect Selection 一項，點擊 Progs，這樣會打開一個稱為 Progressing Points 的視窗，裡面可能並沒有第十二泛音盤的檔案，因此你可能需要自己建立一個；把它命名為 harm12，點選合相、對分相、三分相、四分相、六分相、半六分相及十二分之五相這些你需要的相位，並關上不需要的相位，然後點選 save 與 select。

8. 然後，點擊 Saved Selections，會出現 Saved Dynamic Selections 視窗，鍵入 Progressed Sun Lifetime，點擊 OK，這設定就會被存檔下來，讓你之後再次建立報告時可以選用。

9. 最後，點擊 view，就會產生一份動態事件報告，列出你一生中的二推太陽相位以及它入境不　同宮位及星座的時間點。

3.3 使用太陽火計算二推月相循環

3.3.1 二推月相循環的階段

使用太陽火計算你一生中的二推月相循環階段。

1. 打開你的星盤。

2. 打開上方選單，點選 Dynamic，點擊 Transits & Progressions，同時檢查是否已經在 Dynamic Radix Chart 一欄點選了自己的星盤。

3. 在 Period of Report 中 Start Date 一欄，選擇 birth date（出生日期），period 一欄填上 90 years（這將包含從你出生開始的三次循環，每次循環歷時 29 ½ 年）。

4. 在 Location，點選 Natal。

5. 在 Event Selection，只點選一個項目：Progs to Progs。

6. 在 Point Selection 一欄，點擊 Progs，這樣會打開一個稱爲 Progressing Points 的視窗，點選 Sunmoon 的檔案——點擊 edit 確保你只選了太陽與月亮，再點選 save 與 select。

7. 在 Aspect Selection 一項，點擊 Progs，這樣會打開一個稱爲 Progressing Points 的視窗，點選 harm08 的檔案——裡面只

　有 45 度的倍數相位。

8. 然後，點擊 Saved Selections，會出現 Saved Dynamic Selections 視窗，鍵入 Progressed Phases of a Lifetime，點擊 OK，這設定就會被存檔下來，讓你之後再次建立報告時可以選用。

9. 最後，點擊 view，就會產生一份動態事件報告，列出了你一生中的二推月相循環階段。

附錄 4：行星順序工作單

　　將你的行星、月交點及軸點（如果你出生時間準確的話）列在相應的那一行線上，當所有行星、點、軸點及其他你所使用的天體都被列在其中之後，你就會一眼看到二推太陽與行星形成相位，以及它轉換星座的時間點。每一行線代表一度。因此，對於二推太陽來說，每一行線**大約等於一年**。

　　從太陽移動到有行星或點的那一行線開始，這將是太陽形成的第一個相位，每一行之間代表了一度或一年，透過比對本命盤中的行星星座，二推太陽所形成的第十二泛音盤相位就會一目了然。這工作單顯示了二推太陽與其他行星及點形成相位時的年紀、這些相位的順序、以及它們會如何在以三十年為單位的模式中重覆發生，同時，此表單也讓我們簡單地查看行運的第十二泛音盤相位。

行星順序工作單				
行星度數	行星	二推太陽與行星形成相位時的年齡		關於此推運的評論詳見日記紀錄
本命盤度數		第一次循環	第二次循環	第三次循環
0°～0°59′				
1°～1°59′				
2°～2°59				
3°～3°59′				

4°～4°59′				
5°～5°59′				
6°～6°59′				
7°～7°59′				
8°～8°59′				
9°～9°59′				
10°～10°59′				
11～11°59′				
12°～12°59′				
13°～13°59′				
14°～14°59′				
15°～15°59′				
16°～16°59′				
17°～17°59′				
18°～18°59′				
19°～19°59′				
20°～20°59′				
21°～21°59′				
22°～22°59′				
23°～23°59′				
24°～24°59′				
25°～25°59′				

26°～26°59′				
27°～27°59′				
28°～28°59′				
29°～29°59′				
二推太陽轉換星座				

附錄 5：二推月相循環工作單

我的二推月相循環

第一次循環

我下一個二推新月會在 _____

designed by Emilie Llewellyn Simons

我的二推月相循環

第二次循環

我下一個二推新月會在 ＿＿＿＿＿＿＿

© Astro*Synthesis

designed by Emilie Llewellyn Simons

我的二推月相循環

第三次循環

我下一個二推新月會在 _____

designed by Emilie Llewellyn Simons

附錄 6：使用太陽火軟體計算一生中的太陽回歸

　　太陽回歸盤所使用的是太陽回到其出生位置的準確時間，計算方式與其他星盤一樣，以該黃道經度的度、分、秒去表現。太陽回歸的位置可以是出生地（用來觀察年度循環）、居住城市（作為遷居盤）或太陽回歸時所身處的位置（例如：作為朝聖的星盤），它們都有各自的參考價值。

　　以下是如何使用太陽火占星軟體去建立一生中的太陽回歸盤的教學：

1. 打開本命盤或你希望為他建立一生的太陽回歸盤的人的星盤。

2. 然後，在上方選單的 **Chart** 中，點選 Return & Ingress。

- 在 **Return Start Date**，使用你所檢視的星盤的出生日期、時間及地點
- 在 **Which One** 一欄，點選 Nearest
- 在 **Location** 一欄，點選 Natal
- 在 **Chart Type to Generate** 點選 Advanced & Ingress
- 然後點擊 Options 的鍵，在下一個出現的菜單中，點選 **Sun**
- 在 **Return the Sun to** 的視窗，點選 Natal Position and Harmonic 1
- 不要選擇任何 **Special Options**
- 在 **Which Returns** 一項，點選 Nearest Return，然後輸入你想建立多少張回歸盤，如果你還未滿 50 歲或大約 50 歲，

我會建議你至少在這裡輸入 50

- 點擊 OK
- 會立即出現星盤，其中第一張是本命盤

3. 以快照的方式呈現這些星盤：

- 在上方菜單中 **View** 一項裡，點選 **Page Topic Index**
- 雙點擊 **Multiple Charts**
- 點選 **Four Single Wheels**（4wheels.pag）然後點擊 OK，這時間會出現一個框架讓你放入四張星盤

  Chart 1 – 點擊你第一張太陽回歸盤（本命盤）

  Chart 2 – 點擊你第二張太陽回歸盤

  Chart 3 – 點擊你第三張太陽回歸盤

  Chart 4 – 點擊你第四張太陽回歸盤

- 點擊 view 鍵，然後四張太陽回歸盤會於同一頁面上呈現——這是觀察太陽回歸盤軸點的最佳方式，然後你可以點擊 print 鍵進行列印。

- 重覆以上步驟去列印接下來四張太陽回歸盤，直到你依序列出了人生所有太陽回歸盤為止。

參考書目

　　這並不算是一個完整的參考書目，我在此列出了當我思考時間及占星計時技巧時對我有價值的書，因此，這些也是我毫無保留推薦的書。

Arroyo, Stephen. *Astrology, Karma & Transformation*, CRCS Publications, Vancouver, WA: 1978.
　　──思考行運及推運具有價值的經典作品。

Bell, Lynn. *Cycles of Light Exploring the Mysteries of Solar Returns*, The Centre for Psychological Astrology（CPA）, London: 2005.
　　──這本書是探討太陽回歸中最容易讀的書之一。

Blaschke, Robert. *Astrology: A Language of Life, Volume I* – Progressions, Earthwalk School of Astrology, Oregon: 1998.
　　──這本書以一些創新的方式去檢視推運。

Brady, Bernadette. *Predictive Astrology The Eagle and the Lark*, Samuel Weiser, Inc., York Beach, ME: 1992.
　　──這本書概括許多預測的技巧，包含對於日月食和沙羅週期的精闢討論。

Clifford, Frank C. *The Solar Arc Handbook*, Flare Publications, London, UK: 2018.
　　──這本書以大量案例研究以及技巧示例深入檢視太陽弧正向推運的技巧。

Cornelius, Geoffrey. *The Moment of Astrology Origins in Divination*, Penguin Arkana, London: 1994.
　　──這本書對於占星預測的歷史和藝術進行非常學術性和發人深省的探索。

Forrest, Steven. *The Changing Sky Learning Predictive Astrology*, Seven Paws Press, Inc., CA: 2015.
　　──依循作者經典的《內在的天空》這本書的慣例，輕鬆且容易地閱讀行運和推運。

George, Demetra. *Ancient Astrology in Theory and Practice A Manual of Traditional Techniques*, Rubedo, Auckland, New Zealand: 2019.
——這本書詳盡而豐富的探索傳統的計時技巧。

Greene, Liz. *The Horoscope in Manifestation Psychology and Prediction*, Great Britain: 2001.
——對於預測心理學本質的重要思考。

Hand, Robert. *Planets in Transit: Life Cycles for the Living*, Whitford Press, U.S.: 2002.
——這本書通常被稱爲行運的《聖經》，最初是爲占星軟體報告而編寫的——經典的占星文，是描述每種行運組合的最全面著作。

Jansky, Robert. *Interpreting the Eclipses*, ACS Publications, San Diego, CA: 1979.
——這本書探討日月食的經典之作。

Rudhyar, Dane. *The Lunation Cycle*, Shambhala, London: 1971.
——這本經典的書向我們介紹了二推月相週期的深奧技巧。

Ruperti, Alexander. *Cycles of Becoming*, CRCS Publications, Davis, CA: 1978.
——這本經典著作是由人文占星學的先驅者所書寫，專門探討關於循環週期的主題。

霍華‧薩司波塔斯《變異三王星》，春光出版社，2013
Sasportas, Howard. *The Gods of Change*, Penguin Arkana, London: 1988.
——這是我認爲另一本經典的占星書籍，對於所有研究占星計時的學生來說是必須閱讀的——它著重於從心理學和神話學角度看天王星，海王星和冥王星的行運。

Shea, Mary. *Planets in Solar Returns*, ASC Publications, San Diego: 1992.
——探討太陽回歸的模式和循環週期。

Tarnas, Richard. *Cosmos and Psyche*, Viking Penguin, New York, NY: 2006.
——以歷史爲基礎探討外行星週期的一項重大任務。

國家圖書館出版品預行編目資料

生命歷程占星全書：透過行運、二次推運、回歸與行星的循環，預
見人生各階段縮影／布萊恩‧克拉克（Brian Clark）著／陳燕慧、馮
少龍譯. -- 初版. -- 臺北市：春光出版、城邦文化事業股份有限公司
出版：英屬蓋曼群島商家庭傳媒股份有限公司城邦分公司發行, 民
110.01
　　面；　公分
　　譯自：Astrological TIME
　　ISBN 978-986-5543-12-9（平裝）
　　1. 占星術
　292.22　　　　　　　　　　　　　　　　　　　109021053

生命歷程占星全書：

透過行運、二次推運、回歸與行星的循環，

預見人生各階段縮影

原　書　名／Astrological TIME
作　　　者／布萊恩‧克拉克（Brian Clark）
譯　　　者／陳燕慧、馮少龍
企劃選書人／劉毓玫
內 文 編 輯／劉毓玫
責 任 編 輯／何寧

版權行政暨數位業務專員／陳玉鈴
資深版權專員／許儀盈
行 銷 企 劃／陳姿億
行銷業務經理／李振東
副 總 編 輯／王雪莉
發 行 人／何飛鵬
法 律 顧 問／元禾法律事務所　王子文律師
出　　　版／春光出版
　　　　　　台北市104中山區民生東路二段 141 號 8 樓
　　　　　　電話：(02) 2500-7008　傳真：(02) 2502-7676
　　　　　　部落格：http://stareast.pixnet.net/blog
　　　　　　E-mail：stareast_service@cite.com.tw
發　　　行／英屬蓋曼群島商家庭傳媒股份有限公司城邦分公司
　　　　　　台北市中山區民生東路二段 141 號11 樓
　　　　　　書虫客服服務專線：(02) 2500-7718／(02) 2500-7719
　　　　　　24小時傳真服務：(02) 2500-1990／(02) 2500-1991
　　　　　　讀者服務信箱E-mail：service@readingclub.com.tw
　　　　　　服務時間：週一至週五上午9:30～12:00，下午13:30～17:00
　　　　　　劃撥帳號：19863813　戶名：書虫股份有限公司
　　　　　　城邦讀書花園網址：www.cite.com.tw
香港發行所／城邦（香港）出版集團有限公司
　　　　　　香港灣仔駱克道 193 號東超商業中心 1 樓
　　　　　　電話：(852) 2508-6231　傳真：(852) 2578-9337
　　　　　　E-mail：hkcite@biznetvigator.com
馬新發行所／城邦（馬新）出版集團　Cité (M) Sdn. Bhd.
　　　　　　41, Jalan Radin Anum, Bandar Baru Sri Petaling,
　　　　　　57000 Kuala Lumpur, Malaysia.
　　　　　　電話：(603) 90578822　傳真：(603)90576622
　　　　　　E-mail：cite@cite.com.my.

封 面 設 計／鍾瑩芳
內 頁 排 版／游淑萍
印　　　刷／高典印刷有限公司

■ 2021 年（民 110）1 月 5 日初版一刷　　　　　　Printed in Taiwan

售價／600元

104台北市民生東路二段141號11樓

英屬蓋曼群島商家庭傳媒股份有限公司
城邦分公司

- -

請沿虛線對折，謝謝！

遇見春光・生命從此神采飛揚

春光出版

| 書號：　OC0086 | 書名：　生命歷程占星全書：透過行運、二次推運、回歸與行星的循環，預見人生各階段縮影 |

讀者回函卡

謝謝您購買我們出版的書籍！請費心填寫此回函卡，我們將不定期寄上城邦集團最新的出版訊息。

姓名：＿＿＿＿＿＿＿＿＿＿＿＿＿＿＿＿＿＿＿

性別：□男　□女

生日：西元＿＿＿＿＿年＿＿＿＿＿月＿＿＿＿＿日

地址：＿＿＿＿＿＿＿＿＿＿＿＿＿＿＿＿＿＿＿

聯絡電話：＿＿＿＿＿＿＿＿　傳真：＿＿＿＿＿＿＿＿

E-mail：＿＿＿＿＿＿＿＿＿＿＿＿＿＿＿＿＿＿＿

職業：□1.學生 □2.軍公教 □3.服務 □4.金融 □5.製造 □6.資訊
　　　□7.傳播 □8.自由業 □9.農漁牧 □10.家管 □11.退休
　　　□12.其他 ＿＿＿＿＿＿＿＿＿＿＿＿＿＿＿＿

您從何種方式得知本書消息？
　　　□1.書店 □2.網路 □3.報紙 □4.雜誌 □5.廣播 □6.電視
　　　□7.親友推薦 □8.其他 ＿＿＿＿＿＿＿＿＿＿

您通常以何種方式購書？
　　　□1.書店 □2.網路 □3.傳真訂購 □4.郵局劃撥 □5.其他 ＿＿＿＿

您喜歡閱讀哪些類別的書籍？
　　　□1.財經商業 □2.自然科學 □3.歷史 □4.法律 □5.文學
　　　□6.休閒旅遊 □7.小說 □8.人物傳記 □9.生活、勵志
　　　□10.其他 ＿＿＿＿＿＿＿＿＿＿＿＿＿＿＿＿